IMPRESSION
EXPRESSION

DEUTSCH

IMPRESSION
EXPRESSION

DEUTSCH

Wiederholung und Erweiterung

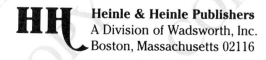

Wolff A. von Schmidt
University of Utah

Gerhard P. Knapp
University of Utah

Mona Knapp

In cooperation with Mladen Maric, University of Utah

HH **Heinle & Heinle Publishers**
A Division of Wadsworth, Inc.
Boston, Massachusetts 02116

Vice President and Publisher: Stanley J. Galek
Editor: Petra Hausberger
Project Manager: Stacey Sawyer, Sawyer & Williams
Production Supervisor: Patricia Jalbert
Manufacturing Coordinator: Lisa McLaughlin
Text and Cover Design: Jean Hammond
Maps: Deborah Perugi

Manufactured in the United States of America.

Heinle & Heinle Publishers is a division of Wadsworth, Inc.

ISBN 0-8384-1983-6

10 9 8 7 6 5 4 3 2 1

◄ ⬛⬛⬛⬛⬛⬛⬛⬛⬛⬛ ►

Preface to the Second Edition

Purpose

IMPRESSION / EXPRESSION DEUTSCH, Wiederholung und Erweiterung has been significantly revised for the second edition. This integrated, three-component intermediate German program is organized around contemporary social and cultural themes of interest to advanced high school students and intermediate college students. The exciting political events, beginning with the changes in East German political life initiated in November 1989 and culminating in German unification in October 1990, are made evident in the historical reading and activities in Chapter 4. Photographs and maps reinforce the magnitude of the recent events. The program develops all four language skills—reading, writing, comprehension, and speaking—in a cultural context. The second edition puts a stronger emphasis on providing students with all the materials necessary to advance beyond basic survival language skills to more meaningful communication. This is achieved by a new focus on clarity, integration, and task progression in each component of the *IMPRESSION / EXPRESSION* program.

With communicative competence being the target, the authors have focused primarily on themes that stimulate conversation. Idiomatic expressions, official terms, and so on are included, because the intermediate-level student should be able to move beyond "survival skills" to deal with more serious and complex topics.

IMPRESSION / EXPRESSION DEUTSCH incorporates recent innovative language acquisition methodology while retaining traditionally successful methods of foreign language learning. It presents the best of both worlds by sharpening communicative skills while backing them up with solid grammatical knowledge. The rationale for this two-track approach lies in the diverse capabilities of students at this stage of learning. The components of the program allow the instructor great flexibility in accommodating students with varied abilities.

Components

The program consists of a comprehensive review grammar textbook, *IMPRESSION / EXPRESSION DEUTSCH, Wiederholung und Erweiterung,* a cultural and literary reader, *IMPRESSION / EXPRESSION, Magazin für Kultur und Literatur,* and a *WORKBOOK / LAB MANUAL* accompanied by tapes. Each component contains ten chapters integrated thematically and grammatically with the corresponding chapters of the other components.

Readings

The reading selections of the textbook and the reader are taken from a wide spectrum of sources. Several (ca. 30%) are new to the second edition, making it more timely and relevant to the 1990s. In addition to more traditional literary selections (short stories, poems, autobiography, legends), the second edition includes political pamphlets, protest texts, graffiti, bumper sticker slogans, aphorisms, songs, and many other journalistic and commercial texts. These selections have been proven to meet the interests of contemporary students while, at the same time, giving a view of the social and political realities of the German-speaking world. Subjects such as counterculture, guest workers, and unemployment are as prominent in the readings as topics reflecting opportunity, good living, education, history, and the arts. The readings cover all three German-speaking countries, representing both Austria and Switzerland with authentic literary and cultural texts.

Grammar

IMPRESSION / EXPRESSION includes a comprehensive but succinct grammar. Grammatical explanations have been substantially streamlined and clarified for the second edition.

Exercises

The program consists of mechanical, semicontrolled, and open-ended exercises, enabling the instructor to use a variety of materials in accordance with given needs. Exercises in the textbook are constructed according to recent findings regarding successful proficiency-oriented language activities. They are contextualized and focused on meaning designed to stimulate the student's desire to communicate comprehensibly in German. Furthermore, they often involve the student on a personal level by soliciting opinions, debate, role play, or other communicative interaction. English is used for explanations and instructions in cases where the use of German might unduly complicate or slow down students' understanding. Exercise patterns and activities have been tested successfully in the classroom. Many colleagues from various campuses throughout the United States and Canada have actively participated in this testing process. They have shared their experiences as well as much constructive criticism with the authors. It is largely due to their generous support that this second edition contains a variety of the most up-to-date exercise patterns.

The exercises in the Workbook present a three-step pattern, gradually progressing from controlled through semicontrolled to creative work patterns. The authors strongly suggest that the Workbook / Lab Manual be used in conjunction with the textbook to provide the greatest possible range of skill-building exercises. The accompanying Lab Tapes and Laboratory Exercise Manual further enhance the oral / aural skills of communication.

Vocabulary

Vocabulary has been carefully controlled throughout the textbook. The main consideration in selecting vocabulary has been to approximate the standards of actual, present-day spoken German as closely as possible. The approach is flexible with regard to the everchanging character of a living language. Use of a dictionary in conjunction with the textbook and the reader is strongly suggested as an additional second-year skill. **Jetzt fangen wir an, Wortschatz im Kontext,** and **Was kann man dazu sagen?** are specifically designed as essential stepping stones toward vocabulary building.

It is the instructor, ultimately, who—by selecting from the variety of readings, exercises, and activities, by emphasizing certain features and de-emphasizing others—will shape and determine the level and the mode of instruction. To simplify this task, the chapters are all uniformly and consistently organized. Once familiar with this basic pattern, the instructor will easily identify the sections and the activities that are appropriate for a given group or student.

Chapter Organization

Jetzt fangen wir an: Questions that break the ice for the reading selection ahead and prepare students with essential vocabulary and specific reading strategies.

Kapitelwortschatz: Divided into nouns, verbs, adjectives, adverbs, and so on with plural forms and translations. Special emphasis has been placed on compound nouns and on verbs derived from the same root. This vocabulary is re-introduced and reviewed by exercises under the heading **Wortschatz im Kontext** and in the Workbook / Lab Manual.

Ausdrücke und Redewendungen: Explanations of the important idiomatic expressions occurring in the reading selection. These are also recycled in the subsequent exercises and in the Workbook / Lab Manual.

Chapter Reading Selection: A reading text on the chapter theme that supplies cultural information and new vocabulary, and demonstrates the chapter's grammatical topics. Cultural notes with further explanations follow the reading. Expressions and words that students need to understand but not necessarily to produce are glossed in the margin. The topic of the reading selection is complemented by selections on related topics in the Cultural and Literary Reader.

Wortschatz im Kontext: Postreading exercises giving the student the opportunity to recognize and communicate using the new vocabulary and phrases in the thematic context of the chapter. These exercises span the range from fill-in, match-up, and cloze exercises to more freely structured written and oral activities, all contextualized and related to the chapter topic.

Was kann man dazu sagen?: This section supplies contextualized expressions and the phrases most commonly used in connection with the chapter topic. Its purpose is to build a supply of standard phrases necessary for basic communication in everyday life that the student can call on from memory (independent of grammatical structures). These phrases are immediately applied in specialized exercises.

Grammatik: Two to four grammar topics are treated per chapter, and each is in turn followed by creative and contextualized oral and / or written exercises.

Jetzt sind Sie an der Reihe!: This section constitutes the capstone of each chapter. Here, the students can show they have understood the thematic concepts, mastered the lexical and grammatical points, and are prepared to use them in speech and writing for effective communication. This section stresses student initiative and a creative use of language skills. The students' feeling of accomplishment after mastering the skills taught in the chapter exercises should be enhanced by a relaxed classroom atmosphere. After all, language learning is fun.

Appendix

The appendix contains a list of important strong and irregular weak verbs with their principal parts, as well as a German-English end vocabulary. Each entry has a number indicating the chapter in which the word was first introduced.

Scheduling

While the amount of material covered in a given time block will depend to a great extent on the capabilities and size of a particular group, the following are suggested guidelines for using this textbook in various term / semester settings.

Full year, two semesters: If a relatively thorough basic review is desired, the first semester will cover the first four chapters (Chapters 1 and 2 provide a fairly extensive review of first-year material). The second semester will then cover Chapters 5 through 10. If a review of the basics is less crucial, the first five chapters can be covered during the first semester—that is, approximately one chapter every two to two and a half weeks. Chapters 1 and 2 should be dealt with more summarily in this case. Chapters 6 through 10 will then be dealt with in the second semester, and a considerable amount of material from the reader could be included.

Full year, three quarters: If a thorough grammar review is desired, Chapters 1–3, 4–6, and 7–10 should be scheduled for the three quarters. With less extensive review, a division into Chapters 1–4, 5–7, and 8–10 is advisable, and the grammar review would be augmented by increasing amounts of material from the reader.

If less than a full year is available, it is suggested that groups proceed at the rate of approximately one chapter every two to three weeks, alternating grammar material with the reader selections and lab work.

Acknowledgments

We would like to acknowledge the contributions made by the following persons who read the revised manuscript in its various stages and offered their criticisms and suggestions:

James Davidheiser, University of the South
David Dollenmayer, Worcester Polytechnical Institute
Regine John, University of Massachusetts, Amherst
Lana Rings, University of Texas, Arlington
Waltraud Tepfenhardt, University of Wisconsin
Marilyn Webster, University of Massachusetts, Amherst
Norman Whisnant, Furman University
Linda Kraus Worley, University of Kentucky

We would also like to thank the following individuals for their help and enthusiasm for our text: Stanley J. Galek, Vice President and Publisher of Heinle & Heinle, Petra Hausberger, Editor, Stacey Sawyer, Project Manager, and Pat Jalbert, Production Supervisor. Special thanks go to Mladen Maric for his many contributions to the project.

Wolff A. von Schmidt
Gerhard P. Knapp
Mona Knapp

Contents

6   Abenteuer Energie   147

Alternativen finden und Energie sparen!

7   Teilzeit + Arbeit = Freiheit   171

Jobdesign für bessere Lebensqualität

8   Freizeit: Ideal und Wirklichkeit   189

Unternehmen wir etwas zusammen?

Contents

9   Lebensstil   217

Das Leben in der Großstadt, das Leben auf dem Land

10   Der Mensch und die Medien   247

Segen oder Plage?

1

Wohnen und Familie

. . .

Hier bin ich
zu Hause!

◄ ▮◣◥▮◣◥▮◣◥▮◣◥▮◣◥▮◣◥▮ ►

Jetzt fangen wir an!

Lesestrategie

Each chapter of this book presents a reading selection dealing with a specific topic, followed by a section on grammar. The chapter begins with some exercises and activities, **Einführungsübungen,** designed to prepare students for learning about this theme. It is suggested that you do the **Einführungsübungen** together in class. This will improve your comprehension of the reading selection and will prepare you to do independent work on the chapter's main theme.

▶ Einführungsübungen

A Wo wohnen Sie? Wie gefällt es Ihnen dort? Möchten Sie lieber woanders wohnen?

B Wer ist ein „typischer" Bewohner in Ihrer Nachbarschaft? Beschreiben Sie!

C Glauben Sie, daß das Familienleben in Deutschland anders ist als in Amerika? Wie?

D Beschreiben Sie ein Mitglied Ihrer Familie.

> **Beispiel:** Meine Schwester Susan studiert seit zwei Jahren an der Universität. Sie ist 22 Jahre alt und will Computertechnikerin werden.

E Wieviele Wörter können Sie bilden, die die Silbe *wohn-* enthalten?

F Welches Verb? Was tut man, wenn man . . .

> **Beispiel:** . . . Arzt werden will? studieren
> ▶ Wenn man Arzt werden will, studiert man an der Universität.

1. . . . Hunger hat?   a. fahren
2. . . . Geld braucht?   b. mieten
3. . . . traurig ist?   c. arbeiten
4. . . . eine Wohnung braucht?   d. bauen
5. . . . vom Vorort in die Stadt will?   e. essen
6. . . . mehr Häuser in der Stadt braucht?   f. weinen

G Form small groups and explore the meaning of three of the following nouns: **die Arbeit, das Ehepaar, das Geld, der Vorort, die Mensa.** Use nouns, verbs, and adjectives from the chapter vocabulary and those you already know to create an impressionistic poem according to the pattern below.

Beispiel: Eigenheim (*noun*)

schönes Haus (*adjective describing synonymous noun*)

besitzen, wohnen, genießen (*verbs relating to noun*)

prima, stolz (*adjectives expressing own feelings about noun*)

Einfamilienhaus (*another noun with similar meaning*)

◀ ▶

Kapitelwortschatz

Nomen

die Arbeit, -en work, employment

der Ärger trouble, hassle

der Arzt, ⁻e / die Ärztin, -nen physician

die Ausbildung, -en training, education

das Ausland foreign country

die Autobahn, -en freeway, expressway

der Bewohner,- / die Be-wohnerin, -nen occupant

der Bürger,- / die Bürgerin, -nen citizen

die Dreizimmerwohnung, -en three-room apartment

die Durchschnittsfamilie, -n average family

das Ehepaar, -e married couple

das Eigenheim, -e house one owns

das Einfamilienhaus, ⁻er single-family house

die Eltern (*Pl.*) parents

der Gastarbeiter, - / die Gastar-beiterin, -nen guest worker

das Geld, -er money

die Geschwister (*Pl.*) brother(s) and sister(s)

das Gymnasium, die Gymna-sien high school (*university preparatory*)

die Hausaufgabe, -n homework

die Heimat homeland

das Hochhaus, ⁻er high-rise building

der Krieg, -e war

die Kriegsjahre (*Pl.*) war years

die Mensa university cafeteria

die Nachmittagsstunde, -n afternoon hour

der Schlüssel, - key

der Staat, -en state, government

die Stellung, -en job, position

die Strecke, -n stretch, distance

der Streit quarrel, conflict

das Studentenleben student life, college life

das Studiengeld tuition (money)

das Studium, -ien course of study

die U-Bahn (Untergrundbahn),
  -en subway
der Vorort, -e suburb
der Wohnungsmangel housing
  shortage
die Zukunft future

Verben

ändern (+ *Akk.*) to change
arbeiten to work
bauen to build
▸ bekommen to receive, get
▸ besitzen to own
▸ bleiben to stay
dauern to last
▸ essen to eat
▸ fahren to drive
▸ gefallen (+ *Dat.*) to be pleasing
  Es gefällt mir. I like it.
gehorchen (+ *Dat.*) to obey
▸ genießen to enjoy
▸ helfen (+ *Dat.*) to help
hoffen to hope
kriegen (*Umg.*)* to get, receive
lieben to love
machen to make; to do
  aus•machen (+ *Dat.*) to
    matter
  durch•machen to go through,
    experience
  fest•machen to fasten
  mit•machen to go along with
  vor•machen to pretend
  zu•machen to close
mieten to rent
▸ spazieren•gehen to take a walk,
  stroll
studieren to study (at a
  university)
träumen to dream

weinen to cry
wohnen to live, reside
  die Wohngemeinschaft, -en
    shared housing
  das Wohnhaus, ̈er residen-
    tial building
  der Wohnort, -e place of
    residence
  die Wohnstraße, -n residen-
    tial street
  das Wohnviertel, -
    neighborhood
zurück•kehren to return

Adjektive, Adverbien usw. (und so weiter)

allerdings however
berufstätig employed
blöd(e) (*Umg.*) dumb
eigen own, belonging to
  (some)one
fleißig hardworking, diligent
fraglos unquestioning(ly)
gemütlich comfortable, cozy
gern(e) gladly
klar sure, of course; clear
langweilig boring
lieber rather
manchmal sometimes
möbliert furnished
preiswert economical, cheap
prima great, first rate
sogenannt so-called
stolz proud
streng strict
unbedingt absolutely,
  unconditionally
verschieden different; various

---

*Umgangssprache = colloquial language.

Kleine Pause im Park.

Ausdrücke und Redewendungen

das kommt nicht in Frage   that is out of the question
früher oder später   sooner or later
das / es macht nichts   it doesn't matter
es macht mir nichts aus   I don't mind, it does not matter to me
bzw. (beziehungsweise)   respectively, that is
etwas hängt jemandem (*Dat.*) zum Hals heraus (*Umg.*)   someone is sick
    and tired of something
die Zeit verbringen   spend time
auf dem Land   in the countryside
das ist leichter gesagt als getan   that's easier said than done
auf verschiedene Art und Weise   in various ways
z. B. (zum Beispiel)   for example

Verschiedene Menschen— verschiedenes Wohnen

a retiree
killed in action

Frau Wilhelmine Schulz ist Rentnerin.° Sie wohnt in einer kleinen Wohnung in München. Ihre zwei Söhne sind im Krieg gefallen.° Eine Tochter wohnt in Amerika. Das gefällt ihr nicht, aber sie weiß, daß man es nicht ändern kann. Sie hat aber viel Kontakt mit anderen Rentnern. Sie gehen oft zusammen spazieren, ins Café oder ins Theater. Frau Schulz, die die harten Kriegsjahre durchgemacht hat, genießt jetzt ihr Leben und läßt es sich gern gutgehen.

Siemens company

Dilek, 14 Jahre alt, kommt aus der Türkei. Ihr Vater ist Gastarbeiter¹ und arbeitet bei der Firma Siemens.° Dilek lernt fleißig Deutsch. Sie liebt Deutschland und möchte auch in Zukunft in dieser neuen Heimat bleiben. Für die Eltern aber kommt das nicht in Frage, weil sie früher oder später unbedingt in die Türkei zurückkehren wollen. Deswegen gibt es Streit und Ärger; manchmal weint Dilek. Ihre Eltern sind sehr streng mit ihr. Sie darf selten allein aus der Wohnung gehen und muß ohne Widerspruch gehorchen.

insurance company
prefab house

Herr Georg Schneider ist Manager bei einer Versicherungsgesellschaft.° Er besitzt ein gemütliches Fertighaus° in einem Vorort von Hamburg. Seine Frau

Mit anderen Rentnern geht Frau Schulz oft ins Café.

und zwei Kinder wohnen gern in dem Einfamilienhaus, weil es einen großen Garten hat. Herr Schneider fährt jeden Tag eine lange Strecke auf der Autobahn zur Arbeit, aber das macht ihm nichts aus. Er ist stolz auf seinen schnellen Wagen und kann abends die Stadt wieder hinter sich lassen.

assembly line

latchkey children

Herr und Frau Redlich sind beide berufstätig bei den Fordwerken in Köln. Die langweilige Arbeit hängt ihnen manchmal zum Hals heraus. Im Hochhaus, bzw. in der sogenannten Wohnfabrik,[2] mieten sie eine Dreizimmerwohnung. Beide Redlichs stehen von 8 bis 16 Uhr[3] am Fließband.° Ihre beiden Kinder, Sabine und Paul, müssen um 8 Uhr im Gymnasium[4] sein und kommen etwa um 13 Uhr nach Hause. Sie sind „Schlüsselkinder".° Die Nachmittagsstunden verbringen sie mit englischen Vokabeln, Mathematik und anderen Hausaufgaben. Am Wochenende spielt Sabine in einem Fußballclub mit, aber Paul findet Sport blöde und verbringt lieber die Zeit mit seinem kleinen Motorrad.

lodger, subtenant
kitchen privileges

Frau Hilde Bieger studiert in Berlin. Sie ist fleißig und will Ärztin werden. Sie ist Untermieterin° bei Frau Neubauer. Dort hat sie ein möbliertes Zimmer mit Küchenbenutzung.° Sie hat nicht viel Geld, das ist klar, denn sie lebt von einem Stipendium.[5] Aber das Studentenleben ist billig. Sie ißt jeden Tag in der Mensa und fährt mit der U-Bahn zur Universität. Ihre Ausbildung an der Uni dauert noch ein Jahr. Nach dem Studium will sie eine Stellung im Ausland suchen.

by contrast

reads
(comma used for decimals including money)

real estate

All das sind typische Bewohner Deutschlands. Fast 80 Prozent von ihnen wohnen in den Städten, nur 20 Prozent dagegen° auf dem Land. Die Durchschnittsfamilie ist klein. Viele Leute leben allein. Es gibt besonders viele alte Menschen und relativ wenig junge Menschen dort. Manche Ehepaare haben gar keine Kinder. Wenige Eltern haben mehr als zwei. Die Statistik lautet°: jede Frau bekommt 1,3° Kinder. Wie in anderen Ländern träumen auch in Deutschland viele Leute von einem Eigenheim mit Garten. Das ist aber leichter gesagt als getan. Grundbesitz° ist teuer, und noch immer gibt es Wohnungsmangel. Der Staat hilft dem Bürger auf verschiedene Art und Weise. Z. B. hofft die Familie Redlich, durch die Bausparkasse[6] eines Tages ein eigenes Haus bauen zu können. Vom Staat kriegen auch Frau Bieger ihr Studiengeld und Frau Schulz ihre Rente.°

pension (similar to social security)

⋯

Übrigens . . .

1. "Guest" workers from other European countries (Yugoslavia, Italy, Greece, and especially Turkey) are hired on a two-, three-, or four-year contract and make up a substantial part of the German labor force.

2. Literally, "residential factory." A large complex of low-rent, high-rise apartment buildings.

Guten Appetit! Essen in der Mensa.

3. The 24-hour clock is used in Germany for official schedules. It can also be used in everyday conversation.

4. After four years of elementary school, qualified children enter a **Gymnasium.** Graduation from the **Gymnasium** (which nowadays is often integrated in the recently developed and very controversial **Gesamtschule**) with an **Abitur** (at about age 19) is the prerequisite for university studies.

5. A large percentage of German university students receive grants and interest-free loans from the federal government.

6. From **bauen** (*to build*) + **die Sparkasse** (*savings bank*). A savings institution for people planning to build or buy their homes.

◄ ▉▌▉▌▉▌▉▌▉▌▉▌▉ ►

Wortschatz im Kontext

▶ Übungen

A Ergänzen Sie die Sätze mit den Nomen aus der folgenden Liste oder auch mit anderen passenden Nomen, die Sie kennen.

Ausland/Ausländer	Ehepaar	Ausbildung
Durchschnittsfamilie	Gymnasium	Ärztin
Autobahn	Vorort	Zukunft
Gastarbeiter		

Die Familie Weber mietet ein kleines Haus in einem _____ . Frau Weber fährt jeden Tag eine lange Strecke auf der _____ zur Arbeit in die Stadt. Herr Weber unterrichtet in der Schule Deutsch für _____ , die zum größten Teil aus der Türkei stammen. Die Kinder gehen auf das _____ . Jochen Weber, der Sohn, möchte gern nach dem Abitur im _____ studieren, vielleicht in England oder Frankreich. Er will Ingenieur werden, seine Schwester will _____ werden. Das _____ Weber und ihre Kinder könnte man als eine _____ bezeichnen: die Eltern sind berufstätig und arbeiten sehr viel, um der Familie eine gute _____ zu sichern; die Kinder wollen sich durch eine gute _____ auf das spätere Leben vorbereiten.

B Ergänzen Sie die Sätze mit Hilfe der folgenden Redewendungen.

es sich gutgehen lassen	etwas hängt einem zum Hals heraus
das kommt nicht in Frage	früher oder später
es macht nichts	auf verschiedene Art und Weise
das ist leichter gesagt als getan	

1. Frau Schulz hat ein angenehmes Leben. Sie _____ .
2. Dilek möchte in Deutschland bleiben, aber für die Eltern _____ .
3. Viele Menschen träumen vom eigenen Haus und Garten, aber _____ .
4. Die Arbeit am Fließband wird gut bezahlt, aber manchmal _____ .
5. Studenten haben meistens wenig Geld, aber _____ .
6. Viele Menschen möchten _____ im Ausland studieren.
7. Der Staat hilft dem Bürger _____ .

C Write a paragraph about your own life describing any of the following: living arrangements or family, school, or weekend activities.

D   Compare and contrast the lifestyle in Germany with your own. Does life seem more difficult in Germany? Make a list of similarities and differences and choose where you would rather live.

◀ ⫼⫻⫼⫻⫼⫻⫼⫻⫼⫻⫼⫻⫼ ▶

Was kann man dazu sagen?

Expressing Likes and Dislikes

ENTHUSIASTIC APPROVAL
Prima!   First rate! Great!
Großartig!   Great! Wonderful!
Erstklassig!   Awesome!
Ausgezeichnet!   Excellent!
Toll! (*Umg.*)   Terrific!

INDIFFERENCE
Es geht.   It's OK.
Man kann damit leben.   I can live with that.
Nicht schlecht.   Not bad.

DISLIKE, DISAPPROVAL
Das / Es geht überhaupt nicht.   It's out of the question.
Unmöglich!   Impossible!
Miserabel!   Wretched!
Schrecklich!   Terrible!

▶ Was ist Ihre Meinung?

Team up with a partner. One of you should "fire" questions (suggestions are given below, but improvise some as well); the other should fire back responses as fast as possible. See how many questions and answers you can produce within 60 seconds.

1. Wie ist Ihre Wohnung? Ist sie teuer?
2. Sind Ihre Nachbarn nett?
3. Wie kommen Sie mit Ihren Eltern aus? Und mit Ihren Geschwistern?
4. Wie finden Sie Ihr Studium?
5. Wie ist das Essen in Ihrer Mensa?
6. Wohnen Sie in einem Studentenheim, und wie finden Sie es?
7. Wie waren Ihre Noten im letzten Semester / Quartal?

◄  ►

Grammatik

▌ Present Tense

1. Meanings

In English there are three ways of expressing the present tense, with only slight differences in meaning.

simple present	I write
progressive present	I am writing
emphatic present	I do write

◄ _____ ►

In German, there is only one form of the present tense. The progressive present (*am writing, is doing*) is not translated literally. One verb form carries all three meanings.

ich schreibe ⎰ *I write*
⎱ *I am writing*
⎱ *I do write*

2. Formation: Verb Stem + Personal Endings

The present tense in German is based on the verb stem. Infinitives in German end with **-en** (sometimes only **-n**). The verb stem is derived by dropping the infinitive ending.

VERB STEM	+	INFINITIVE ENDING	=	INFINITIVE
schreib-		-en		schreiben
les-		-en		lesen
arbeit-		-en		arbeiten
frag-		-en		fragen
tu-		-n		tun

Personal endings are added to the verb stem to form the present tense.

The forms for the first person plural (**wir**), the second person formal (**Sie**), and third person plural (**sie**) are all identical to the infinitive. (See table on next page.)

	Person	Pronoun	Ending	**schreiben**	**tun**	**arbeiten**
Singular	1st	ich	**-e**	schreibe	tue	arbeite
	2nd (*familiar*)	du	**-st**	schreib**st**	tu**st**	arbeite**st**
	2nd (*formal*)	Sie	**-en**	schreib**en**	tun	arbeit**en**
	3rd	er / sie / es	**-t**	schreib**t**	tut	arbeite**t**
Plural	1st	wir	**-en**	schreib**en**	tun	arbeit**en**
	2nd (*familiar*)	ihr	**-t**	schreib**t**	tut	arbeite**t**
	2nd (*formal*)	Sie	**-en**	schreib**en**	tun	arbeit**en**
	3rd	sie	**-en**	schreib**en**	tun	arbeit**en**

Exceptions for Personal Endings

1. Verb stems ending in **-d-, -t-, -m-,** and **-n-** insert an **-e-** before the ending in the second and third persons singular and the second person plural.

-d	leiden	*to suffer*	sie leidet
-t	arbeiten	*to work*	du arbeitest
-m	atmen	*to breathe*	ihr atmet
-n	öffnen	*to open*	er öffnet

2. Verb stems ending in **-s-, -ß-,* -ss-,** or **-z-** omit the **-s-** of the personal ending for the second person singular.

-s	lesen	*to read*	du liest
-ß	grüßen	*to greet*	du grüßt
-ss	küssen	*to kiss*	du küßt
-z	kratzen	*to scratch*	du kratzt

3. Infinitives ending in **-eln** omit the **-e-** of the verb stem in the first person singular.

-eln	wechseln	*to exchange*	ich wechsle
	lächeln	*to smile*	ich lächle

4. Infinitives ending in **-eln, -ern,** or **-n** have plural endings identical to the infinitive.

-eln	wechseln	*to exchange*	wir wechseln
-ern	ändern	*to change*	wir ändern

Stem-Vowel Changes

Many strong verbs undergo stem-vowel changes in the second and third persons singular (**du**-form and **er**-form) of the present tense. These changes are not usually predictable. You must memorize these forms.

---

*The **-ss** becomes **-ß** if the preceding vowel is long (**Füße**), at the end of a word or syllable (**muß, eßbar**), or before a **-t** (**läßt**).

1. **e → i** and **e → ie**

geben *to give*	ich gebe
	du gibst
	er, sie, es gibt
sehen *to see*	ich sehe
	du siehst
	er, sie, es sieht

e → i: Common verbs that change their stem vowel from **e** to **i** in the second and third persons singular are:

	ICH	DU	ER / SIE / ES
essen *to eat*	esse	ißt	ißt
geben *to give*	gebe	gibst	gibt
helfen *to help*	helfe	hilfst	hilft
nehmen *to take*	nehme	nimmst	nimmt
sprechen *to speak*	spreche	sprichst	spricht
treffen *to meet*	treffe	triffst	trifft
treten *to step*	trete	trittst	tritt
vergessen *to forget*	vergesse	vergißt	vergißt
werden *to become*	werde	wirst	wird

The verbs **nehmen, treten,** and **werden** have additional irregularities with their consonants.

	ICH	DU	ER / SIE / ES
nehmen	nehme	nimmst	nimmt
treten	trete	trittst	tritt
werden	werde	wirst	wird

Also, the **-ss-** changes to **-ß-** in **essen** and **vergessen**.

e → ie: Common verbs that change their stem vowel from **e** to **ie** in the second and third persons singular are:

	ICH	DU	ER / SIE / ES
befehlen *to command*	befehle	befiehlst	befiehlt
empfehlen *to recommend*	empfehle	empfiehlst	empfiehlt
geschehen *to happen*	—	—	(es) geschieht
lesen *to read*	lese	liest	liest
sehen *to see*	sehe	siehst	sieht
stehlen *to steal*	stehle	stiehlst	stiehlt

2. **a → ä**

	ICH	DU	ER / SIE / ES
fahren *to drive*	**fahre**	**fährst**	**fährt**

Common verbs that change their stem vowel from **a** to **ä** are:

	ICH	DU	ER / SIE / ES
einladen *to invite*	lade ein	lädst ein	lädt ein
fallen *to fall*	falle	fällst	fällt
fangen *to catch*	fange	fängst	fängt
halten *to stop*	halte	hältst	hält
lassen *to let*	lasse	läßt	läßt
laufen *to run*	laufe	läufst	läuft
raten *to advise, guess*	rate	rätst	rät
schlagen *to beat*	schlage	schlägst	schlägt
tragen *to carry*	trage	trägst	trägt
wachsen *to grow*	wachse	wächst	wächst
waschen *to wash*	wasche	wäschst	wäscht

◀ ─────────────────────────────────── ▶

The second and third person singular (**du-** and **er-** forms) of the verbs **laden, raten,** and **halten** do not insert an **e.**

	ICH	DU	ER / SIE / ES
halten	halte	hältst	hält
laden	lade	lädst	lädt
raten	rate	rätst	rät

The present tense conjugation of the verb **wissen** (*to know*) is irregular.

ich weiß	wir wissen
du weißt	ihr wißt
er/sie/es weiß	sie wissen
Sie wissen	Sie wissen

▶ **Übungen**

A   Setzen Sie die richtige Form des Verbs in Klammern ein.

Beispiel: Paul _____ (sein) Student an der Uni in München.

   ▶   Paul ist Student an der Uni in München.

Paul ist Student an der Uni in München. Er _____ (fahren) eine lange Strecke zur Uni, denn er _____ (wohnen) in einem Vorort. Manchmal _____ (nehmen) er die U-Bahn, aber bei gutem Wetter _____ (setzen) er sich einfach in seinen alten VW. Viele seiner Freunde _____ (mieten) möblierte Zimmer in der Nähe der Uni. Das _____ (gehören) zum Studentenleben. Wie in allen Universitätsstädten, _____ (geben) es auch in München Wohnungsnot, und alle Wohnungen _____ (sein) sehr teuer. Deswegen _____ (raten) man vielen Studenten, doch im Vorort zu wohnen, auch wenn die Fahrt hin und her etwas Zeit _____ (kosten).

Zumikon, schönes und modernes
5½-Zimmer-Einfamilienhaus
Wohnesszimmer mit Kamin, 3 Schlafzimmer, Arbeitszimmer, Bad/WC, Dusche/WC, sep. WC, helle Wohnküche, Garten, Terrasse und Balkon. Anfragen unter Chiffre X 106 835 A, NZZ, Inseratenabteilung, Postfach, 8021 Zürich.   MDX106 835A

B Bilden Sie Sätze im Präsens aus den gegebenen Satzteilen.

   Beispiel: Wie (heißen, diese Stadt)? (Sie, heißen) München.

   ▶ Wie heißt diese Stadt? Sie heißt München.

1. (wohnen, du) schon lange in dieser Stadt?
2. (ich, wohnen) erst seit zwei Jahren hier.
3. (meine Eltern, sein) nämlich als Gastarbeiter hier, wir kommen aus der Türkei.
4. (die neue Heimat, gefallen) uns recht gut.
5. (wir, haben) allerdings Mühe mit der Sprache.
6. Manchmal (lachen, Leute) über unsere Kleidung und unser Haar.
7. (das, kommen) aber nicht oft vor.
8. (ich, können) auch schon recht gut deutsch.
9. Hier in unserer Nachbarschaft (geschehen, nicht viel).
10. (sehen, du) die Wohnfabrik da drüben?
11. Da (finden, du) unsere Wohnung.
12. (meine Mutter, sagen) oft, sie (halten) es hier nicht länger aus.
13. (ich, wissen) aber noch nicht, (liegen, meine Zukunft) in der neuen oder der alten Heimat?
14. Das (müssen, man) eben sehen.

C Wählen Sie ein Verb aus der ersten Liste und eine Person aus der zweiten Liste. Bilden Sie einen vollständigen Satz daraus. Benutzen Sie den Kapitelwortschatz zum Thema **wohnen.** Schreiben Sie dann die Sätze dieser Übung auf.

> **Beispiel:** helfen, das Ehepaar
>
> ▶ Wir helfen dem Ehepaar, das auf unserer Straße wohnt.

VERB	PERSON	VERB FORM
haben	ich	_____
sein	du	_____
ändern	sie	_____
helfen	es	_____
öffnen	er	_____
wechseln	wir	_____
grüßen	ihr	_____
treffen	Sie	_____
treten	Meine Eltern und ich	_____
vergessen	Meine Schwester und ihre Freundinnen	_____
werden	Der Hund und die Katze	_____
geben	zwei Arbeiter	_____
suchen	das Ehepaar	_____
geschehen	diese Leute	_____
sehen	man	_____

D You are writing an introductory letter to your pen pal in Germany. Your letter contains personal information that he / she will find interesting. Use verbs in the present tense. Be sure you use a variety of pronouns.

II Word Order in Main Clauses and Questions

The basic and single most important rule for word order in main clauses is that the conjugated verb is in second position, except in yes-or-no questions and in commands.

1. Normal Word Order

The subject is in first position, followed by the verb.

_{1 2}

Sie bleibt heute zu Hause. *She is staying home today.*

2. Inverted Word Order

When a sentence element other than the subject is in first position, the verb is still in second position, now followed immediately by the subject.

1   2
Morgen ist er bestimmt hier.

Tomorrow he will definitely be here.

3. Other Word Order Considerations

When more than one adverb follows a verb, their order is usually *time, manner, reason,* and *place* (*TMRP*).

1 2   T   M   R
Er ist morgen pünktlich zum Essen
  P
hier.

Tomorrow he will be here on time for dinner.

Note that main clauses may be combined by coordinating conjunctions like **aber, denn, doch, oder, sondern,** or **und,** which do not affect word order within each clause.

1   2
Sie bleibt heute zu Hause, **aber**
 1   2
morgen kommt sie bestimmt
zu uns.

*She is staying home today, **but** tomorrow she'll come see us for sure.*

◄ ─────────────────────────── ►

The coordinating conjunction **aber** means *but* or *however,* whereas **sondern** means *but rather* or *on the contrary.*

Heute kommt sie nicht, **aber** morgen kommt sie bestimmt.

*She isn't coming today, **but** tomorrow she's definitely coming.*

Er kommt nicht morgen, **sondern** heute.

*He's not coming tomorrow, **but** [rather] today.*

4. Questions

In a general question, introduced by an interrogative word (for example, *who, what, where*), the verb is in second position and is followed by the subject.

1   2
Wo bist du heute abend?

Where will you be tonight?

In yes-or-no questions, however, the conjugated verb is in first position:

$\overset{1}{\text{Bleibst}}$ $\overset{2}{\text{du}}$ heute abend zu Hause?   *Are you staying home tonight?*

▸ Übungen

A Schreiben Sie die folgenden Sätze nieder, aber beginnen Sie mit dem kursivgedruckten Satzteil.

> **Beispiel:** Dilek lernt fleißig *Deutsch*.
> ▸ Deutsch lernt Dilek fleißig.

1. Frau Schulz wohnt in einer kleinen Wohnung *in München*.
2. Dileks Eltern kamen *vor einigen Jahren* aus der Türkei.
3. Sie wollen *früher oder später* auch in die Türkei zurück.
4. Die Tochter darf *sehr selten* allein die Wohnung verlassen.
5. Die Familie Redlich wohnt *leider* in einer kleinen Wohnung.
6. Sie wohnen schon *seit fünf Jahren* dort.
7. Die Redlichs sparen *schon lange* auf ein Eigenheim.
8. Die Kinder sind aber *im Hochhaus* nicht unglücklich.

B Frau Bieger studiert an der Universität. Stellen Sie Fragen über ihr Leben; verwenden Sie jeweils das eingeklammerte Wort.

> **Beispiel:** Sie heißt Frau Bieger. (wie)
> ▸ Wie heißt sie?

1. Frau Bieger studiert in Berlin. (wo)
2. Sie will Ärztin werden. (was)
3. Sie bekommt ihr Studiengeld vom Staat. (von wem)
4. Sie studiert schon seit vier Jahren. (wie lange)
5. Sie wohnt in einem möblierten Zimmer. (wo)
6. Das Zimmer ist bei Frau Neubauer. (bei wem)
7. Sie ißt jeden Tag in der Mensa. (wo)
8. Sie fährt mit der U-Bahn zur Universität. (womit)
9. Sie freut sich, daß sie nur noch ein Jahr studieren muß. (warum)
10. Sie will eine Stellung im Ausland suchen. (was)

C Interview: Fragen Sie einen Partner / eine Partnerin . . .

> **Beispiel:** wo er / sie wohnt: Wohnst du in einem Studentenwohnheim?

1. wo er / sie wohnt: in einer Wohnung? in einem Studentenwohnheim? in einem Haus? allein? bei einer Familie?
2. ob er / sie schon im Ausland war: wo? wie lange?
3. ob seine / ihre Familie groß oder klein ist? wieviele Brüder (Schwestern, Tanten, Onkel) er / sie hat?
4. was er / sie gern liest: Magazine? Zeitungen? Romane?
5. wie er / sie zur Uni kommt: zu Fuß? mit dem Bus? mit dem Fahrrad? mit dem Auto?
6. welchen Sport er / sie treibt: Golf? Tennis? Fußball?

D Reden Sie jetzt selber mit einem Partner. Enact a dialog in German in pairs or in two groups, one person asking and one answering. Base it on the following text.

You meet a friend on the street and ask her / him about a sister who is studying abroad. Since you are also interested in studying abroad you ask questions like: Where is she studying? How does she like it? Where does she live? Is it expensive? Who is paying for her tuition? Does she live far from the university? How long has she been there? How long does she plan to stay? What is she studying?

III Imperative

When a verb expresses a command or a request it is called the *imperative*. In German, the imperative requires the verb in first position and an exclamation mark as final punctuation. German has four imperative forms, three in the second person (**du**-form, **ihr**-form, and **Sie**-form) and one in the first person (**wir**-form).

1. The *du*-Form

The second person singular familiar imperative is based on the second person singular form. The **-st** personal ending is dropped and the personal pronoun **du** is omitted. If the verb stem ends in **-s, -ß,** or **-z,** only the **-t** is dropped. If the **du**-form takes an umlaut that does not occur in the infinitive, it is dropped in the imperative.

Geh nach Hause!	*Go home!*
Komm bald!	*Come soon!*
Lauf schnell!	*Run fast!*
Lies langsamer!	*Read more slowly!*

If the infinitive of a verb ends in **-eln** or **-ern,** the **-n** is dropped and an **-e** is added.

   Note also that if the stem vowel of a second person singular is identical to that of the infinitive, a final **-e** is sometimes added. This is particularly true in more formal situations.

Wechs(e)le deinen Beruf!	*Change your profession!*
Änd(e)re dein Leben!	*Change your life!*
Geh! *or* **Gehe!**	*Go!*
Guck! *or* **Gucke!**	*Look!*
Komm! *or* **Komme!**	*Come along!*

2. The *ihr*-Form

The second person plural familiar imperative is identical to its corresponding form in the present tense. The personal pronoun is omitted.

Geht langsamer!	*Walk more slowly!*
Kommt mit!	*Come along!*
Sprecht leiser!	*Speak more softly!*

3. The *Sie*-Form

The second person formal imperative is identical to the present tense form and requires the pronoun **Sie,** which *follows* the verb.

Gehen Sie etwas schneller!	*Walk a little faster!*
Kommen Sie sofort!	*Come immediately!*
Sprechen Sie leiser!	*Speak more softly!*

4. The *wir*-Form

The first person plural imperative is also identical to its present tense form and requires **wir,** which follows the verb.

Gehen wir jetzt!	*Let's go now!*
Lesen wir nun dieses Buch!	*Let's read this book now!*
Essen wir etwas!	*Let's eat something!*

5. *lassen*

Note that imperative forms of **lassen** can be combined with other verbs. The infinitive of the other verb is placed at the end of the sentence.

Laß uns nach Hause **gehen!**	*Let's go home!*
Laßt uns etwas **essen!**	*Let's eat something!*
Lassen Sie mich doch **mitkommen!**	*Let me come along!*

6. *sein*

The verb **sein** has irregular imperative forms.

du-form	**Sei** ruhig!	
ihr-form	**Seid** ruhig!	*Be quiet!*
Sie-form	**Seien Sie** ruhig!	
wir-form	**Seien wir** ruhig!	*Let's be quiet!*

▶ Übungen

A Machen Sie Vorschläge. Your roommate is wondering what to do between semesters, and you make some suggestions. Use the **du**-form of the imperative.

> **Beispiel:** oft in die Stadt gehen
> > ▶ Geh oft in die Stadt!

1. jeden Tag schwimmen gehen
2. einen langen Roman lesen
3. eine Fremdsprache lernen
4. ein paar Tage wegfahren
5. mehr Zeit in der Bibliothek verbringen

B You have two Turkish friends who don't see eye-to-eye with their parents. Give them advice, using the **ihr-**form of the imperative.

Beispiel: helfen

▶ Helft euren Eltern!

1. gehorchen, so gut sie können
2. nicht deswegen weinen
3. eine eigene Wohnung suchen
4. den Streit vermeiden
5. sie bitten, nicht so streng zu sein

Gastarbeiter Kind auf dem Spielplatz.

C Your teacher is very difficult to understand. Tell her/him what might help the situation.

> **Beispiel:** bitte den Satz wiederholen
>> ▶ Wiederholen Sie bitte den Satz!

1. bitte etwas lauter reden
2. bitte wichtige Sachen an die Tafel schreiben
3. bitte langsamer sprechen
4. bitte die Fenster schließen

D You and a friend have a free hour. Make suggestions about what to do!

> **Beispiel:** in die Stadt fahren
>> ▶ Fahren wir in die Stadt!

1. in der Mensa etwas essen
2. einen langen Spaziergang machen
3. deutsche Vokabeln üben
4. in die Bibliothek gehen
5. die freie Stunde einfach genießen

E Verbinden Sie jede Situation mit einem Befehl!

1. Jemand klopft an die Tür.
2. Jemand stört dich dauernd.
3. Jemand redet einfach zu viel.
4. Jemand weigert sich, die Tür aufzumachen.
5. Man versucht Musik zu hören, aber der Zimmergenosse macht Lärm.
6. Ein fremder Hund läuft hinter dir her.
7. Jemand läuft in den Verkehr hinein.
8. Man will etwas Wichtiges erklären.

a. Paß auf!
b. Hör zu!
c. Mach auf!
d. Laß mich in Ruhe!
e. Sei ruhig!
f. Hau ab!
g. Komm 'rein!
h. Halt den Mund!

IV Auxiliary Verbs

1. *haben, sein,* and *werden*

These verbs can be used alone or as auxiliary verbs. The present and the past tenses of **haben, sein,** and **werden** are used in conjunction with other verbs to create tenses other than the present and the simple past. Because they occur frequently and are irregular, their present and past tenses should be memorized. The following table shows their present tenses.

	haben	sein	werden
ich	habe	bin	werde
du	hast	bist	wirst
er / sie / es	hat	ist	wird
wir	haben	sind	werden
ihr	habt	seid	werdet
sie	haben	sind	werden
Sie	haben	sind	werden

▶ 2. Modal Verbs

The modal verbs express the subject's attitude toward the action of the main verb. There are six modal verbs.

dürfen   *to be permitted or allowed to; may*
können   *to be able to; can*
mögen   *may or might*
müssen   *to have to; must*
sollen   *to be obliged to, ought to, should; to be supposed to*
wollen   *to want to, desire or intend to*

Ich fahre zur Uni. (*neutral statement of fact*)

Ich **darf** zur Uni fahren. (**dürfen** *expresses permission*)
Ich **kann** zur Uni fahren. (**können** *expresses ability, capacity*)
Ich **mag** zur Uni fahren. (**mögen** *expresses uncertainty*)
Ich **muß** zur Uni fahren. (**müssen** *expresses necessity*)
Ich **soll** zur Uni fahren. (**sollen** *expresses obligation*)
Ich **will** zur Uni fahren. (**wollen** *expresses desire, intent*)

The main verb occurs in the infinitive without **zu** and is placed at the end of the clause.

Ich soll mehr essen.

I'm supposed to eat more.

Viele Leute wollen keine Kinder haben.

Many people don't want to have children.

Kommst du ein Bier trinken?

The modal verbs are used frequently. They are irregular, and you should memorize their forms. The following table shows their present tenses.

	dürfen	**können**	**mögen**	**müssen**	**sollen**	**wollen**
ich	darf	kann	mag	muß	soll	will
du	darfst	kannst	magst	mußt	sollst	willst
er / sie / es	darf	kann	mag	muß	soll	will
wir	dürfen	können	mögen	müssen	sollen	wollen
ihr	dürft	könnt	mögt	müßt	sollt	wollt
sie	dürfen	können	mögen	müssen	sollen	wollen
Sie	dürfen	können	mögen	müssen	sollen	wollen

Note that the first person and the third person endings are the same in these verbs. There are no umlauts in the singular.

Modals may occur without a main verb if the action is clearly implied.

Wir wollen nach Hause. — *We want (to go) home.*

Sie kann Englisch. — *She knows [how to speak] English.*

Mögen is used only rarely as a modal verb. It indicates possibility.

Es mag morgen schneien. — *It might snow tomorrow.*

Du magst denken, was du willst. — *You may think what you want.*

Mögen is more frequently encountered as a nonmodal verb meaning *to like* (*with strong preference*). Its most common use is its subjunctive form **möchte,** meaning *would like* (*emphasizing politeness*).

Das Kind mag kein Gemüse. — *The child does not like vegetables.*

Ich möchte nach Hause gehen. — *I would like to go home.*

Negative expressions using **müssen** are not translated with *must.*

Du mußt nicht. — *You don't have to.*

The correct rendering of *you must not* is **du sollst nicht** or **du darfst nicht.**

▶ **Übungen**

A Jutta has recently graduated and her friends are commenting on what she is doing now. In response to the statements about her, say what others (including you) are doing. Use forms of **haben, sein,** and **werden.**

1. Jutta ist mit dem Studium schon fertig! (ich, du)
2. Sie hat ihr möbliertes Zimmer nicht mehr. (Maria und Sabine, du)
3. Jetzt hat sie eine eigene Wohnung. (ich, wir, ihr)
4. Sie wird Ärztin in einem großen Krankenhaus. (ich, du)
5. Sie wird in diesem Jahr auch erst 24 Jahre alt. (du, ich)

B Ergänzen Sie den Dialog mit den richtigen Formen von **haben, sein** und **werden.**

PAUL: Jetzt _____ (sein) du mit dem Studium endlich fertig.

JUTTA: Noch nicht ganz. Ich _____ (haben) noch ein Jahr Praktikum vor mir.

PAUL: Du _____ (haben) es aber gut. Ich _____ (sein) erst im dritten Semester. Ich glaube, ich _____ (werden) nie fertig.

JUTTA: _____ (haben) nur Geduld, das schaffst du schon. Du _____ (sein) auch noch jung. _____ (werden) du nicht in diesem Monat 21?

Ein Dachterrassen-Traum
Schwabing/Luitpoldpark
exkl. Penthouse-Mais.-Whg., 3-5 Zi., ca. 135m² Wfl., Dachterr., ca. 145m²,
Innen- + Außenkamin, hochwertige Einbauten und Ausstattung, Luxus-
Küchenbar, Bj. '82, 2 Tg's, frei nach Vereinbarung   **DM 1,19 Mio.**
ROHRER – Immobilien ⊖ **seit 1919 · Tel. 0 89/21 23 01 – 0**

Dachterrassen-Wohnung Schwabing
In der Gabelsbergerstr. entsteht eine ca. 153m² große Wohnung mit
Terrasse u. Galerie in hochwertiger Ausstattung. Großzügige Raum-
aufteilung. Planungswünsche können berücksichtigt werden.
KP DM 1 145 970,-
TG-Stellplatz kann hinzu erworben werden.
Bzb. Frühjahr 1991, TG-Stellplatz, ☎ **089/390013**
IBV Immobilien,

PAUL: Nein, ich _____ (sein) schon 21, _____ (werden) jetzt 22.
JUTTA: Na, das _____ (sein) nicht so schlimm. Viele Leute _____ (werden) erst
mit 30 mit ihrem Studium fertig.

C Ergänzen Sie den Dialog mit der richtigen Form des Modalverbs.

Paul is going to Switzerland to study for a year. He is talking to Birgit, an
exchange student.

BIRGIT: Wo _____ (wollen) du wohnen?
PAUL: Ich _____ (müssen) ein Zimmer bei einer Familie suchen.
BIRGIT: Gute Idee. Sonst _____ (können) es passieren, daß du nicht viel über
die Schweiz lernst. Wann _____ (müssen) du an der Uni anfangen?
PAUL: Bis zum 1. September _____ (müssen) ich dort sein. _____ (sollen) ich
etwas früher fahren, um zuerst ein Zimmer zu finden?
BIRGIT: Ja, unbedingt, das _____ (können) etwas Zeit dauern. Du _____ (dür-
fen) es nicht zu eilig haben. Sonst findest du irgend etwas, was du
vielleicht gar nicht _____ (mögen).
PAUL: Ja, das Zimmer _____ (müssen) mir gefallen.

D Write out your weekly agenda. Use modal verbs to write down what you
should do, what you have to do, what you can do, and so on.

E Dialogue. You are sitting in your dorm room, bored. You feel like going out
and having some fun. Your friend is in her/his room next door. Ask your
friend if she/he would like to go out. Unfortunately, your friend can't go out
because she/he has to study. Try to persuade your friend. Your partner should
give reasons. Use modal verbs.

◄ ❚❘❚❘❚❘❚❘❚❘❚❘❚❘❚ ►

Jetzt sind Sie an der Reihe!

▶ Übungen

A Describe to a friend, who knows nothing about Germany, German family life, work, and studies.

B Auf den Anschlagbrettern (*bulletin boards*) bei allen deutschen Universitäten sieht man oft handgeschriebene Zettel, wie diese. Wenn Sie dringend ein Zimmer suchen würden, wie würden Sie einen solchen Suchzettel aufstellen? Wie würden Sie sich selber beschreiben? Und wie das Zimmer, das Sie haben möchten? Lesen Sie Ihren Suchzettel laut vor und stimmen Sie ab, wer von Ihnen der beste potentielle Mieter ist.

C Write an anonymous letter to a classmate describing yourself and your lifestyle. The classmate should try to guess who you are.

2
Gesundheit und Vitalität
· · ·
So bleibt man fit

◀ ▍▌▐▍▌▐▍▌▐▍▌▐▍▌▐▍▌▐ ▶

Jetzt fangen wir an!

▶ **Einführungsübungen**

A Wie gesund sind Sie? Woher wissen Sie das?

1. Treiben Sie Sport?
2. Essen Sie gesund?
3. Rauchen Sie?
4. Trinken Sie nicht zuviel Alkohol?
5. Schlafen Sie genug?

B Wieviel wiegen Sie? Wiegen Sie zuviel oder zuwenig? Wie groß sind Sie? Wiegen Sie mehr / weniger als Ihr(e) Nachbar(in)? Sind Sie größer / kleiner als Ihr(e) Nachbar(in)?

Beispiel: Ich wiege (fast / über) zwei Kilo* zuviel! Ich bin 180 („einsachtzig") groß! Ich wiege viel mehr / weniger als mein(e) Nachbar(in)!

GRÖSSE IN CM	MÄNNER	FRAUEN
	Gewicht in kg	
155	52–63	51–60
160	54–68	54–63
165	58–72	57–69
170	61–76	60–73
175	65–80	63–78
180	69–86	66–81
185	73–91	72–82
190	79–98	72–82

C Elke unterrichtet einen Aerobics-Kurs für Anfänger. Sie gibt ihren Studenten ein paar Hinweise, worauf sie während der Übungen achten sollten. Ergänzen Sie die Sätze mit den Nomen aus der folgenden Liste oder mit anderen passenden Nomen, die Sie kennen.

die Lunge   die Ausdauer
die Atmung   der Bauch

---

*Note: das Kilogramm (Kilo) (kg); der Zentimeter (cm). Key for conversion: kilograms (kg) to pounds: 1 kg = 2.2 lb; 1 lb = 0.45 kg; centimeters (cm) to inches: 1 cm = 0.39 in; 1 in = 2.54 cm.

das Bauchmuskeltraining	die Körperhaltung
der Körper	der Puls
der Sauerstoff	der Rücken

Testen Sie Ihren _____ vor und nach jeder Übung. Ihre _____ sollte während der Übungen intensiv bleiben. Sie müssen genug _____ in ihre _____ bekommen. Es ist auch sehr wichtig, gute _____ zu haben. Denken Sie immer daran, Ihren _____ einzuziehen und Ihren _____ geradezuhalten. Beim _____ müssen Sie immer flach auf dem _____ liegen. Ihre _____ wird sich mit der Zeit verbessern.

Gesundheit/Körperpflege

BEL LINE MASSAGEPRAXIS. Fussreflexzonen, Rückentherapien, Sport-/Gewebemassagen, spezielle Cellulite-Behandlung mit Tiefenwärme sowie Ästhetik-Massage. Durch ärztliche Dipolm-Masseurin. Tel. Voranmeldung (01) 272 23 52, Mo–Fr 15–21 Uhr., Sa 11–17 Uhr, Hardturmstr. 76, 1. Stock, 8005 Zürich. Bei der Förrlibuckstrassse. FZ847

ENERGIEAUFBAU-STRESSABBAU steigert Wohlbefinden (Moorbad). Massagepraxis Vitalia (Nähe Zentral). Tel. (01) 361 43 23 / 361 43 49 / (077) 63 83 64 (diese Nummer ist immer erreichbar). FH930

GÖNNEN SIE IHREM KÖRPER DIE SORGFÄLTIGE PFLEGE, die er nötig braucht. Junge, erfahrene Masseurinnen arbeiten für Sie im Moorbad Zürich, Hellmutstr. 4b. Tel. (01) 241 46 70/242 85 42. FD015

Klassische Massage für körperliches und seelisches Wohlbefinden bei junger dipl. Masseurin. 10.00 bis 20.00 (01) 201 56 42. WN027

D Was sagen Sie beim Joggen? Ergänzen Sie die Sätze mit den folgenden Antworten.

das Gleichgewicht verloren	gehechelt
wird es mir übel	in Ordnung
schwarz vor den Augen	habe das Gefühl
Zeit nehmen	Luft zu bekommen
treibe Sport	

1. „Ich _____ gern, und du?"
2. „Ich auch, aber manchmal _____ beim Joggen."
3. „Wird dir auch _____?"
4. „Ja, ich habe gestern sogar _____."
5. „Ist dein Herz _____?"
6. „Ja, aber ich _____, zu wenig _____."
7. „Dann hast du wahrscheinlich _____. Du solltest dir beim Joggen mehr _____ und tiefer atmen."

◀ ⫿⫟⫿⫟⫿⫟⫿⫟⫿⫟⫿⫟⫿ ▶

Kapitelwortschatz

Nomen

der Ärger, -   annoyance, irritation
die Armlehne, -n   armrest
der Atemstoß, ̈-e   breath (*out*)
der Atemzug, ̈-e   breath (*in*)
die Atmung   breathing
die Ausdauer   stamina
der Bauch, ̈-e   stomach
der Blickwinkel, -   peripheral
   vision, visual angle
der / die Erwachsene, -n   adult
das Fahrrad, ̈-er   bicycle
die Fingerspitze, -n   fingertip
die Freude, -en   joy, pleasure
die Geduld   patience
das Gefühl, -e   feeling
der Gegenstand, ̈-e   object
das Gehör   hearing
das Gesicht, -er   face
die Gesundheit   health
das Getränk, -e   drink
das Gleichgewicht   balance
die Handfläche, -n   palm, flat of
   the hand
die Kerze, -n   candle
die Körperhaltung   posture
die Kreislaufstörung, -en   poor
   circulation
der Lärm   noise
der Lebensmittelladen, ̈-   grocery
   store
die Leistung, -en   performance
der Luftballon, -s   balloon
die Luftqualität   air quality
der Oberkörper, -   upper body
der Pfad, -e   path
die Prüfung, -en   test
der Radfahrer, - / die Radfahrerin,
   -nen   bicyclist

der Rücken, -   back
der Sauerstoff   oxygen
das Schnellgericht, -e   fast food
der Schritt, -e   step
die Schulter, -n   shoulder
der Sessel, -   armchair
der Spazierweg, -e   walking path
die Tabelle, -n   chart
der Telefonanruf, -e   phone call
die Treppe, -en   staircase, steps
die Türglocke, -n   doorbell
die Übung, -en   exercise
die Unsicherheit   unsteadiness,
   insecurity
der Wald, ̈-er   forest
die Wasserqualität   water quality
der Wert, -e   rate, value
die Wichtigkeit, -en   importance

Verben

▸ **ab•nehmen**   to lose weight
an•rempeln   to bump into
sich etwas (*Dat.*) aus•setzen   to
   expose oneself to something
berühren   to touch
beugen   to bend, bow
sich bewegen   to move
▸ **bringen**   to bring
ein•stellen   to adjust, tune
sich erhöhen   to increase
erreichen   to reach
fest•stellen   to ascertain, find
   out
▸ **gelingen (+ *Dat.*)**   to succeed
hecheln   to pant, be short of
   breath
▸ **herum•schieben**   to push
   around, circulate

korrigieren to correct (*e.g.,* *homework*)
krümmen to bend
mit·machen to join in, participate
probieren to try
prüfen to test
spüren to feel
▸ stoßen to push, shove; to kick
▸ treiben to pursue, engage in; to push, drive
verbrauchen to use up
▸ verlieren to lose
verursachen to cause
▸ werden to become
wiederholen to repeat
▸ (sich) wiegen to weigh (oneself)
zu·drücken to close
▸ zu·nehmen to gain weight

Adjektive, Adverbien usw. (und so weiter)

bedeutungslos meaningless
gerade straight
körperlich physical
leise low, softly
mehrmalig repeated
möglichst as much as possible
ratsam advisable
schlank slender
schwind(e)lig dizzy
seitwärts sideways
stattdessen instead of that
ungefähr approximately
unklar not clear
unsicher uncertain, unsteady, insecure
vorwärts forward

Ausdrücke und Redewendungen zum Text

Sport treiben to engage in sports
Gymnastik treiben to exercise
Keine Angst! Don't worry! Don't be afraid!
einen Versuch durch·führen to conduct an experiment
in Bewegung bringen to put into motion
auf Armlänge at arm's length
in Ordnung sein to be O.K.
pro Minute per minute
es wird mir übel I feel sick
schwarz vor den Augen werden to see stars
das Gleichgewicht verlieren to lose one's balance
zu Boden stoßen to knock someone to the ground

Wer trainiert bleibt gesund

Ein langes Leben, Gesundheit und Vitalität wünschen wir uns alle. Besonders für viele Deutsche sind Fitneß und Sport von großer Wichtigkeit. Denn in Deutschland sind Luft- und Wasserqualität oft ein Problem. Die meisten Menschen kommen zu selten aus der Stadt heraus, und sie haben wenig Zeit, um Sport oder Gymnastik zu treiben.

Was kann man da machen? Gesund essen — in Deutschland ist das sehr wichtig, und in jedem Lebensmittelladen kann man viele Sorten von kalorienarmen Getränken und Nahrungsmitteln° kaufen. Viele Deutsche wollen nicht nur Auto fahren, sondern sich auch bewegen. Es gibt in Parks und Wäldern „Trimm-Dich"-Pfade und viele Spazierwege. Aber woher weiß man, ob man fit genug ist? Hier sind ein paar einfache Methoden, um die Leistung, die Ausdauer und die Gesundheit zu testen. Machen Sie mit! Testen Sie erst einmal Ihren Puls. Das ist wichtig, wenn sie irgend einen Sport treiben wollen, oder wenn Sie in die Sauna gehen. Legen Sie zwei Fingerspitzen nebeneinander auf den Puls. Zählen Sie ihren Puls fünf Minuten lang.

Ihr Ruhepuls,° also ohne körperliche Arbeit, ohne starke Emotionen wie Ärger oder Freude, darf um 70 Schläge pro Minute liegen. Testen Sie jetzt die Reaktion Ihres Pulses auf körperliche Arbeit und wie schnell er wieder normal ist. Dazu laufen Sie eine Treppe hinauf und wieder herab. Ihr Puls kann jetzt Werte von 120 bis 160 Schlägen° erreichen. Nach ungefähr drei Minuten muß Ihr Puls aber wieder normal sein.

Sind Sie mit Ihrem Ergebnis° zufrieden? Dann testen sie jetzt Ihre Lunge durch die folgende kleine Prüfung. Die Zahl der Atemzüge bei Erwachsenen beträgt° in Ruhe etwa 10 bis 15 pro Minute. Je Atemzug werden ungefähr 0,5 Liter Luft hin und her bewegt. Das kann bei intensiver Atmung bis auf 2,5 Liter ansteigen. Führen Sie die vier folgenden Versuche durch:

▶ Halten Sie eine Vogelfeder auf Armlänge vor den Mund und bringen Sie sie durch Anblasen° in Bewegung.

▶ Blasen Sie die Feder mit einem Atemstoß von der Handfläche fort.

▶ Blasen Sie mit einem Atemstoß eine Kerze aus, die eine Armlänge vor Ihrem Mund brennt.

▶ Blasen Sie mit einem sehr kräftigen Atemstoß einen Luftballon möglichst groß auf. Gelingt Ihnen eine dieser Übungen trotz mehrmaligem Versuch nicht, dann fragen Sie einen Arzt um Rat. Er kann feststellen, warum Sie nicht in Ordnung sind.

food

resting pulse

beats

result

amounts to

blowing on it

Radfahren macht Spaß.

Puls- und Lungenprüfung können Sie miteinander kombinieren. Zählen Sie nach der körperlichen Arbeit auch ihre Atemzüge. Es können 70 bis 80 pro Minute sein. Aber nach maximal fünf Minuten muß Ihre Atmung wieder normal sein. Oder ist Ihnen nach der Übung leicht übel oder schwarz vor den Augen geworden, war es Ihnen schwindlig, oder hatten Sie das Gefühl, zu wenig Luft zu bekommen? Dann haben sie vielleicht einen typischen Fehler gemacht und haben zu schnell und flach geatmet — Sie haben „gehechelt". Beim Hecheln erreicht man zwar 100 Atemzüge in der Minute, bekommt aber keine Luft. Es wird nur verbrauchte Luft in der Lunge herumgeschoben. Sie müssen stattdessen tief und ruhig atmen. Das bringt Sauerstoff in Ihre Lunge, und Sie werden weder schwindelig noch bekommen Sie zu wenig Luft.

Testen Sie Ihren Gleichgewichtssinn.° Wer viel Sport treibt, mit dem Fahrrad fährt oder wandert, muß natürlich einen guten Gleichgewichtssinn haben. Stellen Sie sich mit beiden Füßen auf eine Teppichkante,° strecken Sie die Arme in Schulterhöhe° vorwärts oder seitwärts und schließen Sie die Au-

sense of balance

edge of a carpet
shoulder height

35

gen. Verlieren Sie das Gleichgewicht? Wenn nicht, machen sie den nächsten Schritt — setzen Sie den einen Fuß vor den anderen. Immer auf der Teppichkante. Leichte Unsicherheit ist in Ordnung. Aber wenn Sie das Gleichgewicht verlieren, dann könnten Sie Kreislaufstörungen haben.

Die meisten Erwachsenen haben einen schlechten Blick nach der Seite. Oft hören Polizisten bei einem Unfall: „Den habe ich gar nicht gesehen, er kam von der Seite!" Viele Jogger werden von Hunden oder Radfahrern angerempelt und zu Boden gestoßen. Das liegt am schlechten seitlichen Blickwinkel. Um festzustellen, wie weit Sie zur Seite sehen können, brauchen Sie einen Sessel mit Armlehnen und drei Äpfel (oder drei andere gleiche Gegenstände). Legen Sie einen Apfel vor sich auf den Tisch und die beiden anderen neben Ihre Schultern links und rechts. Sehen Sie jetzt den Apfel auf dem Tisch an, und probieren Sie dann, nur durch Drehen der Augen die Äpfel links und rechts zu sehen. Den Kopf dürfen Sie natürlich nicht bewegen.

Wie ist Ihr Gehör? Gut, meinen Sie? Prüfen Sie das. Stellen Sie Ihr Radio leise ein, drücken Sie mit dem Zeigefinger ein Ohr zu und halten Sie das andere in Richtung° Radio. Hören Sie gut? Machen Sie dasselbe mit dem anderen Ohr. Gehörschäden° hat man oft nur auf einem Ohr und meist durch Lärm, dem man längere Zeit ausgesetzt war.

in Richtung: toward
hearing impairment

Checken Sie weiter Ihr Gehör. Hören Sie noch gut . . .

- ▶ das Ticken einer Uhr?
- ▶ einen Telefonanruf?
- ▶ das Singen der Vögel?

- ▶ ein leise fahrendes Auto?
- ▶ jedes Wort am Telefon?
- ▶ die Türglocke?

Wenn Sie nicht alle Fragen mit „Ja" beantworten können und auch schon längere Zeit das Gefühl haben, daß die meisten Leute unklar oder viel zu leise sprechen, dann ist mit Ihren Ohren etwas nicht in Ordnung.

Testen Sie jetzt Ihren Rücken. Stellen Sie beide Füße parallel, beugen Sie den Körper und versuchen Sie, mit den Fingerspitzen die Zehen zu berühren. Wenn Sie das nicht können, sind Ihre Rückenmuskeln nicht in Ordnung. Das wird oft durch schlechte Körperhaltung verursacht. Halten Sie Ihren Körper gerade, ziehen Sie auch den Bauch ein. Oft korrigiert das den stark gekrümmten Rücken. Betreiben Sie ein Bauchmuskeltraining, bei dem Sie flach auf dem Rücken liegen und einmal das linke und einmal das rechte Bein heben und dann den Oberkörper.

Wenn Sie alle diese Tests beenden können, dann sind Sie fit. Und das bleiben Sie, wenn Sie diese Übungen oft wiederholen. Nur wer trainiert, bleibt gesund.

· · ·

◀ ▐▐▚▐▐▚▐▐▚▐▐▚▐▐▚▐▐▚▐▐▚ ▶

Wortschatz im Kontext

▶ **Übungen**

A Welchen Körperteil prüft man, wenn man . . .

. . . den seitlichen Blickwinkel testet?

. . . die Zehen mit den Fingerspitzen berührt?

. . . die Feder von der Hand bläst?

. . . auf der Teppichkante läuft?

. . . versucht, das Ticken einer Uhr zu hören?

Beispiel: Wenn man schnell die Treppe hinaufläuft, prüft man den Puls.

die Lunge, der Rücken, die Ohren, das Gleichgewicht, die Augen

B Divide into small groups and conduct the various tests described in the first reading. Make sure you speak only German.

Testen Sie zusammen mit Ihren Partnern:

1. Ihren Puls
2. Ihre Lunge
3. Ihren Gleichgewichtssinn
4. Ihren Blickwinkel
5. Ihr Gehör
6. Ihren Rücken

C . Describe in writing a test that you have used in the past or currently use to check up on some aspect of your health.

D Compare Americans' attitudes toward health and fitness with those of the Germans. Make a list and share it with the class.

BEAUTY·FARM

Helga Dolezal

**Schönheits- und Gesundheitszentrum
A-7100 Neusiedl/See
Seestraße 37, Telefon 02167/24 390**

Wenn Sie ankommen, fühlen Sie sich wie zu Hause, und eine familiäre Atmosphäre umhüllt Sie. Das gemütliche Haus strahlt Ruhe und Geborgenheit aus. Ihr Wohlergehen steht an erster Stelle, denn das Hauptanliegen der Familie Dolezal und deren Mitarbeiter ist Ihr gelungener Schönheitsurlaub und Ihre Gesundheit.

Regenerationskur
Partner-Weekend
Schlank- oder Cellulitekur
Managerkur
Golfkur
Fitneßkur (inklusive Tennis)
Gesundheitswoche
Drei- oder Mehrtagesprogramm
Exklusives Heilfasten in der Privatvilla

Zählen Sie Kalorien!

Abnehmen! Wer möchte das nicht? Denn es ist wichtig für die Gesundheit, daß man nicht nur fit ist, sondern auch schlank. Durch Kalorienzählen kann man abnehmen. So macht man's: Sie stellen mit Hilfe° der Kalorientabelle fest, wieviele Kalorien Sie normalerweise jeden Tag essen. Dann reduzieren Sie diese Kalorienzahl um ein Drittel. Dadurch nehmen Sie langsam aber sicher° ab. Dazu noch einige Tips: Wiegen Sie sich einmal pro Woche zur gleichen Tageszeit, und schreiben Sie Ihr Gewicht auf. Gehen Sie jeden Tag eine Stunde zu Fuß.° Essen Sie wenige oder keine Schnellgerichte. Kauen Sie alles, was Sie essen, sehr sorgfältig. Und dann noch eins: Geduld, Geduld, Geduld. Viel Erfolg!

mit . . . *with the help of*

langsam . . . *slowly but surely*

zu Fuß gehen *to walk*

. . .

Schmeckt das Essen nicht?

◄ |||▼|||▼|||▼|||▼|||▼|||▼||| ►

Was kann man dazu sagen?

Beim Sport

Fahrrad fahren to ride a bicycle **schwimmen** to swim
Fußball spielen to play soccer **segeln** to sail
joggen to jog **Tennis spielen** to play tennis
reiten to ride horseback **turnen** to do gymnastics

Kalorientabelle
[ein Stück, ein Glas, ein Eßlöffel, eine Portion oder 100 g (ca. ¼ lb)]

der Apfel	50
der Apfelsaft	47
das Bier	135
der Blumenkohl	30
das Brathuhn	215
die Bratwurst	490
das Brot	65
das Brötchen	80
die Butter	100
das Ei	75
die Hühnersuppe	80
der Joghurt	60
die Kartoffel	90
der Kartoffelsalat	400
die Karotte	13
der Kuchen / die Torte	500
die Margarine	100
die Milch	140
die Ölsardine	255
die Orange	45
das Rindfleisch	155
der Rotwein	70
die Schokolade	535
das Schweinefleisch	230

Expressing Health and Eating Viewpoints

MOTTOS ZUR GESUNDHEIT
Iß und trink mäßig! Eat and drink in moderation!
Trimm dich! Slim down!
Achte auf die schlanke Linie! Watch your waistline!

Ich muß etwas abnehmen!   I must lose some weight!
Ab morgen gibt's Diät!   Tomorrow I'll start a diet.
„Nach dem Essen sollst du ruhen oder tausend Schritte tun!"   "After
    dinner let your food set or take a leisurely walk."

WAS IST GESUND, WAS NICHT?
Das Essen ist: The food is:
  cholesterinhaltig   contains cholesterol
  fett   fatty
  fettlos   fat free
  leicht   light, low in calories
  salzfrei   saltfree
  salzig   salty
  sauer   sour
  schwer   rich, high in calories
  süß   sweet
  zuckerarm   low in sugar

BEVOR MAN IẞT:
Guten Appetit!   Enjoy the meal!
Danke, gleichfalls.   Thanks, you too.

BEVOR MAN TRINKT (NUR FÜR ALKOHOLISCHE GETRÄNKE):
Prost!
Zum Wohl!   } Cheers! To your health!
Auf dein / Ihr Wohl!

▶ **Übungen**

A   Wo treiben Sie Sport? Bilden Sie ganze Sätze!

    Beispiel: Ich spiele Fußball auf der Straße.

segeln	auf dem Feld
joggen	auf dem Fußballplatz
Fahrrad fahren	auf dem Tennisplatz
schwimmen	auf dem Gehweg
Fußball spielen	im Schwimmbad
turnen	auf der Straße
Tennis spielen	in der Turnhalle
reiten	auf dem Meer

B Statement and reply: One student offers another something to eat. The other replies with an appropriate remark regarding calorie content:

Beispiel: STUDENT / IN A: „Darf ich Ihnen ein Stück Kuchen anbieten?"
STUDENT / IN B: „Oh nein, danke, Kuchen hat zu viele Kalorien!"
Oder „Ja, gerne! Ich möchte etwas zunehmen!"

Foods to offer: ein Stück Brot, Karotten, Butter, ein Glas Bier, Kartoffeln, ein Stück Schokolade, eine Orange, ein Glas Milch, Ölsardinen, Blumenkohl, ein Glas Rotwein, einen Apfel

Ways to offer: „Möchten Sie _____?"
„Nehmen Sie bitte etwas _____! _____ ist salzfrei und kalorienarm."
„Darf ich Ihnen _____ anbieten? _____ hat viele Kalorien."

C Bestellen Sie zusammen mit Ihrem Partner oder Ihrer Partnerin einige Dinge, die Sie gerne essen möchten und die auch gesund sind. Vergessen Sie nicht, auch etwas—vielleicht etwas Gesundes?—zu trinken zu bestellen.

D Put together a fitness plan for one day. Show planned sports activities, maybe a fitness check / test, and a daily menu.

◀ ▌▌▌▌▌▌▌▌▌▌▌▌ ▶

Grammatik

I Cases in German

Nouns and pronouns have a variety of forms, known as *cases,* which are determined by their function within a given sentence. A noun's case is usually indicated only by the ending of its article. In German there are four cases.

A. Nominative

The nominative case is used for the subject of a sentence (the "doer of the action"), a predicate noun, as a form of address, and in apposition to a subject.

1. Subject

Herr Ford sucht einen Lebensmittelladen.

***Mr. Ford** is looking for a grocery store.*

2. Predicate Noun

Beck ist **ein weltbekanntes Bier.**   *Beck's is **a world-famous beer.***

3. Form of Address

Guten Tag, **Frau Haupt**!   *Hello, **Mrs. Haupt**!*

4. In apposition

Herr Schulz, **der Kellner,** arbeitet   *Mr. Schulz, **the waiter,** works in*
im „Ratskeller".   *the "Ratskeller."*

B. Accusative

The accusative case is used to express the direct object, which receives the action of the verb.

Die Verkäuferin empfiehlt **den**   *The saleswoman recommends **the***
Spargel.   *asparagus.*

C. Dative

The dative case is used to express the indirect object, which tells to or for whom or what something is done.

Der Verkäufer gibt **dem Mann** die   *The salesman gives **the man** the*
Rabattmarken.   *discount stamps.*

Herr Schulz kauft **seiner Frau**   *Mr. Schulz buys chocolate **for***
Schokolade.   ***his wife.***

In the dative plural, all nouns add **-n,** unless the nominative plural already ends in **-n** (**den Kindern**) or the plural ends in **-s.**

Some verbs require the dative where one might expect the accusative. These verbs are:

antworten	*to answer*	gehorchen	*to obey*
befehlen	*to order*	gehören	*to belong to*
begegnen	*to meet*	glauben	*to believe*
danken	*to thank*	helfen	*to help*
folgen	*to follow*	passen	*to fit, be suitable*
gefallen	*to please*		

D. Genitive

The genitive case is used to express possession. It corresponds to many English expressions using the preposition *of.*

Deutschlands Bier ist berühmt.	*Germany's beer is famous.*
Die Besitzerin **des Lebensmittelladens** heißt Ilse Peters.	*The owner of the grocery store is named Ilse Peters.*

◄ —————————————————————————————— ►

a. Note that, in contrast to English possessives, in German only proper nouns and polysyllabic masculine or neuter singular nouns form the genitive by adding **-s.** Monosyllabic nouns or those ending in **-s, -sch,** or **-z** usually add **-es.** No apostrophe is used in German, unless a proper name ends in **-s.**

Wo ist **Juttas** Glas?	*Where is **Jutta's** glass?*
Das ist **Thomas'** Schokolade.	*That is **Thomas's** chocolate.*

b. In contemporary German a prepositional phrase consisting of **von** plus the dative is often preferred to the genitive.

Was hat dir der Besitzer **von dem Restaurant** empfohlen?	*What did the owner **of the restaurant** recommend to you?*

▶ Übungen

A Ergänzen Sie die Artikel:

Sport macht _____ Mutter keinen Spaß. Er macht _____ Vater auch keinen Spaß. Der Sportlehrer von Karl, _____ Sohn, empfiehlt _____ ganzen Familie, manchmal Sport zu treiben. „Ich will _____ Familie nur helfen!" sagt der Sportlehrer. Sie beginnen mit _____ Pulsprüfung. Mal sehen, ob _____ Eltern von Karl noch nicht zu alt sind, denkt _____ Lehrer bei sich. Er sagt _____ Vater und _____ Mutter, wie sie _____ Puls testen sollen. Er prüft auch _____ Gleichgewicht, _____ Ohren und _____ Augen. Alles in Ordnung, jetzt kann _____ Sportprogramm _____ Familie beginnen!

B Change each sentence by using the underlined nominative noun in three different cases with the correct article.

Beispiel: *Nominativ:* Orangen haben wenig Kalorien.
Akkusativ: Ich esse eine Orange, um abzunehmen.
Dativ: Wieviele Kalorien sind in einer Orange?
Genitiv: Der Preis der Orangen ist gut.

1. Kartoffeln machen dick.
2. Butter hat viele Kalorien.
3. Wein trinke ich gern.
4. Äpfel sind gesund.
5. Salz ist nicht sehr gesund.
6. Brot schmeckt gut.
7. Bier macht müde.

AVOCADO MIT LACHSCREME

1 Avocado
150 g frischer Lachs
(ohne Haut und Gräten)
3 EL Crème fraîche
½ TL Rosenpaprika
2 TL Zitronensaft
Salz, Pfeffer, 1 Paket Kresse

Lachs waschen, trockentup-
fen und von Haut und Grä-
ten befreien. In Würfel
schneiden und mit Crème
fraîche, Zitronensaft und

Rosenpaprika pürieren, sal-
zen und pfeffern. Avocado
halbieren, den Kern entfer-
nen und schälen. Die Hälf-
ten in feine Scheiben
schneiden, fächerförmig auf
Tellern anrichten und die
Lachsfarce dazugeben. Mit
Kresse garnieren.

Zeit: um 15 Minuten
Portion: um 4,50 Mark
Kalorien: je 470

EL = Eßlöffel
TL = Teelöffel

C Setzen Sie die Nomen in Klammern für das untergestrichene Nomen ein.

1. Es wird der Mutter übel. (Vater, Herr Schulz, Frau Schulz, Kinder, Mädchen, Sohn)
2. Die Freunde der Familie Schulz sind nett. (Firma, Supermarkt, Restaurant, Bäckerei, Metzgerei)
3. Die Söhne seines Vaters arbeiten in Hamburg. (meine Schwester, die Nachbarn, dein Bruder, ihre Familie, seine Kinder)

D Role-play. Work with a partner. Imagine that one of you is a tourist in Germany and the other is a native German. The tourist is looking for a grocery store and asks the native for directions.

E Role-play. The tourist has found the grocery store, and he / she is being helped by a clerk to find numerous items. The tourist is very health-conscious. Use some of the following vocabulary and expressions from **„Was kann man dazu sagen?"**

suchen	die Diät
zu Fuß gehen	der Lebensmittelladen / der
geben	Supermarkt
fahren	der Preis
finden	die Kalorien
hin•kommen	die Ecke
	die Gesundheit

II Articles, *der*-Words, and *ein*-Words

In German, definite and indefinite articles correspond with the three genders of nouns—masculine, feminine, and neuter.

A. Definite Articles and Other *der*-words

The declension of definite articles is shown in the chart below.

	Singular			Plural
	Masculine	*Feminine*	*Neuter*	
Nominative	**der** Mann	**die** Frau	**das** Kind	**die** Eier
Accusative	**den** Mann	**die** Frau	**das** Kind	**die** Eier
Dative	**dem** Mann	**der** Frau	**dem** Kind	**den** Eiern
Genitive	**des** Mannes	**der** Frau	**des** Kindes	**der** Eier

Several noun modifiers are declined like the definite articles; they are called **der**-words. The most common **der**-words are shown below, along with examples of their use.

dieser, diese, dieses	*this, that*
jeder, jede, jedes	*each, every* (used only in the singular)
mancher, manche, manches	*many a* (*pl.: some*)
welcher, welche, welches	*which*

Welche Sorte bitte?	***What** brand, please?*
Ich kann **jeden** Nachtisch empfehlen.	*I can recommend **every** dessert.*
Dieser Schinken ist besonders gut.	***This** ham is especially good.*
Manche Leute gehen nie ins Restaurant.	***Some** people never go to restaurants.*

◄ ─────────────────────────────────── ►

Jeder, when used in expressions of time, occurs in the accusative: **jeden Tag** (*every day*), **jeden Monat** (*every month*), **jede Woche** (*every week*).

B. Indefinite Articles and Other *ein-*words

The pattern for the declension of indefinite articles and the noun modifiers called **ein-**words is shown below.

	Singular			Plural
	Masculine	*Feminine*	*Neuter*	
Nominative	**ein** Mann	**eine** Frau	**ein** Kind	**keine** Eier
Accusative	**einen** Mann	**eine** Frau	**ein** Kind	**keine** Eier
Dative	**einem** Mann	**einer** Frau	**einem** Kind	**keinen** Eiern
Genitive	**eines** Mannes	**einer** Frau	**eines** Kindes	**keiner** Eier

There is no plural of the English indefinite article "a," and there is likewise no plural for the German „ein, eine, ein." The **ein-**words and expressions containing an **ein-** word are shown below.

ein	*a, an*
kein	*not any, no*
so ein / solch ein	*such a*
welch ein	*what a*
was für ein	*what kind of (a)*
mein	*my*
dein	*your (fam., sing.)*
sein; ihr	*his, its; her*
unser	*our*
euer	*your (fam., pl.)*
Ihr	*your (formal)*
ihr	*their*

◄ ——————————————————————————————————————— ►
When **euer** takes a declensional ending, the **-e** in front of the **-r** is dropped (*eure* **Bäckerei**). In conversational German, the **-e** in front of the **-r** of **unser** is also frequently omitted (*unsre* **Bäckerei**).

Ein-words may replace nouns and thereby become pronouns. In that instance the nominative masculine singular takes the ending **-er** and the nominative and accusative neuter singular take **-s** or **-es.** The noun is then omitted. No other changes occur.

Mein Wein ist nicht süß. **Seiner** ist süß.	*My wine is not sweet. **His** is sweet.*
Wir fahren nicht mit **meinem** Auto, sondern wir nehmen **sein** Auto.	*We're not going in **my** car, but are taking **his** car.*
Wir fahren nicht mit **meinem,** sondern wir nehmen **sein(e)s**.	*We won't go in **mine**, but will take **his**.*
Sein Fahrrad kostet viel. **Mein(e)s** kostet weniger.	*His bicycle costs a lot. **Mine** costs less.*

C. Indefinite Numerical Adjectives

Several indefinite numerical adjectives express approximate measurements. They occur in the plural and take the same endings as **der-** or **ein-**words.

alle	*all*
beide	*both*
einige	*some, several*
mehrere	*several*
solche (*Pl. von* solch ein)	*such*
viele	*many*
wenige	*(a) few*

The word **alles** is often used without reference to any specific noun.

Ist das **alles**?	*Is that **all**?*
Alles in Ordnung?	***Everything** OK?*

Viel in the singular and **wenig** may also be used undeclined.

Viel Glück!	*Good luck!*
Sie hat sehr **wenig** Geld.	*She has very **little** money.*

▶ Übungen

A Below is a list of statements and questions that you might hear in a grocery store. Complete them, using the cues in the parentheses.

1. _____ Rindfleisch ist besonders frisch. (*this, such*)
2. _____ Zigaretten möchten Sie? (*which*)
3. Sie möchte ein Päckchen von _____ Sorte. (*each, this*)
4. _____ Joghurt ist der beste? (*which*)

5. _____ Familien gehen jeden Tag zur Metzgerei und zum Bäcker. (*some, these*)
6. _____ Brot finden Sie am besten? (*which*)
7. Ich trinke _____ Tag drei Flaschen Bier. (*every*)
8. Zum Wild können Sie _____ Wein trinken. (*this, every*)

B Below is a list of statements and questions that you might hear while working out in a gym. Complete them, using the cues provided.

1. Haben Sie _____ Gymnastikübungen schon gelernt? (*all*)
2. Herr Schneider verletzte _____ Kniegelenke. (*both*)
3. Bezahlt sie _____ Sohn die Tennisschuhe? (*for her*)
4. Sie empfiehlt _____ Mann, etwas abzunehmen. (*to her*)
5. Joggen _____ Menschen frühmorgens vor der Arbeit? (*many*)
6. Hast du nach der Gymnastik immer _____ Schmerzen? (*such*)
7. _____ Tennisbälle sind gleich teuer. (*all*)
8. Sag _____ Mann einen Gruß von mir. Tschüß! (*your*)

C Complete the following statements with the cues provided:

1. Seine Lunge ist gut, aber _____ ist besser. (dein)
2. Er fährt nicht mit deinem Fahrrad, sondern er nimmt _____. (sein)
3. Ist das sein Luftballon, oder ist das _____? (mein)
4. Euer Sessel ist bequem, _____ weniger. (unser)
5. Mein Apfel ist süß, und _____? (dein)
6. Ich will meinen Kuchen nicht essen. Ich möchte _____ haben. (euer)

Käsevielfalt in Deutschland.
Ein Genuß von leicht bis sahnig.

Beim Käse auf den Geschmack zu kommen, ist eine leichte Sache.
Denn Sie haben das Vergnügen der Wahl zwischen
acht Fettgehaltsstufen: Vom mageren Harzer oder Weinkäschen,
mit z. T. weniger als 10% Fett, bis zu den Käsen
der Doppelrahmstufe. Ob aber mager oder sahnig –
ein vortrefflicher Genuß ist Käse so oder so.

GARANTIERT ECHTES MILCHPRODUKT

Das Weinkäschen. Wie der Name schon sagt: Ein spritziger Weißwein paßt hervorragend zum mild-pikanten Aroma dieses recht fettarmen Käses.

D Role-play. Work with a partner. One of you plays an exercise-class participant suffering from aches and pains. The other plays the class teacher, who claims the pains are useful and necessary. Which arguments can you provide? Use **der**-words, **ein**-words, and indefinite numerical adjectives.

USEFUL PHRASES
Ich kann nicht weiter gehen!
Mir ist schwarz vor den Augen!
Es ist mir schwindelig!
Meine Rückenmuskeln sind nicht in Ordnung.
Es soll aber nicht weh tun!
Nur wer trainiert, bleibt gesund!
Haben Sie keine Angst, Sport macht fit!

E Role-play. One of you plays a host who invited his/her friend to dinner and wants him/her to eat as much as possible. The other plays a guest who is on a diet and is only pretending to eat.

Aber ich muß doch abnehmen!
Ich esse ja, aber ich kann nicht soviel essen!
Es schmeckt wunderbar!
Ach nein, bitte nicht mehr!
Aber essen Sie doch!
Sie sind ja gar nicht so dick!
Sie sind sehr dünn, Sie müssen etwas zunehmen!

III Nouns: Gender, Plural, Declension

The rules that follow should make the proper use of German nouns a little simpler.

A. Gender

Nouns referring to persons or professionals ending in **-er, -ist, -ling,** and **-ent** are masculine.

der Einzelhändler, -	*retailer*
der Pianist, -en	*pianist*
der Lehrling, -e	*apprentice*
der Dirigent, -en	*conductor (of an orchestra)*

Nouns that end in **-in** refer to women and are always feminine:

die Pianistin, -nen	*pianist*
die Präsidentin, -nen	*president*

Names of months, seasons, days, parts of days, geographical directions, and weather phenomena are usually masculine.

der Februar	*February*
der Winter	*winter*
der Mittwoch	*Wednesday*
der Nachmittag	*afternoon*
der Süden	*south*
der Regen	*rain*

◀ ─────────────────────────────────────── ▶

An important exception to this rule is **die Nacht** (*night*).

Nouns with the following suffixes are always feminine.

-ei	die Bäcker**ei,** -en	*bakery*
-ie	die Sympath**ie,** -n	*sympathy*
-heit	die Gelegen**heit,** -en	*opportunity*
-keit	die Freundlich**keit**	*friendliness*
-schaft	die Gemein**schaft,** -en	*community; partnership*
-ung	die Herstell**ung**	*production*

-ion	die Nat**ion,** -en	*nation*
-tät	die Quali**tät,** -en	*quality*
-ik	die Phys**ik**	*physics*
-ur	die Kult**ur,** -en	*culture*
-enz	die Konfer**enz,** -en	*conference*

Names of cities, continents, and most countries are neuter.

das (wunderschöne) Heidelberg	(*beautiful*) *Heidelberg*
das (ferne) Australien	(*far-away*) *Australia*
das (flache) Holland	(*flat*) *Holland*

Note that there are some important exceptions.

der Iran	die Sowjetunion
der Irak	die Tschechoslowakei
der Libanon	die Türkei
die Niederlande	die Vereinigten Staaten von Amerika (*pl.*)
der Vatikan	
die Schweiz	die Volksrepublik China

Note:

die Republik, -en   **der Staat, -en**

German infinitives used as nouns are always neuter and have no plural form.

das Rauchen	*smoking*
das Einkaufen	*shopping*

The gender of compound nouns is governed by the gender of the last noun.

die Mahl**zeit**	*meal*
das Lebensmittel**gesetz**	*food law*
der Wochen**einkauf**	*week's shopping*
das Ausbildungs**programm**	*educational program*

Any noun with the diminutive suffix **-chen** or **-lein** becomes neuter, regardless of the gender of the original noun.

die Frau → das Fräulein

Nouns with the suffix **-tum** are also neuter, with the exceptions of **der Reichtum** (*riches*) and **der Irrtum** (*error*).

B. Plural

Masculine and neuter nouns ending in **-el, -en,** and **-er,** as well as the neuter nouns ending in **-chen** and **-lein,** stay the same in nominative plural.

SINGULAR	PLURAL	
das Rätsel	die Rätsel	*puzzle*
der Braten	die Braten	*roast*
der Becher	die Becher	*cup*
das Päckchen	die Päckchen	*pack*
das Fräulein	die Fräulein	*young woman*

Neuter nouns with the prefix **Ge-** usually take the plural ending **-e.** If they already have the suffix **-e,** no plural ending is added.

das Geräusch	die Geräusch**e**	*sound*
das Gebäude	die Gebäude	*building*

Nouns ending in **-ig** and **-ling,** which are always masculine, take the ending **-e** in the plural.

der Pfennig	die Pfennig**e**	*penny*
der Lehrling	die Lehrling**e**	*apprentice*

Nouns ending in **-nis** take the plural ending **-se.**

das Erlebnis	die Erlebnis**se**	*experience*
die Kenntnis	die Kenntnis**se**	*knowledge*

Nouns ending in **-in** refer to women and take the plural ending **-nen.**

die Amerikanerin	die Amerikanerin**nen**	*American woman*
die Verkäuferin	die Verkäuferin**nen**	*saleswoman*

Feminine nouns ending with **-e** take the plural ending **-n.**

die Weinkarte	die Weinkarte**n**	*wine list*
die Sorte	die Sorte**n**	*brand*

Nouns with the suffix **-tum** take the plural ending ¨**er.**

das Heiligtum	die Heiligtü**m**er	*sacred object*

Some common nouns have only a plural form.

die Eltern	*parents*	die Leute	*people*
die Ferien	*vacation*	die Lebensmittel	*food*

C. Declension

Some common masculine nouns take the ending **-en** in all cases of the singular and plural except for the nominative singular.

SINGULAR	PLURAL	
der Junge	die Jung**en**	*boy*
der Mensch	die Mensch**en**	*human being*
der Präsident	die Präsident**en**	*president*
der Soldat	die Soldat**en**	*soldier*
der Student	die Student**en**	*student*
der Tourist	die Tourist**en**	*tourist*

The frequently used nouns **der Herr** (*Mr. / gentleman*) and **das Herz** (*heart*) are irregular and need to be learned individually.

	Singular	Plural	Singular	Plural
Nominative	der Herr	die Herren	das Herz	die Herzen
Accusative	den Herrn	die Herren	das Herz	die Herzen
Dative	dem Herrn	den Herren	dem Herzen	den Herzen
Genitive	des Herrn	der Herren	des Herzens	der Herzen

◀ ─────────────────────────────────────── ▶

Many monosyllabic masculine and neuter nouns can take a final **-e** in the dative singular case. This is entirely optional and has no effect on meaning.

Die Verkäuferin empfiehlt dem Mann(e) dieses Bier.	*The clerk recommends this beer to the man.*

▶ Übungen

A Supply for each noun the appropriate definite article and the plural.

Bauch	Treppe	Apfel	Rücken
Prüfung	Gehör	Stück	Körper
Ärger	Lunge	Bäckerei	Qualität
Fingerspitze	Gefühl	Gesicht	Getränk
Schnellgericht	Schulter		

Schwimmen ist gesund.

B Rewrite the following paragraph twice, once substituting **der Mensch** and appropriate pronouns for **die Studentin,** then substituting **der Student.**

Der Lungentest gelang *dieser Studentin* sehr gut. Die Lehrerin erklärte *ihr,* wie *sie* am besten fit bleiben könnte. Das machte dann *der Studentin* großen Spaß. Die Freunde *der Studentin* gehen bald auch zu der Lehrerin, darüber freut sich *die Studentin.*

C Give the proper endings:

All__ Mensch__ wünschen sich Gesundheit. Auch d__ Deutsch__ wollen fit sein. Manch__ kommen nur selten aus d__ Stadt heraus und treiben nicht genug Sport. D__ Mensch__ müssen natürlich auch d__ richtigen Ding__ essen. In jed__ Lebensmittelladen in Deutschland kann man viel__ Sorte__ von kalorienarmen Getränk__ kaufen. Das finden d__ Deutsch__ genau wie d__ Amerikaner sehr wichtig. Manch__ Deutsch__ fahren gerne mit d__ Auto, aber manch__ gehen auch gerne in d__ Park__ und d__ Wäldern spazieren. Dort gibt es viel__ Spazierweg__ und „Trimm-Dich"-Pfad__. Es gibt auch einig__ Methode__, um d__ Gesundheit zu testen. Welch__ Methode__ kennen Sie?

D Divide into teams and try to create nouns from each of the verbs listed. The team with the most complete list in three minutes wins.

Beispiel: backen → die Bäckerei

FEMININE NOUNS FOR:

backen	erleben	prüfen
lehren	freuen	üben
herstellen	stören	berühren
kennen	leisten	feststellen

NEUTER NOUNS FOR:

rätseln	rauchen	hören
packen	fühlen	

MASCULINE NOUNS FOR:

lehren	einkaufen	regnen
braten	ärgern	studieren

IV Personal and Indefinite Pronouns

A pronoun is a word used in place of a noun, primarily to avoid awkward repetitions.

A. Personal Pronouns

Singular

Nominative	ich	du (*fam.*)	Sie (*form.*)	er	sie	es
Accusative	mich	dich	Sie	ihn	sie	es
Dative	mir	dir	Ihnen	ihm	ihr	ihm
*Genitive**	(meiner)	(deiner)	(Ihrer)	(seiner)	(ihrer)	(seiner)

Plural

Nominative	wir	ihr (*fam.*)	Sie (*form.*)	sie
Accusative	uns	euch	Sie	sie
Dative	uns	euch	Ihnen	ihnen
*Genitive**	(unser)	(euer)	(Ihrer)	(ihrer)

*The genitive pronouns are rarely used anymore. In modern German, prepositional phrases are preferred: **wir erinnern uns an ihn,** rather than **wir erinnern uns seiner** (*we remember him*).

Note that replacing noun objects with pronouns affects word order. A pronoun object is always placed before a noun object, but the accusative pronoun always precedes the dative pronoun.

	D	A
Die Verkäuferin reichte	**dem Herrn**	**eine Tasche.**

	A (*pronoun*)	D (*noun*)
Die Verkäuferin reichte	**sie**	**dem Herrn.**

oder:

	D (*pronoun*)	A (*noun*)
Die Verkäuferin reichte	**ihm**	**die Tasche.**

	A	D
aber: Die Verkäuferin reichte	**sie**	**ihm.**

◄ ── ►

The genitive pronouns can be combined with **wegen** to mean *as far as (someone) is concerned* or *for (someone's) sake.* The final **-r** changes to a **-t.**

Meinetwegen bleib hier!

As far as I'm concerned *you can stay here.*

Ich tue es nur **deinetwegen.**

*I'm doing it just **for you**(r sake).*

B. Indefinite Pronouns

1. man (*one, you, they, people*)

Man refers to an indefinite person or persons.

Man kennt ihn überall.

They (*People*) *know him everywhere.*

2. jemand (*somebody*); **niemand** (*nobody*)

In modern usage **jemand** and **niemand** generally don't take endings in the accusative or dative.

Haben Sie **jemand** geholfen?

*Did you help **somebody**?*

Wir haben **niemand** gesehen.

*We didn't see **anybody**.*

3. irgend (*some*)

Irgend may be combined with other words to emphasize different kinds of indefiniteness.

Irgend jemand kommt bestimmt.

Irgendeiner wird sie wohl kennen.

Irgend etwas stimmt nicht.

Somebody is certain to come.

Someone will know her.

Something just isn't right.

The indefinite pronoun **man** can never be replaced in a sentence by **er.** If the subject is repeated it is still **man.**

Wenn **man** die Zeit hat, kann **man** hierzulande viel sehen.

*If **one** has the time, **one** can see a lot in this country.*

The indefinite pronoun **man** is *never* declined. If a declined subject is necessary, **man** is replaced by **einer** or a declined form of it.

Man kann in chinesischen Restaurants essen, wenn das **einem** schmeckt.

*You can eat in Chinese restaurants, if **you like** that kind of food.*

▶ **Übungen**

A Setzen Sie für das unterstrichene Nomen die verschiedenen Personalpronomen ein.

> **Beispiel:** <u>Frau Schulze</u> möchte gern mehr Sport treiben. (ich, er, wir, ihr)
>
> ▶ Ich möchte gern mehr Sport treiben. usw.

1. Sie geht mit <u>ihrem Mann</u> in die Sauna. (ich, du, er, wir)
2. Sie finden <u>ihren Lehrer</u> in der Turnhalle sehr gut. (ich, du, wir, ihr)
3. Die Lehrerin empfiehlt <u>Herrn und Frau Schulze auch</u>, mehr Tennis zu spielen. (ich, du, er, wir)

B Ergänzen Sie die folgende Geschichte mit *etwas, jemand, kein-, man, nichts.*

Wir wollten gern in die Turnhalle gehen, aber _____ wollte mitkommen. _____ sagte mir, Joggen auf der Straße sollte noch gesünder sein. _____ kann man dort sicher auch gut laufen. Aber schließlich gingen wir ins Schwimmbad. Wir fragten, ob _____ dort auch in die Sauna gehen könnte. Man hatte _____ dagegen. So kann man immer _____ für die Gesundheit tun.

C Ersetzen Sie womöglich die Nomen des folgenden Absatzes mit Pronomen.

Testen Sie Ihren Puls! Legen Sie zwei Fingerspitzen nebeneinander auf den Puls. Manchmal können Sie den Puls nicht sofort finden. Nehmen Sie sich

Im Reformhaus gibt's gesunde Lebensmittel.

Zeit. Dann laufen Sie eine Treppe hinauf und wieder herab. Ihr Puls kann jetzt relativ hoch sein. Dann testen Sie ihre Lunge. Die Zahl der Atemzüge bei Erwachsenen beträgt in Ruhe 10 bis 15 pro Minute. Führen Sie die folgenden Versuche durch: 1. Halten Sie eine Vogelfeder vor den Mund und blasen sie die Feder an. 2. Blasen Sie die Feder mit einem Atemstoß von der Handfläche fort. 3. Blasen Sie mit einem Atemstoß eine Kerze aus. Wenn Sie das nicht können, fragen Sie Ihren Arzt um Rat.

◄ ▌▌▌▌▌▌▌▌▌▌▌▌▌▌ ►

Jetzt sind Sie an der Reihe!

▶ **Übungen**

A Was kann man tun, um seine Gesundheit zu verbessern? Das Rauchen und Trinken aufgeben? Sport treiben? Bilden Sie Gruppen von etwa fünf Studenten, und schreiben Sie Ihre Antworten auf.

B Stellen Sie mit Ihrem Nachbarn eine Liste Ihrer Lieblingsnahrungsmittel auf. Vergleichen Sie Ihre Liste mit den Listen der anderen.

C Keep a journal for 24 hours recording exactly what you eat and the number of calories the food contains—all in German—and share it with your classmates. Use the end vocabulary or a dictionary if necessary.

3

Bildung und Beruf

∙ ∙ ∙

Was will ich mal werden?

◄ ▥▨▨▨▨▨▨▨▨▨ ►

Jetzt fangen wir an!

▶ Einführungsübungen

A   Welche der folgenden Adjektive beschreiben die Bilder am besten?

anstrengend   langweilig
gut / schlecht   gefährlich
bezahlt   menschenfreundlich
(un-)interessant

B   Welche Berufe gab es schon in Ihrer Familie? Was waren Ihre Eltern? Ihre Großeltern?

C   In the reading, you will see that Peter has written a **Lebenslauf,** a *curriculum vitae.* Before you read the text, think about the typical characteristics of a *vitae.* What information do you expect to find mentioned in it? List some information about yourself in German: date of birth and so on.

D   Match the verb with its appropriate object and form a sentence.

Beispiel: verlassen, das Kaufhaus

▶   Die Schülerin verläßt das Kaufhaus.

verdienen	eine Freundin
sparen	die Prüfung
besuchen	das Gehalt
kündigen	die Arbeit
bestehen	eine Aufgabe
erledigen	das Geld

E Match word pairs with similar meanings and then form a sentence:

Beispiel: hilfsbereit, freundlich

    ▶ Diese Ärztin ist immer freundlich.

oder Diese Ärztin ist immer hilfsbereit.

einfach	unangenehm
notwendig	glücklich
unerträglich	leicht
zufrieden	wichtig
anständig	traurig
armselig	ordentlich

F Wortzusammensetzung. Versuchen Sie, die folgenden Wörter und Wortteile mit *Arbeit* und / oder *Schule* zu verbinden, um zusammengesetzte Nomen zu bilden. Manche Wortteile passen zu beiden Wörtern, manche nur zu einem. Wenn *Arbeit* und *Schule* an der ersten Stelle der Zusammensetzung stehen, muß man die Formen *Arbeits-* und *Schul-* benutzen. Dann bilden Sie einen Satz damit.

Beispiel: Arbeit + Platz = Arbeitsplatz

▶ Wo ist ihr Arbeitsplatz?

-platz	Dreck-
-weg	Dorf-
-stelle	Sonder-
-losigkeit	Hoch-
-tag	Fließband-
-amt	Berufs-
-zwang	Vor-
-wahl	Abend-
-frei	

◀ ⫿⫾⫿⫾⫿⫾⫿⫾⫿⫾⫿⫾⫿ ▶

Kapitelwortschatz

Nomen

das Abitur high school diploma, granted for completing **Gymnasium / Oberschule**

der Beruf, -e profession

die Bildung education

das Büro, -s office

die Dreckarbeit, -en dirty work

der Feierabend, -e leisure time after work

das Gefängnis, -se prison

das Gehalt, ⸚er salary
das Kaufhaus, ⸚er department store
die Klasse, -n class (*in grade or high school*)
der Kurs, -e course, class (*in higher education*)
der Lebenslauf, ⸚e biography, résumé
das Lehrgeld apprentice's wages
die Lehrstelle, -n apprenticeship
die Meinung, -en opinion
die Schule, -n school*
  die Einschulung entering a pupil in school
  die Hochschule, -n college or university
  die Oberschule, -n high school
  die Schulbank, ⸚e desk, school bench
  der Schüler, - / die Schülerin, -nen pupil
  der Schulkamerad, -en / die Schulkameradin, -innen classmate
  die Umschulung changing schools
die Stelle, -n (auch: die Stellung, -en) job, position
das Wochenende, -n weekend

Verben

(sich) ändern to change
▸ **halten** to hold, keep
  aus•halten to stand, bear
  behalten to keep
  enthalten to contain
  sich heraus•halten to remain uninvolved, *stay out of something*

sich verhalten to behave
vor•enthalten to keep secret
aus•nutzen to exploit, take advantage of
aus•wandern to emigrate
▸ **bei•bringen** teach
beneiden envy
▸ **bestehen** to pass a test
besuchen to visit; to attend a school
ein•stellen to hire (*a person*)
erledigen to take care of, do
sich fühlen to feel
▸ **gelingen (+ *Dat.*)** to succeed
sich interessieren to be interested
kündigen to give notice; to quit
sparen to save money
▸ **stehen** to stand
verdienen to earn money
▸ **verlassen** to leave, depart
(sich) vor•bereiten to prepare

Adjektive, Adverbien usw.

anständig decent
arbeitslos unemployed
armselig pitiful
bisherig previous, up to now
daneben besides, moreover
einfach simple
hilfsbereit helpful
jetzig present, current
notwendig necessary
unerträglich unbearable
ungelernt untrained
zufrieden satisfied
zunächst at first, to begin with

---

*Remember that **die Schule** is never used in German to refer to higher education—only to the first 13 grades.

Ausdrücke und Redewendungen zum Text

zur Zeit (z. Zt.)   at present
(keine) Lust haben   to (not) want to do something
etwas vermitteln   to arrange for, set up, procure
etwas aus•halten   to stand or bear something
von der Hand in den Mund leben   to live from hand to mouth
in der Zwischenzeit   in the meantime
stempeln gehen   to live on unemployment checks
(das) Glück haben   to be lucky
auf eigenen Füßen stehen   to be independent, stand on one's own two feet
der / einer Meinung sein   to be of the opinion
alles in allem   all in all
im Beruf stehen   to practice a profession

Informationen zur beruflichen
Weiterbildung
(1. Ausgabe/1986)

Informationen zur beruflichen
Umschulung
(4. Ausgabe/1987)

Informationen zur beruflichen
Rehabilitation
(5. Ausgabe/1988)

Informationen für Soldaten auf Zeit
(3. Ausgabe/1985)

Informationen für Arbeitnehmer
ohne Berufsausbildung
(3. Ausgabe/1987)

Informationen für Arbeitnehmer in
den Bereichen Landwirtschaft, Gar-
tenbau, Forstwirtschaft, Ernährung,
Gastgewerbe (1. Ausgabe/1984)

Informationen für Arbeitnehmer in
nichtärztlichen Gesundheitsberufen
und in sozialen Berufen
(2. Ausgabe/1984)

Mein Bildungsweg und meine Berufsziele

Seit einem Jahr besuche ich das Abendgymnasium[1] mit dem Ziel, in zwei Jahren mein Abitur zu machen. Zur Zeit arbeite ich beim Kaufhaus Quelle als Verkäufer in der Elektronikabteilung.° Ich verdiene dort ein anständiges Gehalt. Ich möchte aber in meinem Leben etwas anderes erreichen. Mein bisheriger Lebenslauf verlief folgendermaßen°:

Zunächst ging ich auf die Grundschule,[2] die man damals bei uns auch Volksschule nannte. Meine Eltern wollten, daß ich mit zehn Jahren auf die Mittelschule[3] oder die Oberschule[4] überwechseln° sollte. Aber ich hatte keine Lust, sechs Jahre auf die Mittelschule zu gehen — oder gar° neun Jahre aufs Gymnasium. Ich wollte überhaupt nicht mehr zur Schule gehen, denn ich fühlte mich dort wie im Gefängnis. Ich war ein richtiger Drückeberger° und Faulenzer,° und schwänzte° viele Stunden. Deshalb verließ ich mit 14 Jahren die Hauptschule. Ich wollte hinaus ins wirkliche Leben. Zunächst ging ich auf das Arbeitsamt.[5] Die Beamten° waren sehr hilfsbereit und haben mir gleich eine Lehrstelle[6] bei einer Bäckerei vermittelt. Ich hatte Glück, denn Lehrstellen sind ziemlich schwer zu finden. Bei der Bäckerei hielt ich es allerdings nur wenige Monate aus. Mein Lehrmeister° war tyrannisch und nutzte seine Lehrlinge° aus, anstatt ihnen etwas beizubringen. Das Lehrgeld war auch armselig, und ich war ständig pleite.° Also habe ich bald gekündigt. Von dort aus ging ich zu einer großen Firma, die Lebensmittel herstellt. Ich wurde als Bürogehilfe° eingestellt. Weil ich weder Maschinenschreiben° noch Stenographie° konnte, mußte ich die ganze Dreckarbeit im Büro erledigen. Damals war ich 16 und wollte gern nach Amerika auswandern. Ich hatte gehört, daß dort jeder studieren kann — auch ohne Abitur. Und studieren wollte ich eigentlich doch. Aber als Bürogehilfe lebte ich immer noch von der Hand in den Mund. Das Reisegeld° für den Flug nach Amerika konnte ich nicht sparen. Also blieb ich in Deutschland.

In der Zwischenzeit habe ich eine Reihe° von anderen Stellungen gefunden, die mir alle nicht gefallen haben. Ich habe sie dann immer wieder bald aufgegeben.° Warum, weiß ich nicht. Alle meine Schulkameraden fanden gute Stellen, mit denen sie zufrieden waren. Ich war aber irgendwie anders. Einige Monate lang war ich arbeitslos und mußte von der Arbeitslosenunterstützung[7] leben. Es war mir aber peinlich,° stempeln zu gehen. Schließlich hatte ich das Glück, meine jetzige Stelle bei Quelle zu kriegen, die mir eigentlich ganz gut gefällt. Aber ich habe jetzt eingesehen, daß ich nicht mein ganzes Leben als ungelernter Arbeiter verbringen kann. Deshalb gehe ich jetzt aufs

electronics department

as follows

transfer
even

dodger
lazybones / cut

civil servants

boss
apprentices
broke

office boy / typing / shorthand

fare

a series

quit

I was embarrassed

vocational school

Abendgymnasium, auch wenn ich abends nach der Arbeit noch hart arbeiten muß. Den Feierabend verbringe ich auf der Schulbank und die Wochenenden mit meinen Büchern. Manchmal beneide ich meine Freunde, die die Berufs-schule° hinter sich haben, schon gut verdienen und auf eigenen Füßen stehen. Dies ist aber der einzige Weg für mich, weiterzukommen und mein Berufsziel zu erreichen.

register for

Wenn ich die Reifeprüfung[8] bestanden habe, kann ich endlich studieren. Ich will Grundschullehrer werden. Seit dem Beginn der Schulreform[9] hat der Lehrberuf mich interessiert. Ich bin der Meinung: Schulen müssen nicht unbedingt Gefängnisse sein, und vieles hat sich geändert seit meiner Schulzeit. Ein Studium von acht Semestern[10] an einer pädagogischen oder allgemeinen Hochschule[11] ist für meinen Beruf notwendig. Daneben will ich auch Kurse über Computertechnik an einer Fachhochschule[12] belegen.° Alles in allem will ich fünf Jahre lang studieren. Wenn ich dann im Beruf stehe, kann ich junge Menschen aufs Leben und auf ihren weiteren Bildungsgang vorbereiten. Vielleicht wird es mir sogar gelingen, ein wirklich guter Lehrer zu sein. Denn ich kenne die Probleme der Schüler — vor allem den Leistungszwang,[13] der für viele junge Menschen fast unerträglich ist — vielleicht besser als andere, die einen einfacheren Bildungsweg hatten. **Geschrieben von Mandred J., 24 Jahre alt, Schüler des Abendgymnasiums Dortmund**

Übrigens . . .

1. Evening classes are available for people who work during the day but still want to obtain a high school diploma (**Abitur**).

2. An elementary school in Germany today is called a **Hauptschule.** All children attend the first four years, called **Grundschule.** Those who intend to go on to the university transfer to the **Gymnasium** after four to six years. Some also transfer to the **Realschule.** The rest attend the **Hauptschule** for an additional four to five years.

3. An intermediate school, same as **Realschule.** Pupils leaving the **Grundschule** after four years may attend the **Mittelschule** for an additional six years. They graduate with a **mittlere Reife,** a diploma that enables them to enter a non-academic professional career.

4. Also called **Gymnasium.** There are various types of **Oberschulen,** some oriented toward languages, others toward the sciences. After four to six years of **Grundschule,** nine years of high school lead to the **Abitur,** a formal graduation examination required for university entrance.

5. A job-seeker is referred by the employment office (**Arbeitsamt**) to potential employers who also report any job openings to the office.

6. An apprenticeship, lasting usually about six years, at the end of which the apprentice is licensed to practice the trade independently.

7. Unemployment compensation, given to persons for whom the **Arbeitsamt** is unable to find a job.

8. **Reifeprüfung** is the official term for the **Abitur**.

9. Throughout the 1970s, the German school system (along with the universities) was drastically modified. The purpose of this reform was to adapt the educational system to the demands of a modern industrialized society.

10. A course of higher education is measured in the German system not in hours, but in semesters. The closest equivalent to a B.A. degree, the **Staatsexamen,** requires eight to ten semesters of study.

11. In some parts of Germany, prospective teachers attend an institution especially oriented to the teaching profession.

12. There are also specialized professional colleges for certain disciplines.

13. German schools have been known for their rigid standards—especially prior to the **Schulreform** of the seventies. The pressure to achieve has caused many pupils to suffer from anxiety and depression. Some react with a refusal to achieve (**Leistungsverweigerung**).

Fremdsprachen im Ausland lernen...
denn dort bringen schon 2 Wochen oft mehr als 2 Jahre im Abendkurs.
Intensivtraining für Erwachsene zu 14 Sprachen in 22 Ländern.
Sprachferien für Schüler.
Ein Jahr zur USA-High-School.
Erfahrung aus mehr als 20 Jahren.
Farbkataloge erhalten Sie gratis.

◀ ▯▮▯▮▯▮▯▮▯▮▯▮▯▮ ▶

Wortschatz im Kontext

A Ergänzen Sie den Text mit Wörtern von der Liste.

unerträglich	Manfred	Bäckerei
Abendgymnasium	Gefängnisse	auswandern
Lebenslauf	Grundschullehrer	arbeitslos
Arbeitsamt	Lehrmeister	Verkäufer

Der Text ist von _____ , einem Schüler am _____ , geschrieben. Er beschreibt seinen bisherigen _____ . Zunächst wollte er gar nicht mehr auf die Schule gehen. Er ging zum _____ , wo man ihm eine Lehrstelle vermittelte. Die Lehrstelle bei der _____ hielt er aber nicht aus. Er hatte einen tyrannischen _____ . Er wollte gern nach Amerika _____ . Einige Monate lang war er _____ und lebte von der Arbeitslosenunterstützung. Jetzt arbeitet er bei Quelle als _____ . Er will aber _____ werden und macht bald sein Abitur. Er versteht, daß der Leistungszwang für viele Schüler _____ ist. Er glaubt aber, daß Schulen nicht unbedingt _____ sein müssen.

B Verbinden Sie jeden Begriff mit der richtigen Definition. Dann bilden sie einen Satz damit.

Beispiel: pädagogische Hochschule, dort werden Lehrer ausgebildet

▶ In der pädagogischen Hochschule werden Lehrer ausgebildet.

1. Grundschule
2. Oberschule
3. Reifeprüfung

4. Lehrstelle

5. Arbeitsamt

a. dort macht man das Abitur
b. ein anderes Wort für Abitur
c. Alle Schüler gehen vier Jahre auf diese Schule
d. hilft bei der Suche nach einer Arbeitsstelle
e. eine Stelle, in der man aus-gebildet wird

Lebenslauf

Am 25. Juli 19.. wurde ich in Frankfurt am Main geboren. Mein Vater heißt Hermann Klein und arbeitet als Industriekaufmann in einer Offenbacher Firma. Meine Mutter heißt Karin Klein, geborene Meier, und ist Hausfrau. Ich habe noch zwei schulpflichtige Geschwister.

Von September 19.. bis Juli 19.. besuchte ich in Frankfurt die Brüder-Grimm-Grundschule. Anschließend wechselte ich auf die Carl-Schurz-Realschule über. Zur Zeit bin ich in der 9. Klasse und werde meine Schulzeit im kommenden Juli mit der mittleren Reife abschließen.

Meine Lieblingsfächer in der Schule sind Mathematik, Chemie, Englisch und Sport. Kürzlich absolvierte ich einen Schreib-maschinenkursus an der Volkshochschule. Ich lese gerne Bücher über Wirtschaft und Technik.

In den zurückliegenden Oster- und Sommerferien hatte ich Gelegenheit, aushilfsweise in einer Firma mitzuarbeiten. An Ort und Stelle konnte ich mich durch zahlreiche Gespräche mit den Angestellten über die Tätigkeit eines Industrie-kaufmanns informieren.

Peter Klein

                    L e b e n s l a u f

Persönliche Daten:

Name: Peter Klein
Geburtsdatum und -ort: 25. Juli 19.. in Frankfurt am Main
Eltern und Geschwister: Vater: Hermann Klein, Industriekaufmann
                                 in Offenbach
                         Mutter: Karin Klein, geb. Meier, Hausfrau
                         zwei schulpflichtige Geschwister
Wohnort: Grünebergstraße 22, 6000 Frankfurt 1,
                         Tel.: 0611/71 00 01
Familienstand: ledig
Staatsangehörigkeit: deutsch

Schulausbildung: September 19.. bis Juli 19..
                         Brüder-Grimm-Grundschule
                         in Frankfurt am Main
                         seit September 19..
                         Carl-Schurz-Realschule
                         in Frankfurt am Main
                         z. Zt. in der 9. Klasse

Lieblingsfächer: Mathematik, Chemie, Englisch, Sport

Schulabschluß: mittlere Reife

Besondere Kenntnisse
und Erfahrungen: gute Englisch- und Französisch-Kenntnisse,
                         Teilnahme an einem Schreibmaschinenkursus
                         der Volkshochschule;
                         insgesamt dreiwöchige Tätigkeit in einem
                         Industriebetrieb während der Ferien

Hobbys: Lesen, vor allem Bücher über Wirtschaft
                         und Technik

Berufswunsch: Industriekaufmann

Frankfurt, 8. September 19..   *Peter Klein*

C Peter Klein's **Lebenslauf** contains many elements that let the reader know
       what happened in his life and in which order. Read the text again and circle
       as many words as you can find that relate to the chronology of Peter's life.

D How many jobs and types of schooling has Peter had? Is this different from schooling and jobs in your own country? Is it unusual that it takes a few jobs before one can decide on a career path?

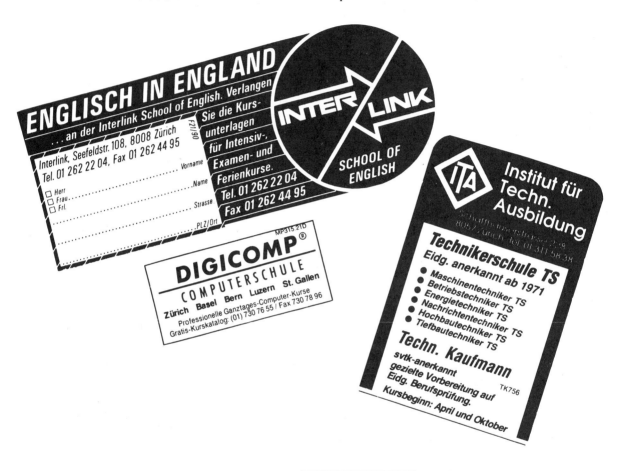

◀ ⫿⫾⫿⫾⫿⫾⫿⫾⫿⫾⫿⫾⫿⫾⫿ ▶

Was kann man dazu sagen?

Auf der Suche nach Arbeit

Ich möchte mich um diese Stelle bewerben.   I would like to apply for this job.
   sich bewerben um (+Akk.)   to apply for
Dafür braucht man ein Bewerbungsformular.   You need an application form.
Bitte vollständig ausfüllen!   Please fill it out completely!

Wenn man die Arbeit bekommt (oder nicht bekommt)

Wir stellen Sie sofort ein!   We will hire you immediately!
   jemand (Akk.) einstellen   to hire someone
Es tut uns leid, die Stelle ist schon besetzt.   We're sorry, the position is
   already filled.

Wenn man die Arbeit verliert

Ich habe gekündigt.   I quit.
Ich wurde fristlos entlassen.   I was fired without notice.
Sie ist gestern geflogen.   She was fired yesterday.
   fliegen (Umg.)   to be fired (*literally* "to fly")
   feuern (Umg.)   to fire

Beim Studium

**Ich bin bei Harvard schon zugelassen, warte aber noch auf die
   Zulassung in Zürich.**   I've been admitted to Harvard, but I'm still wait-
   ing for admission to Zürich.
Ich bin auf der Warteliste.   I'm on the waiting list.

▶ Übungen

A   The following dialogues are jumbled. Supply the appropriate information so
that they will make sense.

1. HERR JÜRGENS: Wann, glauben Sie, wird diese Stelle besetzt werden?
      FRAU BRAUN: Hier ist ein Bewerbungsformular. Bitte füllen Sie es aus!
   HERR JÜRGENS: Ich möchte mich um die Kellnerstelle bewerben.
      FRAU BRAUN: Das weiß ich nicht, aber wir müssen alle
                  Bewerbungsformulare bis Freitag haben.

2.   ULRIKE: Und die Stelle bei der Bäckerei?
       SUSANNE: Ich glaube, daß ich nie eine Stelle bekommen werde.
        ULRIKE: Was ist mit der letzten Stelle passiert?
       SUSANNE: Schon besetzt.
        ULRIKE: Ich glaube, du solltest zurück zur Universität gehen.
       SUSANNE: Ich wurde entlassen.

B   What would you say in the following situations?

1. Tell an employee that she / he's fired immediately.
2. Tell an employee that she / he's fired at the end of the month.
3. Tell your parents that you're admitted to Oxford.
4. Tell an applicant that she / he didn't fill out the form completely.
5. Tell a friend that all the best jobs are already filled.

Grammatik

I Separable and Inseparable Prefixes

German verbs frequently carry prefixes, which may change the meanings of the verbs significantly.

A. Separable Prefixes

Various parts of speech, such as prepositions, adverbs, and other verbs, may function as separable prefixes in combination with verbs. Some common separable prefixes and approximate meanings are listed below.

an-	*at, in*	**um-**	*around, over*
auf-	*open, up*	**weiter-**	*farther, further*
ein-	*into*	**wieder-**	*again*
her-	*(coming) from*	**zurück-**	*back*
hin-	*toward*		

In a main clause in the present tense or the simple past these prefixes are separated from the verb and placed at the end of the clause.

ein·sehen

Ich **sehe** es nicht **ein.**   *I don't understand it.*

weiter·kommen

So **kommst** du nicht **weiter!**   *You won't get anywhere this way.*

kennen·lernen

Sie **lernte** ihn hier **kennen.**   *She met him here.*

◄ ─────────────────────────────────────── ►

1. A separable prefix is always a stressed syllable.

2. In the chapter and end vocabularies, verbs with separable prefixes are listed in the following fashion: **aus·wandern, bei·bringen,** and so on.

3. The separable prefixes **hin-** and **her-** denote motion *away from* and motion *toward* the speaker, respectively. They can also be combined with other separable prefixes, for example, **hinaus-, heraus-, hinein-, herein-.**

hinein·gehen

Sie **geht** in das Haus **hinein.**   *She is going into the house.* (away from the speaker)

herein·kommen

Komm herein!   *Come in.* (toward the speaker)

Note that in infinitive constructions with **zu,** the word **zu** goes between the separable prefix and the verb (see Chapter 8).

weiterkommen + zu

Dies ist der einzige Weg **weiterzukommen.**   *This is the only way to get ahead.*

B. Inseparable Prefixes

Inseparable prefixes are never separated from their verbs. The most common ones are listed below.

be-   emp-   ent-   er-   ge-   miß-   ver-   zer-

Though the inseparable prefixes have no specific meanings of their own, they change the meaning of the verbs to which they are attached. The prefix **zer-,** for example, implies *to pieces.* Thus **brechen** means *to break,* and **zerbrechen** means *to shatter* or *break to bits.* The prefix **be-** often makes an intransitive verb transitive, as with **antworten** and **beantworten,** or **reden** and **bereden.** The prefix **ent-** often implies *un-,* and the prefix **ver-** often intensifies the verb.

Hoffentlich **besteht** er die Prüfung.	*We hope he'll pass the examination.*
Wir **erreichen** hier nichts.	*We're accomplishing nothing here.*

An inseparable prefix is never a stressed syllable.

▶ Übungen

A Ergänzen Sie die Sätze mit den Wörtern in den Klammern.

Beispiel: Ich ____ ____ für die Arbeit ____ . (sich aufopfern)

▶ Ich opfere mich für die Arbeit auf.

1. Ich ____ so nicht ____ . (weiterkommen)
2. Ich ____ diese Arbeitsstelle nicht mehr ____ . (aushalten)
3. Ich ____ die Arbeitsstelle ____ , sobald ich die Prüfung bestanden habe. (aufgeben)
4. Jeden Abend ____ ich ____ auf den Beruf ____ . (sich vorbereiten)
5. Im Abendgymnasium ____ ich andere Menschen ____ , die denselben Lehrberuf vorhaben. (kennenlernen)
6. Wenn ich Glück habe, ____ mich eine gute Schule ____ . (einstellen)
7. Ich ____ dann anderen ____ , was ich selbst gelernt habe. (beibringen)

B Bilden Sie Sätze im Präsens aus den gegebenen Satzteilen.

1. Ich / weiterkommen / so / nicht.
2. Ich / aushalten / diese Arbeitsstelle / nicht mehr.
3. Mein / Leben / müssen / ich / verändern.
4. Ich / aufgeben / die Arbeitsstelle, / sobald / ich / die Prüfung / bestehen.
5. Jeden Abend / sich vorbereiten / ich / auf / den Beruf.
6. Im / Abendgymnasium / kennenlernen / ich / andere Menschen, / die / den Lehrberuf / vorhaben.
7. Wenn ich / Glück / haben, / einstellen / mich / eine gute Schule.

C Verbinden Sie möglichst viele Verben mit den Vorsilben aus der folgenden Liste! Nennen Sie auch die Bedeutung von jedem Verb.

Was will ich mal werden?

VORSILBEN

an-	ent-	wieder-
be-	er-	ver-
auf-	hin-	zer-
ein-	her-	zurück-
	weiter-	

VERBEN

sprechen	fahren	nehmen
denken	kommen	steigen
geben	machen	reden
stellen		

Jetzt geht's endlich nach Hause!

|| Simple Past

The *simple past* is also known as the *imperfect,* the *narrative past,* or the *past tense.* It is used most frequently for the narration or description of an event or series of related events that took place in the past. It is not used as often in everyday conversation as it is for formal writing.

Verbs in German can be classified as weak or strong. (There is no way to tell, except to memorize the strong ones.)

A. Weak Verbs

The simple past tense of regular weak verbs is formed by inserting **-te** between the infinitive stem and a past personal ending.

	ENDINGS	FRAGEN
ich	—	frag**te**
du	**-st**	frag**te**st
er / sie / es	—	frag**te**
wir	**-n**	frag**te**n
ihr	**-t**	frag**te**t
sie / Sie	**-n**	frag**te**n

If the verb stem ends with a **d** or a **t**, or with either **m** or **n** preceded by a consonant other than **l** or **r**, the syllable **-ete-** (instead of just **-te-**) is inserted. The personal endings are the same.

	ANTWORTEN	ATMEN
ich	antwort**ete**	atm**ete**
du	antwort**ete**st	atm**ete**st
er / sie / es	antwort**ete**	atm**ete**
wir	antwort**ete**n	atm**ete**n
ihr	antwort**ete**t	atm**ete**t
sie / Sie	antwort**ete**n	atm**ete**n

◄ ──────────────────────────────────── ►

The simple past of **haben** is formed on the base **hatte.**

Furthermore, there are a few irregular weak verbs that take the same **-te-** syllable and personal endings as weak verbs, but that have a stem-vowel change from **-e-** in the infinitive to **-a-** in the simple past. These verbs are listed separately in the appendix.

kennen → ich **ka**nnte usw.

Three of these verbs undergo more extensive changes:

br**ing**en → ich bra**ch**te
den**k**en → ich da**ch**te
wi**ss**en → ich **wuß**te

Formation of the past for modals also must be memorized.

k**ö**nnen	konnte	*umlaut dropped*
d**ü**rfen	durfte	*umlaut dropped*
m**üss**en	mu**ß**te	*umlaut dropped*
m**ö**gen	mo**ch**te	*umlaut dropped +*
		stem change
wollen	wollte	*regular*
sollen	sollte	*regular*

B. Strong Verbs

Strong verbs in the past change the stem vowel, have consonant changes, and do not add a personal ending to the first- and third-person singular forms. A list of these verbs and their derivatives is in the appendix.

GEHEN

ich ging	wir gingen
du gingst	ihr gingt
er / sie / es ging	sie / Sie gingen

If the simple past stem of a verb ends in **d** or **t,** an **-e-** is inserted between the stem and the personal endings **-st** and **-t.**

stehen	stand	ihr stand**et**
leiden	litt	du litt**est**

WERDEN

The conjugation of **werden** in the simple past must be memorized.

ich wurde	wir wurden
du wurdest	ihr wurdet
er / sie / es wurde	sie / Sie wurden

All verbs with separable prefixes—whether the verbs are weak, irregular weak, or strong—are separated in the simple past tense when they are in a main clause.

Er **machte** die Tür **auf.**	*He opened the door.*
Er **brachte** mir Mathematik **bei.**	*He taught me math.*
Das Geld **ging** uns **aus.**	*Our money ran out.*

> **Übungen**

A Manfred denkt zurück an sein Leben und seine Erfahrungen in der Schule. Ergänzen Sie seine Gedanken im Imperfekt (past tense).

Ich _____ (gehen) einige Jahre auf die Hauptschule. Man _____ (nennen) sie damals auch Volksschule. Ich _____ (haben) aber keine Lust, auf die Mittelschule zu gehen. Ich _____ (wollen) gar nicht mehr in die Schule gehen! Es _____ (sein) mir schon genug! Das „wirkliche Leben" _____ (erscheinen) mir viel attraktiver. Wie dumm _____ (sein) ich damals! Mit Lehrstellen und anderen „Jobs" _____ (gehen) es natürlich auch nicht gut. Mir _____ (fehlen) auch das Geld zum Auswandern, so _____ (bleiben) ich in Deutschland. Es _____ (sein) aber nicht ohne Sinn, denn heute weiß ich zumindest genau, was ich will.

B Ergänzen Sie die folgenden Sätze im Imperfekt.

  Beispiel: Brigitte _____ in meiner Nachbarschaft. (wohnen)

  > Brigitte wohnte in meiner Nachbarschaft.

  1. Brigitte _____ meine beste Freundin. (sein)
  2. Sie _____ nett und klug, aber sie _____ furchtbare Schwierigkeiten in der Schule. (sein, haben)
  3. Das Abitur _____ sie gerade. (bestehen)
  4. Danach _____ sie ein Semester. (studieren)
  5. Das _____ ihr! (reichen)
  6. Sie _____ ein Jahr ins Ausland. (fahren)
  7. Dort _____ sie, wie hart das Leben ohne Ausbildung sein kann. (lernen)
  8. Sie _____ nach Deutschland _____ . (zurückkehren)
  9. Sie _____ Kindergärtnerin. (werden)
  10. Das _____ etwas, was ihr endlich wirklich Spaß _____ . (sein, machen)

C Im folgenden werden im Telegrammstil zwei Klassenkameraden von Manfred beschrieben. Schreiben Sie mit den Stichworten jeweils eine volle Beschreibung der beiden Bildungswege. Benutzen Sie das Imperfekt und schreiben Sie vollständige Sätze.

GERD arme Familie—geschiedene Mutter—böser Stiefvater—Eltern verbieten dem Kind die Oberschule—Lehrstelle als Automechaniker—zwei Jahre Arbeit—Unzufriedenheit—Bewerbung bei Abendgymnasium—will Ingenieur werden

KIRSTEN Vater erfolgreicher Geschäftsmann—häufige Umzüge der Familie—immer andere Schulen, andere Lehrer—manchmal monatelang keine Schule besucht—zu Hause gelernt—viel gelesen—mit 18 mit der Familie nach Amerika—zwei Jahre später Sprachprüfung an Universität München—Zulassung zum Studium—wird in zwei Jahren Tierärztin

D Schriftlich: Beschreiben Sie ihren letzten Arbeitsplatz. Wann und wo haben Sie gearbeitet, und was mußten Sie tun?

III Past Participle

The form known as the past participle is used in conjunction with the helping verbs **haben** or **sein** to form compound tenses (present perfect, past perfect, future perfect). In these compound tenses, the helping verbs may change but the past participle as such remains the same. Rules for forming past participles are given below.

A. Weak Verbs

The past participle of a weak verb is formed with the prefix **ge-** and the ending **-t** or **-et** plus the unchanged stem of the verb.

kündigen	**ge** + kündig + **t**	hat **ge**kündigt
arbeiten	**ge** + arbeit + **et**	hat **ge**arbeitet
öffnen	**ge** + öffn + **et**	hat **ge**öffnet
haben	**ge** + hab + **t**	hat **ge**habt

B. Irregular Weak Verbs

The past participle of an irregular weak verb is formed with the prefix **ge-** and the suffix **-t** plus the changed stem of the verb.

kennen	**ge** + kann + **t**	hat **ge**kannt
bringen	**ge** + brach + **t**	hat **ge**bracht
denken	**ge** + dach + **t**	hat **ge**dacht
wissen	**ge** + wuß + **t**	hat **ge**wußt

All modals with an umlaut drop the umlaut in the past participle.

dürfen	hat gedurft	müssen	hat gemußt
können	hat gekonnt	mögen	hat gemocht

C. Strong Verbs

The past participle of a strong verb is formed with the prefix **ge-** and the suffix **-n** or **-en** plus the stem of the verb, which is usually, although not always, changed.

tun	**ge** + ta + **n**	hat **ge**tan
gehen	**ge** + gang + **en**	ist **ge**gangen
stehen	**ge** + stand + **en**	hat **ge**standen
sehen	**ge** + seh + **en**	hat **ge**sehen

The past participle of **sein** is irregular.

sein   ist gewesen

D. Separable-Prefix Verbs

The past participle of a separable-prefix verb is formed by inserting **ge-** between the separable prefix and the stem, and adding the suffix **-t** or **-en,** depending on whether the verb is weak or strong.

einsehen	ein + **ge** + seh**en**	hat ein**ge**seh**en**
weiterkommen	weiter + **ge** + komm**en**	ist weiter**ge**komm**en**
kennenlernen	kennen + **ge** + lern**t**	hat kennen**ge**lern**t**

E. Inseparable-Prefix Verbs

The past participle of an inseparable-prefix verb is formed by adding the suffix **-t** or **-en** to the stem, depending on whether the verb is weak or strong. A strong verb stem may have a vowel change.

erreichen	erreich + **t**	hat erreich**t**
erkennen	erkann + **t**	hat erkann**t**
bestehen	bestand + **en**	hat bestand**en**

F. Verbs Ending in *-ieren*

The past participle of a verb ending in **-ieren** is formed by dropping the **-en** and adding the suffix **-t.**

studieren	studier + **t**	hat studier**t**

Principal parts:

In German, as well as in English, there are three "principal parts" of any given verb. They are called principal parts because all tenses can be derived from them. They are

▶ the infinitive
▶ the simple past tense, third person singular
▶ the past participle

WEAK VERBS

fragen	fragte	hat gefragt
sagen	sagte	hat gesagt
erzählen	erzählte	hat erzählt

STRONG VERBS

sprechen	sprach	hat gesprochen
singen	sang	hat gesungen
leiden	litt	hat gelitten

The principle parts of strong verbs are the key to their usage and must be memorized. A list of strong and irregular weak verbs with their most important derivative verbs is in the appendix.

IV Present Perfect and Past Perfect

A. Present Perfect

This tense is used for events that happened in the recent past. It is preferred in conversation and informal writing over the simple past. Its use in German does not correspond exactly with use of the English perfect tense.

Ich **habe** ihn nicht **gesehen.**	*I **haven't seen** him.*
Ich **habe** es dir nicht **gesagt.**	*I **haven't told** you.*

The present perfect is formed with the present tense of an auxiliary verb (**haben** or **sein**) and the past participle of the main verb. With most verbs the auxiliary **haben** is used. The past participle comes at the end of the main clause.

Ich **habe** Deutsch **studiert.**	*I **have studied** German.*
Sie **hat** viel **gelesen.**	*She **has read** a lot.*
Wir **haben** wenig **gearbeitet.**	*We **haven't worked** much.*
Sie **haben** den Plan **geändert.**	*They **changed** the plan.*

The auxiliary **sein** is used with verbs showing movement to another place or change of condition and with all other intransitive verbs—those that cannot take a direct object. It is also used with **bleiben, sein,** and **werden.**

Er **ist** schnell **gerannt.**	*He **ran** fast.*
Sie **ist** nicht **weitergekommen.**	*She **hasn't made** any progress.*
Warum **bist** du Lehrer **geworden?**	*Why **did** you **become** a teacher?*
Wo **sind** Sie gestern **gewesen?**	*Where **were** you yesterday?*

◀ ────────────────────────────────── ▶

If the verb showing motion occurs with a direct object, the auxiliary **haben** is used.

Ich **bin** mit dem Auto **gefahren.**	*I **went** by car.*

but:

Ich **habe** das Auto **gefahren.**	*I **drove** the car.*

The present (and past) perfect of all modal verbs is formed with the auxiliary verb **haben.**

Ich **habe** es nicht **gekonnt.**	*I **couldn't do** it.*

B. Past Perfect

The past perfect tense is used to describe an event that was completed at a time in the past prior to another past event. It is formed with the simple past of **haben** or **sein,** plus the past participle of the main verb. Except for the tense of the auxiliary verbs, all other rules are the same as those governing the present perfect.

Er **hat** noch nicht **gegessen.**	*He **hasn't eaten** yet.*
Er **hatte** noch nicht **gegessen.**	*He **hadn't eaten** yet.*
Sie **ist** nicht weit **gegangen.**	*She **has** not **gone** far.*
Sie **war** nicht weit **gegangen.**	*She **had** not **gone** far.*

The past perfect is often used in conjunction with **bevor** or **nachdem** to show the relationship of one past event to the other, and is most commonly encountered as the past tense in a narrative.

Heike **hatte** schon zu abend **gegessen, bevor** sie ins Kino ging.	*Heike **had** already **eaten** dinner **before** she went to the movie.*
Manfred ging zurück zur Schule, **nachdem** er jahrelang **gearbeitet hatte.**	*Manfred went back to school **after** he **had worked** for several years.*

Auf Stellungssuche.

▶ **Übungen**

A Beim Interview des Schülers Manfred J. hat der Interviewer die folgenden Fragen gestellt. Bringen Sie das Interview ins Perfekt (*present perfect*).

FRAGE: Welche Schule besuchen Sie?

ANTWORT: Ich gehe auf das Abendgymnasium.

FRAGE: Und wie kommt das?

ANTWORT: Ich hielt die Schule nicht aus und verließ die Hauptschule schon mit vierzehn Jahren.

FRAGE: Haben Sie eine Arbeitsstelle?

ANTWORT: Ja, ich bekam immer Arbeit. Ich kündigte aber immer nach kurzer Zeit.

FRAGE: Also, Arbeit hielten Sie auch nicht aus.

ANTWORT: Richtig. Ich sehe jetzt ein, wie wichtig eine Ausbildung ist.

FRAGE: Fällt es Ihnen schwer, als Erwachsener wieder in die Schule zu gehen?

ANTWORT: Natürlich. Aber das Wichtige im Leben ist nie leicht.

B Take ten consecutive sentences of your choice from the essay by Manfred that appears at the beginning of this chapter (pp. 65–66). Rewrite the sentences in the present perfect or past perfect tense.

> **Beispiel:** Ich verdiene dort ein anständiges Gehalt.
>
> ▶ *Present perfect:* Ich habe dort ein anständiges Gehalt verdient.
>
> ▶ *Past perfect:* Ich hatte dort ein anständiges Gehalt verdient.

C Write a couple of paragraphs about yourself using Peter's Lebenslauf on pages 68–69 as a model. Use the present perfect and the past perfect when appropriate.

◀ ▌▎▌▎▌▎▌▎▌▎▌▎▌▎▌ ▶

Jetzt sind Sie an der Reihe!

▶ Übungen

A Job Interview. Student A is applying for a job at the **Kaufhaus des Westens** (**KdW**) in Berlin. S/he must be prepared to be interviewed by the prospective employer. Student A should make up a short résumé describing his / her previous work experience, education, particular qualifications, and so on.

Student B is the employer or personnel manager, who should prepare five to seven questions relevant to employment. Student B should then jot down the answers during the "interview," in order to report the results to the class.

B Zukunftspläne: Was wollen Sie werden? Tell the other members of the class briefly what your future plans are. Give both a goal and a reason.

> **Beispiel:** Ich will Lehrer werden, denn ich arbeite gern mit Kindern zusammen.

MÖGLICHE BERUFE

Arzt / Ärztin doctor	**Klempner(in)** plumber
Bankpräsident(in) bank president	**Manager(in)**
Computertechniker(in) computer technician	**Mechaniker(in)** mechanic
Dolmetscher(in) interpreter	**Naturwissenschaftler(in)** scientist
Flugzeugpilot(in) airplane pilot	**Psychiater(in)** psychiatrist
Journalist(in) journalist	**Schriftsteller(in)** **writer**
Kinderarzt / Kinderärztin pediatrician	**Tierarzt / Tierärztin** veterinarian
	Verwalter(in) administrator

C Schreiben Sie auf einer halben Seite, welche von den obenstehenden Berufen Sie nie ausüben möchten und warum. Geben Sie möglichst viele Gründe an.

D If you were to study at a German university, you would receive an official **Studienbuch** listing your exact course of study. This is the equivalent of the American transcript. Fill out the cover and first page of the **Studienbuch** with your credentials. The words below will help you understand how to fill it out.

Staatsangehörigkeit citizenship
Reifezeugnis high school graduation or any other prerequisite to university study
Ergänzungsprüfungen other relevant examinations or degrees

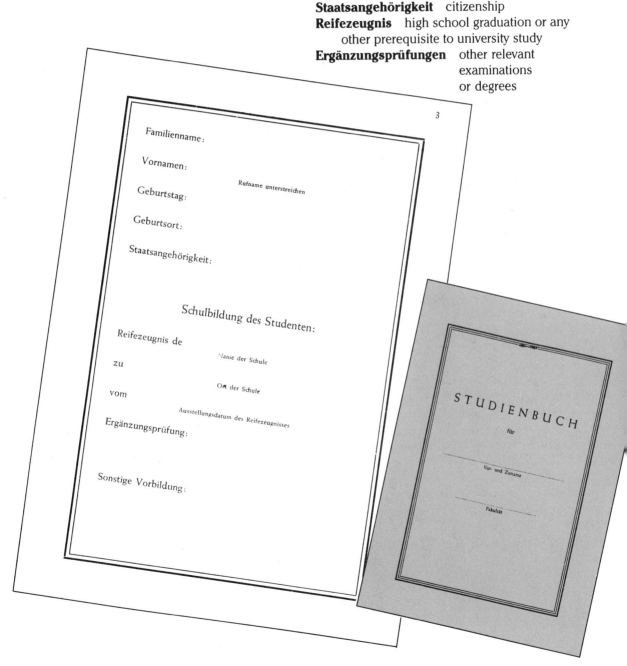

3

Familienname:

Vornamen:

Rufname unterstreichen

Geburtstag:

Geburtsort:

Staatsangehörigkeit:

Schulbildung des Studenten:

Reifezeugnis de

Name der Schule

zu

Ort der Schule

vom

Ausstellungsdatum des Reifezeugnisses

Ergänzungsprüfung:

Sonstige Vorbildung:

STUDIENBUCH
für

Vor- und Zuname

Fakultät

4
Deutschland
· · ·
Gestern geteilt—heute vereinigt

◀ ▌▚▐▚▐▚▐▚▐▚▐▚▐▚▐ ▶

Jetzt fangen wir an!

▶ **Einführungsübungen**

A Discuss the following questions.

1. Was bedeuteten bei Autos die Zeichen D und DDR?
2. Erkennen Sie die Fahnen der ehemaligen beiden Staaten?
3. Welche Länder in Europa kennen Sie? Stellen Sie eine Liste mit den Ländern Nord-, Süd-, West- und Osteuropas auf.
4. Nennen Sie einige kapitalistische und einige sozialistische Länder.
5. Kennen Sie die Hauptstädte einiger dieser Länder? Stellen Sie auch hiervon eine Liste auf.
6. Welche Städte in Deutschland kennen Sie, und wo liegen sie? Im Norden, Süden, Westen oder Osten?
7. Welche Städte in der ehemaligen DDR kennen Sie, und wo liegen sie?

B How many German cognates (words that are similar in English and German) do you know that end in **-ismus?** Note that the gender of these nouns is always masculine.

C Supply the nouns from which the following adjectives have been formed.

Beispiel: westlich

▶ der Westen

gesetzlich   östlich   wirtschaftlich
geteilt   täglich   zahlreich
katastrophal

D Supply the verb from which the following nouns have been formed (some verbs were formed from the nouns).

Beispiel: die Annäherung

▶ sich annähern

die Erhaltung   der Protest   die Verbindung
die Folge   die Reform   der Versuch
die Hoffnung   die Teilung

BUNDESREPUBLIK DEUTSCHLAND

Nordsee

Ostsee

DÄNEMARK

100 MEILEN
100 KILOMETER

N

Flensburg

Puttgarden

Husum
Kiel
Stralsund

SCHLESWIG-HOLSTEIN
Neumünster
Rostock

Lübeck

HAMBURG
Hamburg
Schwerin

MECKLENBURG-VORPOMMERN
Neubrandenburg

Oderhaff

Emden

Bremerhaven
BREMEN
Lüneburg

Oder

Oldenburg
Bremen

POLEN

NIEDERSACHSEN

Elbe

BERLIN
Berlin

Frankfurt (Oder)

Osnabrück
Celle
Hannover
Wolfsburg
Braunschweig
Magdeburg
Potsdam

Havel

BRANDENBURG

Oder

Weser

Hameln
Hildesheim

NIEDERLANDE

Münster

NORDRHEIN-WESTFALEN
Göttingen

Kassel

SACHSEN-ANHALT
Halle

Saale

Wittenberg
Cottbus

Spree

Neiße

Essen
Dortmund

Ruhr

Leipzig
Meißen
Dresden

Düsseldorf

Köln

Aachen
Bonn

Marburg

Erfurt
Weimar
Jena
Gera

SACHSEN

Elbe

BELGIEN

Gießen

Eisenach

THÜRINGEN
Suhl

Chemnitz
Zwickau

Koblenz

HESSEN

Rhön

Frankfurt am Main

Main

Bacharach

Mosel

Wiesbaden
Mainz

Würzburg

Bayreuth

Bingen

RHEINLAND-PFALZ

Rhein

TSCHECHOSLOWAKEI

SAARLAND
Mannheim
Nürnberg

Trier

Saarbrücken
Heidelberg
Rothenburg

BAYERN
Regensburg

LUXEMBURG

FRANKREICH

Karlsruhe
Stuttgart

Donau

Passau

Baden-Baden

Neckar

Isar

Donau

Mosel

Tübingen
Ulm
Augsburg

Inn

SCHWARZWALD

BADEN-WÜRTTEMBERG

München

ÖSTERREICH

Freiburg

Donau

Konstanz

Berchtesgaden

Rhein

Bodensee

BAYRISCHE ALPEN

SCHWEIZ

Garmisch-Partenkirchen

◀ ▐▚▞▐▚▞▐▚▞▐▚▞▐▚▞▐ ▶

Kapitelwortschatz

Nomen

die Annäherung, -en approach, convergence

das Ausland foreign country, abroad

die Besatzungszone, -n occupied zone

die Bevölkerung, -en population

der Boden, ⁻ ground

der Bundesbürger, - die Bundesbürgerin, -nen West German citizen

das Denkmal, ⁻er monument

die Erhaltung preservation

die Folge, -n result, consequence

das Gebiet, -e area

die Grenze, -n border, limit

die Grenzlinie, -n border, frontier

die Großmacht, ⁻e superpower

die Grundfläche, -n area

das Grundgesetz German constitution (*literally* "the basic law")

die Hauptstadt, ⁻e capital

die Hoffnung, -en hope

der Krieg, -e war

die Krise, -n crisis

die Lebensnotwendigkeit, -en necessity of life

der Lebensstandard standard of living

das Mahnmal, -e memorial

die Mauer, -n wall

die Miete, -n rent

das Mitglied, -er member

der Nachteil, -e drawback, disadvantage

das Opfer, - victim

die Orientierung, -en orientation

der Protest, - protest

die Reform, -en reform

die Spannung, -en tension

das Staatssystem, -e governmental system

die Teilung, -en division

die Verbindung, -en connection

die Verfassung, -en constitution

das Verhältnis, -se relationship

der Versuch, -e attempt, experiment

der Vorzug, ⁻e advantage

der Weltfrieden world peace

die Westmacht, ⁻e Western power

die Wirtschaft, -en economy

Verben

▸ **aus·sehen** to look like

▸ **beschließen** to decide

sich betrachten (als) to see oneself (as)

erinnern an (+ *Akk.*) to remind of

  sich erinnern an (+ *Akk.*) to remember

flüchten to flee

führen zu (+ *Dat.*) to lead to

gründen to found

kapitulieren to capitulate

legen to lay, put, place

ab·legen   lay down, put away

entlegen (Adj.)   remote, distant

fest·legen   to establish

verlegen   misplace, remove

verlegen (Adj.)   embarrassed, confused

zerlegen   to take apart, dismantle

reglementieren   to regulate

▸ **scheinen**   to appear, seem

scheitern   to fail, go awry

▸ **schließen**   to close

teilen   to divide

▸ **sich treffen**   to meet

sich verbessern   to improve

verhindern   to prevent

verwalten   to administer

▸ **sich vollziehen**   to take place

ehemalig   former

erschwinglich   affordable

gering   small, insignificant

gesetzlich   legal, lawful

geteilt   divided

großzügig   generous

heutig   of today, today's

jeweilig   respective

katastrophal   catastrophic

offiziell   officially

ökonomisch   economic

östlich   eastern

praktisch   practical, in effect

stabil   stable, balanced

täglich   daily

ungefähr   approximately

verloren   lost

verschieden   different

westlich   western

wirtschaftlich   economic

zahlreich   numerous

zugleich   at the same time

Adjektive, Adverbien usw.

besonders   particularly

bisherig   previous, up to now

Ausdrücke und Redewendungen

unter anderem (u.a.)   among other things

etwas wird in Kraft gesetzt   something is put into effect

jemand (Akk.) gegen etwas abschirmen   to shield or protect someone from something

etwas vollzieht sich   something comes about, takes place

hinzu kommt   in addition

für etwas sorgen   to see to something

in stärkerem Maße   to a greater degree

jemand (Dat.) ist an etwas gelegen   someone is concerned or cares about something

nur allzu gut   only too well

Kleines Deutschland-Quiz

FRAGE: Welche geteilten Länder kennen Sie?

ANTWORT: Ich kenne unter anderem Korea, Irland und früher natürlich Deutschland.

FRAGE: Wann und warum wurde Deutschland geteilt?

ANTWORT: Im Februar 1945, als der Zweite Weltkrieg für Deutschland schon verloren schien, trafen sich Churchill, Roosevelt und Stalin in Jalta. Dort wurde die Teilung Deutschlands in vier Besatzungszonen° beschlossen. Die Stadt Berlin bekam einen besonderen Status und wurde von den vier ehemaligen Siegermächten° verwaltet.° Als Deutschland am 8. Mai 1945 kapitulierte, wurde dieses Abkommen° in Kraft gesetzt.

FRAGE: Wie kommt es, daß es lange Zeit zwei deutsche Staaten gab?

ANTWORT: Auf dem Boden der französischen, englischen und amerikanischen Besatzungszonen wurde am 14. August 1949 der eine deutsche Staat, die Bundesrepublik Deutschland,° gegründet.¹ Auf dem Boden der sowjetischen Besatzungszone wurde am 7. Oktober 1949 die Deutsche Demokratische Republik (DDR)° gegründet. Alle Versuche einer Wiedervereinigung° sind bis 1990 gescheitert.

FRAGE: Wie hat man die Grundfläche und die Grenzlinie zwischen dem Westen und dem Osten festgelegt?

ANTWORT: Die ehemalige Grenzlinie zwischen den westlichen und östlichen Besatzungszonen war die Grenzlinie zwischen zwei verschiedenen Staatssystemen. Die Bundesrepublik war mit einer Grundfläche von etwa 97.000 Quadratmeilen° ungefähr so groß wie der Staat Oregon. Die DDR war mit einer Fläche von etwa 41.700 Quadratmeilen so groß wie der Staat Ohio.

FRAGE: Wie groß ist die Bevölkerung beider Staaten gewesen?

ANTWORT: Im Westen wohnen mehr als sechzig Millionen Bundesbürger; im Osten wohnen etwa achtzehn Millionen Bürger.

FRAGE: Wie sahen die beiden Staatssysteme auf deutschem Boden aus?

ANTWORT: Die Bundesrepublik war in ihrer westlichen Orientierung ein kapitalistischer Staat. Die DDR war in ihrer östlichen Orientierung ein sozialistischer Staat. Beide Länder hatten eine demokratische Verfassung. Die Bundesrepublik nannte ihre Verfassung das „Grundgesetz". Die DDR war lange Zeit praktisch ein Einparteiensystem, die BRD dagegen war eine pluralistische, parlamentarische Demokratie. Beide Länder waren ökonomisch die jeweils stärksten und

occupied zones

victorious powers
administered
agreement

Federal Republic of
Germany (FRG)

German Democratic
Republic (GDR)
reunification

square miles

Sylvester 1990 am Brandenburger Tor.

stabilsten europäischen Mitglieder ihres Blocks, die DDR innerhalb des Warschauer Paktes,[2] und die Bundesrepublik innerhalb
der NATO.[3]

FRAGE: Wie hießen die jeweiligen Hauptstädte der deutschen Staaten?

ANTWORT: Die Hauptstadt der Bundesrepublik war die Stadt Bonn am Rhein.
Ostberlin war die Hauptstadt der DDR und wurde dort nur Berlin
genannt. Westberlin gehörte offiziell nicht zur Bundesrepublik,
obwohl die Stadt sich als Teil des Westens betrachtete. Sie hatte
auch gesetzliche und ökonomische Verbindungen mit der BRD.

FRAGE: Wie, wann und warum wurde die Berliner Mauer gebaut?

shield

ANTWORT: Als junger sozialistischer Staat wollte die DDR verhindern, daß
zahlreiche ihrer Bürger in den Westen flüchteten. Zugleich wollte
sie ihre Bevölkerung gegen westliche Einflüsse abschirmen.° Deshalb schloß die DDR 1961 die Grenze zwischen Ost- und Westberlin und zwischen der DDR und der BRD. Die Westmächte
ließen dies ohne großen Protest zu in der Hoffnung, daß sich die
Situation bald stabilisieren würde.

FRAGE: Wie sah das Verhältnis zwischen den beiden deutschen Staaten
während der siebziger und achtziger Jahre aus?

ANTWORT: Nach dem Ende der sechziger Jahre, als die Zeit des kalten Krieges[4] langsam vorüberging, vollzog sich eine Annäherung zwischen beiden Ländern. Dann arbeiteten sie auf dem Gebiet der
Wirtschaft, Technik und Kultur zusammen, auch wenn es noch
immer Spannungen zwischen beiden Ländern gab.

FRAGE: Wann und warum hat die DDR die Mauer geöffnet?

ANTWORT: Nachdem im November 1989 in der DDR größere Proteste der Bürger zu Reformen führten, öffnete man auch die Mauer. Das Verhältnis zwischen beiden Ländern wurde damit verbessert.

FRAGE: Was waren einige Vorzüge des Lebens in der Bundesrepublik?

constitution

ANTWORT: Nach dem Grundgesetz° der Bundesrepublik hatte jeder Bürger das Recht der Freizügigkeit, d.h. er konnte leben, wo es ihm gefiel und, wenn er das wollte, ins Ausland auswandern. Hinzu kam der relativ großzügige Lebensstandard, der den meisten Bundesbürgern seit der Zeit des Wirtschaftswunders⁵ in den sechziger Jahren möglich war.

FRAGE: Was waren einige Vorzüge des Lebens in der DDR?

cost of living

ANTWORT: Die Lebenshaltungskosten° des DDR-Bürgers sind sehr gering gewesen. Der Staat sorgte dafür, daß alle Lebensnotwendigkeiten wie Essen, Miete, Bücher, Bildung und kulturelle Veranstaltungen für jeden Bürger erschwinglich waren.

FRAGE: Was sind die Nachteile des Lebens in den beiden Ländern gewesen?

ANTWORT: Die Bundesrepublik teilte mit den USA Probleme der Inflation und der Arbeitslosigkeit. Die DDR dagegen reglementierte das Leben ihrer Bürger in stärkerem Maße, als westliche Länder es tun.

FRAGE: Wann vollzog sich die Vereinigung der beiden deutschen Staaten?

ANTWORT: Am 3. Oktober 1990.

FRAGE: Woran war den Bürgern beider deutscher Staaten am meisten gelegen?

ANTWORT: In einer Zeit der Konfrontation der Großmächte und der internationalen Krisen wünschten sich die Bürger beider deutscher Staaten vor allem die Erhaltung des Weltfriedens. Viele Deutsche können sich nur allzu gut an die katastrophalen Folgen von zwei Weltkriegen erinnern. Denkmäler wie die Westberliner Kaiser-Wilhelm-Gedächtniskirche und das Ostberliner Mahnmal für die Opfer des Faschismus und Militarismus erinnern die Bürger täglich daran: Nie wieder Krieg!

. . .

Übrigens . . .

1. Although the abbreviation "BRD" was frequently used both within the country and abroad, the government did not make use of it in official communications and insisted on the full name, **Bundesrepublik Deutschland.**

2. The Warsaw Pact, the eastern defense alliance founded in 1955 as a reaction to the establishment of NATO. The GDR joined in 1956.

3. North Atlantic Treaty Organization, founded in 1949 in Washington. The FRG joined in 1955.

4. "Cold War" is the term given to developments after the end of the Second World War, when tensions between the East and the West increased rapidly. What began as a propaganda war in the struggle for a greater sphere of influence led eventually to the nuclear arms race and, in fact, has brought humanity to the brink of annihilation several times. Its major events include the first Berlin crisis (1948–49), the Korean War (1950–53), the second Berlin crisis (1961), and the Cuban missile crisis (1962). After the mid-1960s, détente began, but the Cold War continued with the weapons buildup of the '80s.

5. "Economic miracle" is the term used to describe the rapid recovery in West Germany from the devastating consequences of the war, achieved through both the efforts of the citizens and substantial financial aid from the USA. By 1960 the country had developed into a major industrial power. Similarly, East Germany managed to rebuild its economic resources through industry and with some financial aid from the USSR. The era of prosperity began somewhat later there, around the end of the 1960s.

◀ ▌▌∕▐▌∕▐▌∕▐▌∕▐▌∕▐▌∕▐▌∕▐▌ ▶

Wortschatz im Kontext

▸ Übungen

A Ergänzen Sie die Sätze mit den Wörtern in der Liste. Sie können allein oder in Gruppen arbeiten.

Frieden	Nachteile	Grundfläche
sich betrachten	reglementieren	Vorzüge
gescheitert politische	Denkmäler	Verfassungen
Orientierung	Lebensnotwendigkeiten	flüchten
	Großmächte	

Alle Länder wollen die Erhaltung des _____ . Aber jedes Land hat seine _____ und seine _____ . Amerika und die Sowjetunion sind _____ . Als Siegermächte beschlossen sie die _____ anderer Länder. Beide deutschen Staaten hatten demokratische _____ . Die _____ der DDR war kleiner als die der BRD. Die _____ sind im sozialistischen Staat meistens billig. Aber man fragt sich, inwieweit ein Land das Leben seiner Bürger _____ darf. Jedenfalls sind lange alle Versuche einer Wiedervereinigung _____ . Westberlin _____ als Teil der Bundesrepublik. Dort stehen viele _____ , die an den Krieg erinnern. Viele Berliner mußten während des Krieges _____ und werden das nie vergessen.

B Hier finden Sie dreizehn Antworten. Schreiben Sie die entsprechenden Fragen dazu.

1. Die Teilung Deutschlands in vier Besatzungszonen
2. Am 8. Mai 1945
3. Auf dem Boden der englischen, französischen und amerikanischen Zonen
4. Auf dem Boden der sowjetischen Besatzungszone
5. Im November 1989
6. Ungefähr sechzig Millionen
7. Die eine hieß Berlin, die andere hieß Bonn
8. Eine Mauer
9. Daß man gehen kann, wohin man will
10. Eine demokratische Verfassung
11. Das Wirtschaftswunder
12. An der Erhaltung des Friedens
13. Am 3. Oktober 1990.

C Bilden Sie Gruppen und diskutieren Sie die folgenden Themen. Berichten Sie dann den anderen Gruppen Ihre Ergebnisse.

ZUR THEORIE

1. Wie kommt es, daß es lange Zeit die Bundesrepublik und die DDR gab?
2. Was waren die wichtigsten Unterschiede der Staatssysteme in der Bundesrepublik und der DDR?

ZUR PRAXIS

3. Planen Sie eine Reise durch Deutschland. Wieviel Zeit haben Sie? Fahren Sie mit dem Auto oder Zug? Welche Städte wollen Sie besuchen?
4. Welche wichtigen Unterschiede könnte Ihrer Meinung nach ein Tourist beim Besuch der ehemaligen DDR und der früheren Bundesrepublik beobachten?
5. Welche neuen Entwicklungen kennen Sie?
6. Wie sehen sie die Zukunft für den deutschen Staat?

◄ ▐▌▟▐▌▟▐▌▟▐▌▟▐▌▟▐▌▟▐▌▟▐▌ ►

Was kann man dazu sagen?

Was wissen Sie über die Staatssysteme der BRD und der DDR?

Ich weiß . . .

so gut wie nichts. practically nothing. **eine ganze Menge.** a great deal.
schon einiges. quite a bit.

Kennen Sie Berlin?

Nein, ich kenne es nicht.   No, I don't know it.
   kennen   to be acquainted with

Welche Sprachen sprechen Sie?

Ich kann englisch und deutsch.   I speak English and German.
   können   to know (*have a skill*)

Wie gut ist Ihr Deutsch?

Ziemlich gut.   Pretty good.
Es ist nicht schlecht.   Not too bad.
Es könnte besser sein.   It could be better.
Es wird besser.   Improving.
Ich kann mich schon verständigen.   I can make myself understood.
Es ist ausgezeichnet.   It's excellent.

Frieden oder Krieg?

Nie wieder Krieg!   Never again war!
Alle Völker wollen Frieden!   All peoples want peace.

Waren Sie schon in Deutschland?

Ja, ich bin schon dort gewesen.   Yes, I've been there.
Ja, schon zweimal.   Yes, twice.
Nein, ich war noch nie dort.   No, I was never there.
Nein, aber ich möchte gern dahin.   No, but I'd like to go there.

▶ **Übungen**

A Answer the following questions in complete sentences.

> **Beispiel:** Haben Sie schon viele Studenten aus Deutschland kennengelernt?
>
> ▶ Nein, ich habe noch keine Studenten aus Deutschland kennengelernt.

1. Kennen Sie Deutschland sehr gut?
2. Waren Sie schon einmal in Europa?
3. Können Sie sich auf deutsch verständigen?
4. Ist ihr Deutsch sehr gut?
5. Waren Sie schon einmal in Berlin?
6. Möchten Sie einmal nach Deutschland fahren?
7. Wollen wirklich alle Völker Frieden?
8. Lesen Sie viel über andere Länder?

9. Wissen Sie alles?
10. Wissen Sie etwas darüber?
11. Können sie Deutsch?
12. Lernen viele Studenten eine Fremdsprache?

B Role-play. Zwei Freunde treffen sich in einem Café. Eine(r) fragt die / den an-
dere(n), ob sie / er schon einmal in Deutschland war.

A: Warst du schon in Deutschland?

B: Eigentlich . . .

A: Ach, das finde ich . . .

B: Kannst du andere Sprachen?

A: Ja, außer Englisch kann ich . . .

B: Wirklich! Wo hast du es gelernt?

A: In . . .

A: Wie gut ist dein Deutsch?

B: Na, . . .

A: Das ist wirklich . . .

◀  ▶

Grammatik

I Word Order in Dependent Clauses

Dependent clauses are tied or subordinated to a main clause and cannot
stand alone. The word order of a dependent clause differs from that of a main
clause: The conjugated verb is at the end of the dependent clause.

▶ Subordinating conjunctions

A dependent clause can be introduced by a subordinating conjunction.

Er sagt, **daß** Deutschland ihm   *He says that he likes Germany.*
gefällt.

Below is a list of the most frequently used subordinating conjunctions.

als	*when*
bevor	*before*
bis	*until*
da	*since, as* (causal)
damit	*so that*
daß	*that*
nachdem	*after*
ob	*whether*
obwohl, obgleich	*although*
seit, seitdem	*since* (temporal)
sobald	*as soon as*
so daß	*so that*
solange	*as long as*
während	*while*
weil	*because*
wenn	*if; when*

Verb, Verb Construction

If a dependent clause precedes a main clause, the word order in the main clause is inverted, producing a "verb, verb" construction.

Obwohl Westberlin sich als Teil der BRD **betrachtete, gehörte** die Stadt nicht offiziell zur BRD.	*Although West Berlin **considered** itself part of the FRG, the city did not **belong** to the FRG officially.*

als vs. *wenn*

The subordinating conjunction **als** is used only for single events in the past, whereas **wenn** is used to express habitual action, often with the meaning *whenever*.

Als sie gestern nach Bonn zurückkam, war es schon spät.	***When** she returned to Bonn yesterday, it was already late.*
Wenn er nach Berlin fährt, ist er froh.	***Whenever** he goes to Berlin he's happy.*

If **seit** or **seitdem** is used to illustrate an action that began in the past and continues into the present, the present tense is used.

Seit der Krieg zu Ende war, gab es die Vereinten Nationen.	*Since the war ended there **have been** the United Nations.*

Berlin, 3. Oktober 1990: Die deutsche Fahne über
dem vereinigten Deutschland.

Indirect Questions

The interrogatives **wann, was, warum, wer, weshalb, weswegen, wie, wieviel, wo,** and so on, function as subordinating conjunctions in indirect questions. They therefore introduce dependent-clause word order.

Ich fragte, **wann** der Zweite Weltkrieg angefangen hatte.	*I asked **when** the Second World War had started.*

▶ Übungen

A Connect the two sentences, using the conjunction in parentheses to make the second sentence a dependent clause. The **es** in the first clause is omitted when an introductory clause is formed.

Beispiel: Wir sind glücklich. Wir haben Frieden. (solange)
▶ Wir sind glücklich, solange wir Frieden haben.

1. Er erklärt es uns. Es gab zwei deutsche Staaten. (warum)
2. Im Februar 1945 trafen sich die Alliierten auf Jalta. Der Krieg schien für Deutschland schon verloren. (als)
3. Die Teilung Deutschlands wurde entschieden. Der Krieg war zu Ende. (bevor)
4. Das Abkommen wurde in Kraft gesetzt. Deutschland kapitulierte. (nachdem)
5. Alle Versuche einer Wiedervereinigung sind bis 1990 gescheitert. Die Probleme waren zu groß. (weil)
6. Ich weiß es nicht. Die DDR war ein starkes und stabiles Mitglied des Warschauer Paktes. (ob)
7. Wir wohnen in Berlin. Die Stadt war geteilt. (seitdem)
8. Viele Leute sagen es. Die Bundesrepublik teilte mit den USA Probleme der Inflation und der Arbeitslosigkeit. (daß)

B Now put the dependent clauses of exercise A at the beginning of the sentence. Work with a classmate, and take turns.

Beispiel: Wir sind glücklich. Wir haben Frieden.
▶ Solange wir Frieden haben, sind wir glücklich.

C Ergänzen Sie die folgenden Sätze:

Beispiel: Als _____ , wurde es in vier Besatzungszonen geteilt. (Deutschland kapitulierte am 8. Mai 1945.)
▶ Als Deutschland am 8. Mai 1945 kapitulierte, wurde es in vier Besatzungszonen geteilt.

1. Als _____ , kamen die Amerikaner. (Der Krieg war zu Ende.)
2. Wenn _____ , denke ich immer an das früher geteilte Deutschland. (Ich fahre nach Berlin.)
3. Ich frage mich, wann _____ . (Das soll aufhören.)
4. Wir gaben nur auf, als _____ (Es ging nicht mehr.)
5. Wir geben nur auf, wenn _____ . (Es geht nicht mehr.)
6. Wie sollen wir wissen, wann _____ . (Es geht nicht mehr.)

D Was ist hier richtig?

1. _____ du zu Besuch kamst, wartete er schon auf dich. (als, wenn oder wann?)
2. Ich weiß nicht mehr, _____ ich das erste Mal in Berlin war. (als, wenn oder wann?)
3. Woher sollen wir wissen, _____ der Zug fährt? (als, wenn oder wann?)
4. _____ du Deutsch lernen willst, fang heute an! (als, wenn oder wann?)

II **Relative Clauses**

▶ *der, die, das,* **and** *die*

Some dependent clauses are introduced by *relative pronouns,* which refer back to the subject of the main clause. The principle relative pronouns are **der, die, das,** and the plural **die,** which mean *who, which,* or *that.* You should also learn the **welch-** forms, although they are rarely used.

The declension of these pronouns is shown below.

	Masculine	Feminine	Neuter	Plural
Nominative	der (welcher)	die (welche)	das (welches)	die (welche)
Accusative	den (welchen)	die (welche)	das (welches)	die (welche)
Dative	dem (welchem)	der (welcher)	dem (welchem)	denen (welchen)
Genitive	dessen	deren	dessen	deren

The relative pronoun agrees in gender and number with its antecedent, while its case is determined by its function in the relative clause. The forms of the relative pronouns **der, die, das,** and **die** are the same as those of the definite article, except for the dative plural and all genitive forms.

Jeder Bürger, **der** in der
↑   ↑
masculine subject of the
singular   relative clause
BRD wohnte, hatte das Recht der Freizügigkeit.

*Every citizen **who** lived in the FRG*
had the right of free movement.

Die DDR, **deren**
↑   ↑
feminine genitive function in the
singular relative clause
Hauptstadt Berlin war, war so groß wie Ohio.

*The GDR, **whose** capital was*
Berlin, was as large as Ohio.

Some Rules Governing Relative Clauses

1. All relative clauses are dependent; the conjugated verb is at the end of the clause.

2. Relative clauses in German are always set off by commas.

▸ *wer* and *was*

The indefinite relative pronouns **wer** (for persons) and **was** (for things) are used when the clause has no specific antecedent. They function in the same way as regular relative pronouns.

Nominative	wer	was
Accusative	wen	was
Dative	wem	—
Genitive	wessen	(wessen)

Ich sage ihm immer, **was** er hören will.	*I always tell him **what** he wants to hear.*
Sie weiß nicht, **wen** sie anrufen kann.	*She doesn't know **whom** she can call.*
Ich weiß nicht, mit **wem** er geflüchtet ist.	*I don't know with **whom** he fled.*

Was is also used after a neuter adjectival noun, an indefinite numerical adjective (**alles, etwas, nichts, viel, wenig,** and so on), or when the referent of the relative pronoun is a complete clause.

Das Beste, **was** man in einer Zeit der Konfrontation sagen kann, ist, daß wir keinen Krieg haben.	*The best thing one can say in times of confrontation is that we are not at war.*
Alles, **was** man hier hört, ist in Wirklichkeit ganz anders.	*Everything that one hears here is in reality quite different.*
Wir sagen nicht immer, **was** wir denken.	*We don't always say what we think.*
Ich fahre bald in die Ferien, **was** mich sehr erfreut.	*I am going on vacation soon, which makes me very happy.*

▸ Übungen

A Setzen Sie das richtige Relativpronomen ein.

Die Länder, _____ geteilt wurden, heißen Korea, Irland und Deutschland. Das Abkommen, _____ 1945 in Kraft gesetzt wurde, führte zu zwei deutschen Staaten. Die Stadt Berlin, _____ ich gut kenne, war auch geteilt. Diese Stadt, _____ mitten in der DDR lag, war damals Teil der sowjetischen Besatzungszone. Die Bundesrepublik, _____ Hauptstadt Bonn war, hatte etwa die Größe von Oregon. Und Deutschland, _____ Hauptstadt einmal Berlin war, hatte zwei Hauptstädte. Das Land, _____ der BRD nach dem Krieg finanziell half,

3. Oktober 1990—Tag der deutschen Vereinigung.

war die USA. Manche Menschen finden das westliche System das beste System, _____ man haben kann. Jedenfalls soll man in dem Land leben dürfen, _____ System einem am besten gefällt.

B Work in pairs. One person gives a cue word from the following list, and the other responds by constructing a sentence using a relative pronoun. Suggestions for the dependent clause are given in list 2.

    Beispiel: der Film

        ▶ Der Film, den ich am liebsten sehe, ist zu kurz.

1	2
die Musik	wirklich gut finden
der Politiker	wirklich schlecht finden
das Buch	am besten kennen
die Stadt	nicht ertragen können
das Land	am liebsten sehen
die Sprache	
die Sängerin	
der Schauspieler	

III Demonstrative Pronouns

The most common demonstrative pronouns are **dieser, mancher, welcher,** and **jener** and their plural and declined forms. All are declined like **der**-words. (For the use of demonstrative adjectives see chapter 2.)

Manche sind größer als **diese.**	*Some* are larger than *these*.
Welchen kennst du?	*Which one* do you know?

Used as a pair, **dieser** and **jener** may also mean the *latter* and the *former.*

Churchill und Roosevelt trafen sich in Jalta; **dieser** war Präsident, **jener** Premierminister.	*Churchill and Roosevelt met in Jalta; **the latter** was president, **the former,** prime minister.*

The neuter nominative and accusative form, **dieses,** is frequently shortened to **dies.**

Dies ist mir ganz neu.	*That's* quite new to me.

Before **ist** and **sind, dies** is used irrespective of the gender or number of the thing or person referred to.

Dies ist die größte Stadt Deutschlands.	*This* is the largest city in Germany.
Dies sind die vier Besatzungszonen.	*These* are the four occupied zones.

Forms of **der, die,** and **das** may function as demonstrative pronouns and are used to create emphasis, to draw attention to someone or something. They are declined like the corresponding relative pronouns.

Denen kann man nicht helfen!	*One can't help **them.***
Dem glaube ich nichts!	*I don't believe a thing **he** says!*

▶ Übungen

A Setzen Sie das passende Demonstrativpronomen ein.

Beispiel: ＿＿＿ gebe ich nichts. (*him*)

▶ Ihm gebe ich nichts.

1. ＿＿＿ habe ich schon lange gewußt. (*that*)
2. ＿＿＿ helfen wir immer gerne. (*her*)

3. _____ glaube ich nicht immer. (*him*)
4. _____ kennst du denn? (*which [country]*)
5. _____ ist bestimmt besser als _____ . (*this . . . that [system]*)
6. _____ wurde im Osten festgelegt. (*this one [border]*)
7. _____ wollen wissen, warum es so ist. (*some [people]*)
8. _____ haben wir nichts gesagt. (*them*)
9. _____ kenne ich schon. (*that [man]*)
10. _____ habe ich nie gesehen. (*that [woman]*)

B Fill in the correct endings.

Beispiel: Dieses Buch ist für mich, und jen___ für dich.

▶ Dieses Buch ist für mich, und jenes für dich.

1. Dieser Apfel gehört mir, und jen___ dir.
2. Dieses Brötchen ist für dich, und jen___ für mich.
3. Ich bin immer beschäftigt, manchmal mit dies___ und manchmal mit jen___.
4. Zwei Forellen schmeckten gut, aber ein___ war genug.
5. Diese Apfelsine ist für Sie, und dies___ für mich.
6. Ich nehme diesen Salat, und welch___ nimmst du?
7. Wir geben dir dies___ Zwiebel, dies___ Gurke und dies___ Käse.
8. Der Lehrerin glaube ich alles, aber dies___ Lehrer nichts.
9. Diese Stadt ist sehr schön, aber jen___ ist wirklich häßlich.
10. Wir kaufen den deutschen Wein, und welch___ kauft ihr?

IV *Da-* and *wo-*Compounds

These are formed with the prefixes **da(r)-** or **wo(r)-** plus a preposition.

da + bei → dabei   wo + mit → womit
da + auf → darauf   wo + in → worin

A **da-**compound replaces a preposition + noun construction, where the noun is an idea or object but not a person.

Erinnerst du dich **an den Krieg?** Ja,   *Do you remember **the war?** Yes, I*
ich erinnere mich **daran.**   *remember **it.***

A **wo-**compound can replace **was** in a question that begins with a preposition + **was.**

An was denkst du?   ***What** are you thinking **about?***
Woran denkst du?

A **da-** or **wo-**compound may refer to a whole idea.

Ich kann mich **daran** erinnern, **wie der Krieg anfing.**

*I can remember **how the war started.***

Worüber sie geschrieben hat, weiß ich nicht.

***What** she wrote **about** I do not know.*

Da- and **wo-**compounds cannot be used to refer to people.

Wir sprechen **darüber.**

*We're talking **about it.***

Wir sprechen **über ihn.**

*We're talking **about him.***

Da- and **wo-**compounds refer to both singular and plural objects.

Habt ihr **von den Krisen** gehört? Wir haben **davon** gehört.

*Did you hear **about the crises?** We have heard **about them.***

▶ Übungen

A   Ergänzen Sie mit einer *da-* oder *wo-*Präposition:

   Beispiel: Habt ihr _____ gesprochen? (über die Situation)

   ▶   Habt ihr darüber gesprochen?

   1. _____ wurde die Bundesrepublik gegründet. (auf dem Boden der westlichen Besatzungszonen)
   2. Es gab eine Grenzlinie _____ . (zwischen dem Westen und dem Osten)
   3. Die DDR war _____ so groß wie der Staat Ohio. (mit einer Fläche von etwa 41.700 Quadratmeilen)
   4. _____ sprechen Sie gerade? (über was)
   5. _____ glaubt die Bevölkerung im Osten und im Westen? (an was)
   6. Es ist allen Bürgern _____ gelegen. (an Frieden)
   7. Westberlin gehörte offiziell nicht _____ . (zur Bundesrepublik)
   8. _____ vollzog sich eine langsame Annäherung. (nach dem Ende der sechziger Jahre)
   9. Der Staat mußte _____ sorgen. (für die Lebensnotwendigkeiten)
   10. Viele Deutsche können sich _____ erinnern. (an die katastrophalen Folgen des Zweiten Weltkrieges)

B   Komm, spiel! Pair up. One member reads off the questions, the other responds either positively or negatively using a **da-**compound.

   Beispiel: Lernst du etwas von dieser Übung?

   ▶   Nein, ich lerne nichts davon.
      oder: Ja, ich lerne etwas davon.

   1. Standst du vor der Mauer?
   2. Weißt du von der Lehrstelle?

3. Erinnerst du dich an das Wochenende?
4. Trinkst du aus dem Glas?
5. Kommst du nach dem Essen?
6. Fährst du mit dem Bus?
7. Hast du was gegen die Lösung?
8. Kannst du etwas zu dieser Frage sagen?
9. Ist dir etwas am Weltfrieden gelegen?
10. Sprichst du über Politik?
11. Denkst du an die Ferien?
12. Bereitest du dich auf die Hochschule vor?

V Position of *nicht*

In modern German, **nicht** usually precedes whatever it negates. Below are some additional guidelines on the placement of **nicht.**

1. **Nicht** goes at the end of the sentence, if the whole sentence is negated and is expressed in the present tense or the simple past.

   Ich kenne dieses Buch **nicht.**   *I don't know this book.*

2. **Nicht** precedes an infinitive, a past participle, a prepositional phrase, an adverb, a predicate adjective, a separable prefix, and a predicate noun.

before an infinitive	Krieg darf **nicht beginnen.**
before a past participle	Der Krieg hat **nicht begonnen.**
before a prepositional phrase	Der Krieg beginnt **nicht in Europa.**
before an adverb	Die Bevölkerung der Schweiz wächst **nicht schnell.**
before a predicate adjective	Österreich ist **nicht groß.**
before a predicate noun	Konfrontation ist **nicht Friede.**
before a separable prefix	Deutschland schirmt sich gegen den Westen **nicht ab.**

3. In a sentence with both a prepositional phrase and an infinitive or a past participle, **nicht** precedes both.

   Die Bundesrepublik wurde **nicht** von den USA gegründet.   *The Federal Republic was **not** founded by the USA.*

4. **Nicht** precedes any word in a sentence that is specifically or exclusively negated.

   Wir wollen **nicht** Krieg, sondern Frieden.   *We want **not** war but rather peace.*

▶ **Übungen**

A Setzen Sie in jeden Satz des folgenden Berichts **nicht** ein.

Zwei meiner Klassenkameraden kennen Deutschland. Sie wollen auch mehr darüber wissen. Sie wollen wissen, wie groß die Städte sind, und wie man dort lebt. Das ist für sie interessant. Sie lernen mehr über europäische Geschichte als über alles andere. Sie behaupten, das Leben in Deutschland sei teuer. Trotzdem gefällt es ihnen. Das kulturelle Leben, das sich dort vollzieht, finden sie besonders interessant. Sie sehen die Vorteile davon. Es ist wichtig, meinen sie, andere Länder zu kennen. Das erhält den Frieden.

B Diskutieren Sie mit einem Partner, warum Sie (nicht) in Deutschland oder in den USA leben möchten. Stellen Sie eine Liste Ihrer Gründe auf.

◀ ▰▱▰▱▰▱▰▱▰▱▰▱▰ ▶

Jetzt sind Sie an der Reihe!

▶ **Übungen**

A Bilden Sie Gruppen von drei bis fünf Studenten und beantworten Sie schriftlich die folgenden Fragen. Versuchen Sie, das ohne Bücher zu tun.

1. Welche geteilten Länder kennen Sie, und wo sind sie?
2. Wann und warum wurde Deutschland geteilt?
3. Wie groß (Quadratmeilen und Bevölkerung) waren die beiden deutschen Staaten? Gibt es amerikanische Staaten von ungefähr derselben Größe?
4. Warum wurde 1961 die Grenze zwischen Ost- und Westberlin geschlossen?
5. Was sind die Vor- und Nachteile eines kapitalistischen und eines sozialistischen Staates?
6. Warum hat man die Mauer im November 1989 geöffnet?
7. Welche neuen Annäherungen hat es seitdem zwischen den beiden Ländern gegeben?
8. Wie sehen Sie die Zukunft Deutschlands?

B Pretend you are a person from (a) Germany who has emigrated to the United States or (b) from the United States who has recently emigrated to Germany. Tell your "story" and the reasons for your decision. Then write your "story" out in essay form.

C Draw on the blackboard a map of Germany. How many cities and rivers can you place? What are the names of the countries bordering Germany?

D Was ist Ihre Meinung? Wählen Sie 1, 2 oder 3. Geben Sie fünf Gründe an.

1. Ich möchte immer im Westen leben, weil . . .
2. Ich möchte gern im Osten leben, weil . . .
3. Es ist mir egal, unter welchem System ich lebe, weil . . .

TRANS ATLANTIK

Das Kulturmagazin

Erscheint monatlich. Erhältlich im Bahnhofsbuchhandel und bei ausgewählten Zeitschriftenhändlern.

► Dabeisein. Wir machen Sie in der DDR bekannt.

Full-Service für Werbung, Public Relations, Messepräsentation und Außenwerbung. Auf allen Leipziger Messen, nationalen und internationalen Messen betreuen wir namhafte Unternehmen. Wir arbeiten erfolgreich für Unternehmen von der Konsumgüter- bis zur Investitionsgüterindustrie. Die Medienlandschaft der DDR ist uns vertraut. Wir bieten Ihnen das notwendige Know-how vor Ort. Sie profitieren von unseren Erfahrungen und unserem Background in der DDR. Wenn Sie jetzt unsere Firmenzeitschrift SPECTRUM-Informationen Nr. 1 bestellen, lernen Sie uns ganz genau kennen. Zu einem persönlichen Gespräch kommen wir gerne zu Ihnen.

SPECTRUM ►
Gesellschaft für Absatzförderung mbH
Oststraße 105   DDR-7050 Leipzig
Telefon 6 81 80 · Telefax 20 90 22 (Zimex)
Telex dd 51 420 · Funktel. 01 61/1 50 99 14

5
Lebensläufe aus Österreich und der Schweiz

· · ·

Viele „Deutsche" sind gar nicht aus Deutschland

◀ ▥▨▥▧▥▨▥▧▥▨▥▧▥▨ ▶

Jetzt fangen wir an!

▶ Einführungsübungen

A   Wie viele der abgebildeten Personen auf den Seiten 114–116 können Sie erkennen, ohne nachzusehen? (Die Namen der Personen stehen in der Lösung auf S. 121).

A

B

C

D

E

F

G

H

I

J

K

L

M

N

B Können Sie zu jeder Person, die Sie erkennen, etwas erzählen?

O   P

C Wer (Was) war das? Bilden Sie ganze Sätze.

    Beispiel: Komponist, Bach

        ▸ Bach war (ein) Komponist.

Dirigent	„Aida"	von Karajan
Dichter	Barenboim	Milton
Erfinder	Beethoven	Poe
Komponist	Carmen	Schumann
Oper	„Die Fledermaus"	Shakespeare
	Edison	Stokowski
	Franklin	Wagner
	Hemingway	

D Match each sentence or phrase on the left to the correct word on the right and form a simple sentence.

    Beispiel: Man schreibt Lieder, Opern und Symphonien. (komponieren)

        ▸ Mozart komponierte Opern.

1. Wenn jeder einen kennt.	die Armut
2. Ein Kind, das durch großes Talent bekannt wird.	das Elend
	die Erziehung der Kinder
3. Man ist sehr unglücklich.	die Geschwindigkeit
4. Man hat gar kein Geld.	das Vermögen
5. Das, was man hat, wenn man sehr reich ist.	das Wunderkind
	die Geburtsstadt
6. Gut zuschauen!	beobachten
7. Jeder ist in dieser Stadt geboren.	berühmt
8. Was beschließen die Eltern?	zahlreich
9. Wenn man so viel hat, daß man lange zählen muß.	
10. So schnell es geht.	

E Was wissen Sie jetzt schon, bevor Sie dieses Kapitel lesen, über Österreich und die Schweiz? Wo liegen diese Länder? Was sind ihre Großstädte? Welche Rolle spielen sie in der Weltgeschichte? Welche Sprache(n) spricht man dort? Wie sieht die Landschaft aus? Was produziert man dort? Waren Sie einmal in Österreich / der Schweiz? Wenn ja, was können Sie darüber erzählen?

◄ ▉▟▐▌▟▐▌▟▐▌▟▐▌▟▐▌▟▐▌▟▐▌▉ ►

Kapitelwortschatz

Nomen

der Anstreicher, - house painter
die Armut poverty
der Begründer, - founder
die Bewegung, -en movement
die Bezeichnung, -en designation, term
die Bildung education, learning
der Dichter, - / die Dichterin, -nen author or poet
der Dirigent, -en / die Dirigentin, -nen conductor
der Einfluß, ̈sse influence
das Elend misery, squalor
der Erfinder, - / die Erfinderin, -nen inventor
der Erfolg, -e success
die Erziehung education, upbringing
das Gebiet, -e field
die Geburtsstadt, ̈e place of birth
das Gedicht, -e poem
die Geschwindigkeit, -en speed
das Gesetz, -e law
der Glaube faith, belief
der Hof, ̈e royal court
die Kammermusik chamber music
der Komponist, -en / die Komponistin, -nen composer

die Konzertreise, -n concert tour
der Künstlerkreis, -e artistic circle
das Lebenswerk, -e life's work
die Lehre, -n lessons, teachings
der Mädchenname, -n maiden name
die Menschheit humanity
die Oper, -n opera
die Planetenbewegung, -en planetary movement
das Reich, -e kingdom, empire
der Ruf reputation
die Schuld fault, guilt
der Selbstmord, -e suicide
der Verfasser, - / die Verfasserin, -nen author
das Vermögen, - fortune
die Weltgeschichte world history
die Wiederentdeckung, -en rediscovery
das Wohl well-being
das Wunderkind, -er child prodigy, child genius

Verben

begründen to found
▸ **behalten** to keep, retain
beobachten to observe
bezeichnen to designate, describe
durch·führen to carry out, enact
erblicken to see, catch a glimpse of
▸ **erziehen** to raise children, educate
▸ **gelten** to be valid
    gelten als to be recognized as
▸ **hinterlassen** to leave behind
leben to live
    erleben to experience
    kurzlebig short-lived
    langlebig long-lived
    überleben to survive
    überleben (+ _Akk._) to outlive someone
    weiter·leben to live on
töten to kill

Adjektive, Adverbien usw.

bekannt well-known
berühmt famous
gleichnamig of the same name
unvollendet unfinished
vergessen forgotten
zahlreich many, numerous
zunächst to begin with

Ortsnamen

Basel Basel (_Swiss city_)
Böhmen Bohemia (_part of Czechoslovakia_)
Genf Geneva (_Swiss city_)
Graz Graz (_Austrian city_)
Linz Linz (_Austrian city_)
Österreich Austria
Prag Prague (_capital of Czechoslovakia_)
Preußen Prussia
die Schweiz Switzerland (_definite article always used, as is the case for other feminine country names_)
Ungarn Hungary
Wien Vienna (_capital of Austria_)

Ausdrücke und Redewendungen

zur Welt kommen to be born
man kann etwas als . . . bezeichnen one can describe something as . . .
das Licht der Welt erblicken to see the light of day, that is, to be born
einen (stürmischen) Erfolg erleben to meet with (raving) success
jemand (_Akk._) einführen to introduce someone (_into a group_)
Einfluß aus·üben auf (+ _Akk._) to have influence on
ums Leben kommen to be killed
jemand (_Dat._) etwas auf·zwingen to force something on someone
einen Ruf erlangen to gain a reputation
einen Roman verfassen to write a novel
etwas zählt zu something is counted among
im Laufe von in the course of

Berühmte Personen und ihre Zukunft

Wer sind die folgenden Personen? Können Sie sie identifizieren? (Die Antworten folgen.)

Rot-Weiß-Rot[1]

1. 1571 komme ich zur Welt und werde schon 1594 Professor in Graz, wo ich die Lehren von Kopernikus studiere. 1612 werde ich dann nach Linz ziehen und dort die Geschwindigkeit und die Bewegung der Planeten beobachten. Später, im März 1618, finde ich das Gesetz der Planetenbewegung. 1630 werde ich in Armut sterben, aber mein Name wird weiterleben als Bezeichnung für die Gesetze, die ich gefunden habe.[2]

2. Die römisch-deutsche Kaiserin,° Königin von Ungarn und Böhmen und Erzherzogin° von Österreich, wird als Tochter Kaiser Karls VI. 1717 in Wien geboren. Sie wird während ihres Lebens zahlreiche Reformen auf dem Gebiet der Bildung, des Rechtswesens° und des Finanzwesens° durchführen. Im Krieg gegen Friedrich den Großen von Preußen[3] wird sie ihr Reich behalten. Zehn ihrer sechzehn Kinder überleben sie, darunter Marie Antoinette,[4] spätere Königin von Frankreich. Sie stirbt 1780.

empress
archduchess

justice / finance

3. Im Jahre 1762 schreibt er als sechsjähriges Wunderkind seine ersten Klavierkompositionen. Diese wird man 200 Jahre später noch immer spielen. Sein Vater Leopold und seine Schwester Nannerl machen bald mit ihm die ersten Konzertreisen. Später wird er Konzertmeister° am Hof in Salzburg. Die Opern „Figaros Hochzeit" und „Die Zauberflöte"[5] wird man als seine bekanntesten Opernwerke bezeichnen können. In Armut und Elend stirbt er im 36. Lebensjahr 1791 in Wien.

concertmaster

4. Ich erblicke 1797 in Wien als Sohn eines armen Lehrers das Licht der Welt. Mein Leben endet früh und mein Werk bleibt unvollendet: bis zu meinem Tod im 31. Lebensjahr werde ich Kammermusik, über 500 Lieder, Chorwerke und neun Symphonien geschrieben haben. In meiner Geburtsstadt werde ich 1828 sterben.

5. 1860 in Böhmen geboren, wird er später ein berühmter Dirigent und Komponist. 1907 reist er nach New York, wo er stürmischen Erfolg erlebt. Er hinterläßt zehn Symphonien. Seine Wiederentdeckung als Komponist beginnt um 1960 in Amerika, nachdem er nach seinem Tod im Jahr 1911 fast 50 Jahre lang vergessen wird.

6. 1873 komme ich in Wien zur Welt, 1929 sterbe ich in Rodaun (in der Nähe von Wien). Mein Freund Stefan George[6] wird mich in die Künstlerkreise einführen. Später schreibe ich zahlreiche Gedichte und auch Libretti[7] für Richard Strauss.[8] Die bekanntesten sind „Elektra" und „Der Rosenkavalier".

lyric poets

7. Ich bin in Prag im Jahr 1875 geboren. Nach längeren Reisen nach Rußland, Paris und Italien werde ich zu einem der bekanntesten Lyriker° des frühen 20. Jahrhunderts. Nach meinem Tod im Jahr 1926 werden meine Gedichte immer mehr Einfluß auf andere Dichter ausüben.

hobo / house painter

8. Dieser vielleicht bekannteste „Deutsche" der modernen Weltgeschichte ist tatsächlich ein Österreicher. 1889 in Braunau geboren, wird er zunächst Landstreicher,° dann Anstreicher° und später schließlich Politiker. 1939 wird er den größten Krieg beginnen, den die Menschheit kennt. Durch seine Schuld werden sechs Jahre später viele Millionen Menschen ums Leben gekommen sein. 1945 begeht er Selbstmord in Berlin.

Helvetia[9]

national hero

governor (of a royal province)

9. Dieser Nationalheld° der Schweiz wird im Jahr 1307 zunächst einen Apfel vom Kopf seines Sohnes schießen und dann den bösen Landvogt° Geßler töten. Er gilt als einer der Begründer des Schweizer Staates. Schiller[10] wird ihn in seinem gleichnamigen Drama verewigen, Rossini in einer Oper mit einer berühmten Ouvertüre.

preacher

10. 1509 komme ich in Frankreich zur Welt. Als protestantischer Theologe wohne ich ab 1536 in Genf, wo ich als Prediger° meine eigene Religion begründe und sie anderen Menschen aufzwinge. Nach meinem Tod im Jahre 1564 übernehmen viele Schweizer meinen Glauben.

11. 1712 in Genf als Sohn eines Uhrmachers geboren, wird er 1741 nach Paris kommen und dort den Ruf eines der größten Philosophen der Weltgeschichte erlangen. Sein Postulat „zurück zur Natur" kennt fast jeder. Er schreibt ein berühmtes Buch über Erziehung, wird aber seine eigenen Kinder nicht

orphanage

erziehen können: er gibt sie ins Waisenhaus.° Er stirbt 1778 in Frankreich.

12. 1819 bin ich in Zürich geboren. Zunächst studiere ich Malerei, dann werde ich Schriftsteller und verfasse den berühmten Roman „Der grüne Heinrich". Ich gelte als einer der wichtigsten Autoren des Realismus.[11] 1890 sterbe ich in Zürich.

13. Sie wird 1827 in der Nähe von Zürich geboren. Ihr Mädchenname ist J. Heußer. Sie zählt zu den größten Jugendschriftstellern. Ihr Roman „Heidi" wird später auf der ganzen Welt berühmt sein. Sie stirbt 1902 in Zürich.

heir

14. 1820 komme ich in Genf als Erbe° eines großen Vermögens zur Welt. Mein Lebenswerk ist die Arbeit zum Wohl der Menschheit. Ich begründe das

Internationale Rote Kreuz und rege die Genfer Konvention[12] an. Ich erhalte den ersten Friedens-Nobelpreis 1901. Mein Tod fällt ins Jahr 1910.

15. Er wird 1875 in Basel geboren. Später ist er Schüler von Sigmund Freud und Psychotherapeut sowie Erfinder der „Archetypen"[13] und Autor zahlreicher Werke. Er wird auch als erster die Theorie der „introvertierten" und *personality types* „extravertierten" Persönlichkeitstypen° formulieren.

16. Ich bin 1921 in Konolfingen (Schweiz) geboren und der Verfasser von erfolgreichen Theaterstücken, darunter „Der Besuch der alten Dame" (1956) und „Die Physiker" (1962). Daneben werden Sie mich vielleicht auch als Maler und Essayist kennen. Ich wohne in Neuchâtel und gelte als der größte Schweizer Dramatiker.

Lösung

Bild	Beschreibung	von
E	3	Wolfgang Amadeus Mozart
N	7	Rainer Maria Rilke
B	1	Johannes Kepler
A	2	Maria Theresia
P	8	Adolf Hitler
F	4	Franz Schubert
K	6	Hugo von Hofmannsthal
G	5	Gustav Mahler
O	9	Wilhelm Tell
D	10	Johannes Calvin
H	14	Henri Dunant
I	16	Friedrich Dürrenmatt
J	15	Carl Gustav Jung
M	13	Johanna Spyri
C	11	Jean-Jacques Rousseau
L	12	Gottfried Keller

. . .

▶ Moment mal! Wo sind die Frauen?

Only two of the 16 famous persons named above are women. Why? Both Austria and Switzerland are, like Germany, traditionally patriarchal countries, where it was difficult for a woman to emerge to international fame. It was not until 1971, for example, that a constitutional amendment in Switzerland allowed women to vote in federal elections and to hold federal office.

Übrigens . . .

1. The colors of the Austrian flag.

2. Kepler's laws describe the motion of the planets.

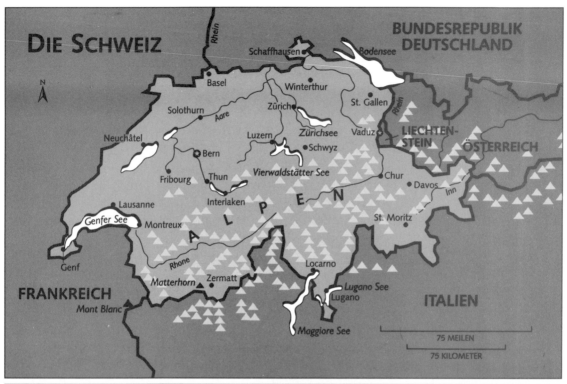

DIE SCHWEIZ

BUNDESREPUBLIK DEUTSCHLAND

Rhein

Bodensee

Schaffhausen

Basel

Winterthur

Solothurn

Zürich

Aare

St. Gallen

Neuchâtel

Luzern

Zürichsee

Vaduz

LIECHTEN-STEIN

ÖSTERREICH

Bern

Schwyz

Rhein

Fribourg

Thun

Vierwaldstätter See

Chur

Davos

Inn

Lausanne

Interlaken

A   L   P   E   N

St. Moritz

Genfer See

Montreux

Genf

Rhone

Zermatt

Locarno

Matterhorn

Lugano See

FRANKREICH

Mont Blanc

Lugano

ITALIEN

Maggiore See

75 MEILEN

75 KILOMETER

ÖSTERREICH

TSCHECHOSLOWAKEI

Donau

NIEDERÖSTERREICH

Krems

Donau

BUNDESREPUBLIK DEUTSCHLAND

Linz

Wien

WIEN

OBERÖSTERREICH

Neusiedler See

Steyr

Eisenstadt

Bodensee

Salzburg

St. Wolfgang

Wiener Neustadt

Dornbirn

Bregenz

Kitzbühel

Bad Ischl

Enns

Leoben

BURGEN-LAND

Valduz

VORARLBERG

TIROL

Zell am See

STEIERMARK

UNGARN

Inn

Innsbruck

SALZBURG

LIECHTEN-STEIN

Badgastein

A   L   P   E   N

Graz

Mur

SCHWEITZ

Lienz

KÄRNTEN

Gurk

Wolfsberg

Spittal

Klagenfurt

Drau

Villach

Drau

ITALIEN

JUGOSLAWIEN

75 MEILEN

75 KILOMETER

3. Frederick II, called "the Great," was king of Prussia (1712–1786). He invaded Maria Theresa's province of Silesia, thereby beginning the War of Austrian Succession (1740–1748). In 1748 Silesia was surrendered to Prussia, but Maria Theresa retained her inherited empire.

4. Marie Antoinette (1755–1793), queen of France and wife of Louis XVI, was guillotined according to the sentence of the Revolutionary Tribunal during the French Revolution.

5. "The Marriage of Figaro" and "The Magic Flute": two of Mozart's many operas.

6. George (1868–1933) was an influential German lyric poet whose disciples formed the celebrated **Georgekreis.**

7. A libretto is the story and words that a composer sets to music.

8. Richard Strauss (1864–1949): German composer of orchestral works and operas.

9. *Helvetia*: Latin name for Switzerland. The *Helvetii* were the ancient Swiss people.

10. Friedrich von Schiller (1759–1805) was a German author who ranks with Goethe and Lessing; he wrote the drama "Wilhelm Tell" in 1804. Rossini's opera is based on Schiller's drama.

11. **Realismus** is a movement in 19th-century literature.

12. The Geneva Convention, or Red Cross Convention, was held in Geneva in 1864 and established rules for the humane treatment of the sick or wounded in wartime. In April 1929, and again in August 1949, the rules were revised in light of the events of two world wars.

13. Jung described human behavior as being influenced, perhaps even controlled, by certain *archetypes*.

Wortschatz im Kontext

▶ Übungen

A Richtig oder falsch? Wenn falsch, warum?

1. Gustav Mahler schrieb über 500 Lieder.
2. Mozart schrieb zehn Symphonien.
3. Johanna Spyri schrieb den berühmten Roman „Der grüne Heinrich".
4. Der Landvogt Geßler schoß den Apfel vom Kopf Tells.
5. Die Gesetze der Planetenbewegung kennt man heute noch nicht.
6. Fast jeder kennt den Spruch „zurück zur Natur".
7. Rousseau gab seine eigenen Kinder ins Waisenhaus.
8. Carl Gustav Jung war eine extravertierte Persönlichkeit.
9. Das bekannteste Werk Dürrenmatts ist „Heidi".

B Was paßt wozu?

1. Wolfgang
2. Reformen
3. Lieder
4. zehn Symphonien
5. Anstreicher
6. Apfel auf dem Kopf
7. Religion
8. Zurück zur Natur
9. Realismus
10. Johanna Spyri
11. Genfer Konvention
12. Archetypen

a. Gottfried Keller
b. Rousseau
c. Wilhelm Tell
d. Maria Theresia
e. Gustav Mahler
f. Franz Schubert
g. Nannerl
h. Adolf Hitler
i. Calvin
j. „Heidi"
k. Internationales Rotes Kreuz
l. C. G. Jung

C Tell or write in your own words a complete biographical sketch using the cues given. Construct complete sentences, using one simple sentence for each cue. Who is the subject of this vignette?

im Jahre 1756 geboren—Wunderkind—schreibt Musik—Klavier spielen—Schwester Nannerl—reisen—wohnt in Salzburg—Opern sehr bekannt—finanzielle Schwierigkeiten—in Armut leben—36 Jahre alt—weltberühmt—der moderne Film *Amadeus*

D Try to think of a well-known person of Austrian, German, or Swiss origin in sports, politics, entertainment, and so on. Write a short biography of that person. Where was the person born? Where did he / she grow up? Where does he / she live now? What are his / her accomplishments, or what is he / she known for?—and so forth. Read the biography to a partner and have him / her guess who the person is. Alternate after each biography. Examples: Steffi Graf, Henry Kissinger, Dr. Ruth Westheimer, Arnold Schwarzenegger.

◀ ▐▌▞▐▌▞▐▌▞▐▌▞▐▌▞▐▌▞▐▌ ▶

Was kann man dazu sagen?

Waren Ihre (Ur)Großeltern Schweizer oder Österreicher?

Meine Vorfahren kamen aus Österreich. My ancestors came from Austria.

Ich habe schweizerische / österreichische Vorfahren. I have Swiss / Austrian ancestors.

Wann kamen sie nach Amerika?

Meine Familie emigrierte im neunzehnten Jahrhundert. My family emigrated in the 19th century.

Meine Eltern kamen nach dem Zweiten Weltkrieg herüber. My parents came over after the war.

Sie wohnten im Kanton Bern. They lived in the canton of Bern.

Ihre Sprache nannten sie „Schwyzerdütsch." [1] They called their language Swiss German.

Wie klingt dieses Schweizerdeutsch? Ist es wirklich deutsch?

Ja, aber es klingt völlig anders. Yes, but it sounds totally different.

Und wenn man nichts versteht?

Ich verstehe kein Wort! I don't understand a word!

Etwas langsamer bitte! A little slower, please.

Es tut mir leid, ich kann nur Hochdeutsch! I'm sorry, I only know standard German!

Entschuldigung, ich verstehe leider kein Schweizerdeutsch. Excuse me, unfortunately I don't understand Swiss German.

Ich komme einfach nicht mit! I just can't follow!

Aber einkaufen will man doch.

Dazu braucht man weder Dollar noch D-Mark, sondern . . .
  Sfr. (der Schweizer Franken) [2] Swiss francs
  ö.S. (der österreichische Schilling) [3] Austrian shilling

Was ist so besonders an diesen beiden Ländern?

Diese Länder sind neutral und blockfrei. [4] These countries are neutral and nonaligned.

Übrigens . . .

1. Swiss for **Schweizerdeutsch,** the language spoken in the German-speaking part of Switzerland. The two other official languages of Switzerland are French and Italian.

2. The Swiss currency; 1 Swiss franc equals 100 **Rappen.**

3. The Austrian currency; one shilling equals 100 **Groschen.**

4. Nonaligned—that is, they belong to neither the Warsaw Pact nor NATO.

▶ Übungen

A An Austrian student has just moved into your dorm. You are interested in meeting her / him. In your conversation ask her / him about her / his background. Use expressions from the section **„Was kann man dazu sagen?"** Begin with **„Sprecht ihr in Österreich alle deutsch?"**

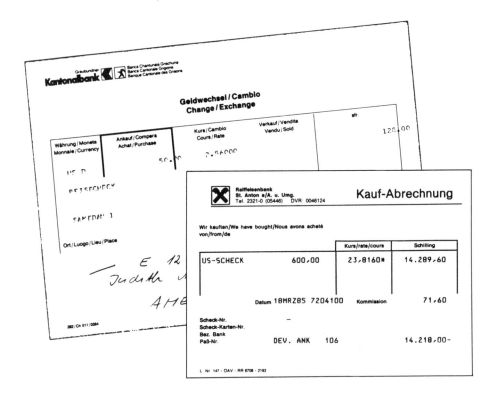

B You have a friend whose ancestors came from Switzerland. Ask her / him about the country of her / his forefathers. Use expressions from „**Was kann man dazu sagen?**" Begin with „**Wer von deinen Eltern hat schweizerische Vorfahren, dein Vater oder deine Mutter?**"

◀ ▐▐▗▐▜▗▐▜▗▐▜▗▐▜▗▐▜▗▐▜ ▶

Grammatik

I Prepositions

The lists below provide a quick overview of German prepositions and the cases they are used with.

ACCUSATIVE	DATIVE	ACCUSATIVE OR DATIVE	GENITIVE
bis	aus	an	(an)statt
durch	außer	auf	trotz
entlang	bei	hinter	während
für	entgegen	in	wegen
gegen	gegenüber	neben	um . . . willen
ohne	mit	über	
um	nach	unter	
wider	seit	vor	
	von	zwischen	
	zu		

A preposition indicates the relationship of a noun or pronoun to some other word or words in the sentence. Prepositions usually precede the noun or pronoun, but some can follow. German prepositions are used with a specific case, and some prepositions can be used with more than one case, depending on the context.

1. Prepositions Followed by Accusative

bis—*until, as far as, by* (*temporal*)

Mozart lebte **bis** 1791.

*Mozart lived **until** 1791.*

Heute fahren wir **bis** München.

*Today we'll drive **as far as** Munich.*

Bis nächsten Januar werden wir fertig sein.

***By** next January we'll be ready.*

◄── ►

If the object of the preposition is preceded by a **der-** or **ein-**word, another preposition *must* be used with **bis.** If **bis** is followed by another preposition, the second preposition determines the case of the following noun.

Bis zu seinem Tod schrieb Schubert über 500 Lieder.	**Before his death** Schubert composed over 500 Lieder.
Er ging **bis an die Ecke.**	He walked **as far as the corner.**

durch—*through, by means of*

Sie ging **durch** den Vorort.	She walked **through** the suburb.
Spyri wurde **durch** ihren Roman „Heidi" weltberühmt.	Spyri became world famous **by means of** her novel „Heidi."

entlang—*along*

Der Zug fuhr den Rhein **entlang.**	The train traveled **along** the Rhine.

Note that **entlang** usually follows its object.

für—*for*

Keplers Name lebte weiter als Bezeichnung **für** seine Gesetze.	Kepler's name lived on as the designation **for** his laws.

◄── ►

Für is rarely used in time phrases.

Ich bin **den ganzen** Sommer hier.	I'm here **for** the summer.
Ich kenne ihn **seit** Jahren.	I've known him **for** years.

Many common English expressions like *look for* or *ask for* are formed differently in German.

Bitte den Kellner um die Rechnung.	**Ask the waiter for** the check.
Ich **suche** meine Schlüssel.	I'm **looking for** my keys.

gegen—*against, about* (*temporal*)

Im Krieg **gegen** Friedrich den Großen ist er ums Leben gekommen.	He lost his life in the war **against** Frederick the Great.

Sie kam **gegen** zehn Uhr zu Hause an.	*She arrived home **at about** ten o'clock.*

ohne—*without*

Preußen ist **ohne** Friedrich den Großen unvorstellbar.	*Prussia is unimaginable **without** Frederick the Great.*

um—*around; at, approximately (temporal)*

Die Straße führt **um** das Opernhaus.	*The road leads **around** the opera house.*
Mahler wurde **um** 1960 in Amerika wiederentdeckt.	*Mahler was rediscovered **in approximately** 1960 in America.*
Um elf Uhr bin ich da.	*I'll be there **at** eleven o'clock.*

◀ ▶

Um (*around*) is frequently reinforced by **herum** placed after the noun, to emphasize a circular movement.

Er rannte **um** den See **herum.**	*He ran **around** the lake.*

wider—*against*

Er kam **wider** meinen Willen.	*He came **against** my will.*

◀ ▶

Both **wider** and **gegen** mean *against;* **wider** is generally used only in special contexts, whereas **gegen** is preferred in most cases. When in doubt, use **gegen.**

Several contractions of accusative prepositions and the following definite article occur in German. Try to use these contractions, especially in spoken German. Doing so will help give your German an idiomatic sound.

an das → **ans**

durch das → **durchs**

für das → **fürs**

in das → **ins**

um das → **ums**

▶ **Übungen**

A Fehler-Spiel. Korrigieren Sie!

Ich gehe durch des Park bis zur Goethestraße. Dort will ich ein Buch für meiner Freund kaufen. Ohne ihm ist das nicht leicht, weil er wenig liest. Ich finde ein Buch über dem Krieg gegen Friedrich des Große. Auf dem Weg nach Hause gehe ich durch der Altstadt. Für mir ist es eine große Freude, durch den alten Straßen zu wandern. Um dem Rathaus und über der alten Kirchenplatz gehend, erreiche ich schließlich meine Wohnung.

B Relay race in two teams. Time: two minutes. Using the list of accusative prepositions below, team members take turns constructing sentences using each accusative preposition. One correct sentence wins one point. The team with the highest number of points at the end of two minutes wins.

bis	für	um
durch	gegen	wider
entlang	ohne	

> **Beispiel:** STUDENT / -IN 1: für → Das ist für mich.
>
> STUDENT / -IN 2: durch → Geh durch die Stadt!

I Prepositions (*continued*)

2. Prepositions Followed by Dative

aus—*out of, from, (made) of*

Sie kommt gerade **aus** dem Theater.	*She is just coming **out of** the theater.*
Mozart kommt **aus** Österreich.	*Mozart comes **from** Austria.*
Der Ring ist **aus** Gold.	*The ring is **made of** gold.*

außer—*except (for), but (for); besides, in addition to; beside*

Außer ihm lese ich kaum Lyriker.	***Except** (**but**) **for** him I hardly read any lyrical poets.*
Außer Keller kennt sie noch Dürrenmatt.	***Besides** (**in addition to**) Keller she also knows Dürrenmatt.*
Er war **außer** sich vor Angst.	*He was **beside** himself with fear.*

bei—*at, near, with, at the home of, while*

Er arbeitet **beim** (**bei** + **dem**) Internationalen Roten Kreuz.	*He works **at the** International Red Cross.*

Innenstadt von
Salzburg.

Fritz wohnt **bei** der Oper.	*Fritz lives **near** the Opera.*
Ich habe kein Geld **bei** mir.	*I have no money **with** me.*
Bis zu seinem Tod wohnte er **bei** seiner Mutter.	*Until his death he lived **at** his mother's.*

Bei is used to express *while doing something.* In this context it is contracted, **beim**, and followed by the infinitive of the "doing" verb used as a noun.

Man singt nicht **beim Essen.**	*One doesn't sing **while eating**.*

mit—*with, by (means of transportation)*

Wir haben nach der Vorlesung **mit** dem Professor gesprochen.

*After the lecture we talked **with** the professor.*

Sie fahren **mit** dem Schiff nach Amerika.

*They are traveling **by** ship to America.*

nach—*to (cities, neuter and masculine countries, direction),* after, according to

1612 zog Kepler **nach** Linz.

*In 1612 Kepler moved **to** Linz.*

Nach seinem Tod wurde er berühmt.

***After** his death he became famous.*

Nach used in the sense of *in* or *according to* often follows its object.

Meiner Meinung **nach** ist das Werk Jungs sehr wichtig.

***In** my opinion Jung's work is very important.*

seit—*since, for (temporal)*

The present tense is used with **seit** to describe an action that began in the past and has not yet come to an end.

Seit 1945 gibt es in Europa keinen Krieg.

***Since** 1945 there hasn't been a war in Europe.*

Ich kenne sie schon **seit** vielen Jahren.

*I have known her **for** many years.*

von—*of, from, by*

Marie Antoinette war die Königin **von** Frankreich.

*Marie Antoinette was the queen **of** France.*

Von wem hat Mozart Klavier gelernt?

***From** whom did Mozart learn the piano?*

Die Oper „Der Rosenkavalier" ist **von** dem Komponisten Richard Strauss.

*The opera "Der Rosenkavalier" is **by** the composer Richard Strauss.*

zu—*to, at, for*

Heute gehe ich **zum** Laden.

*I'm going **to the** store today.*

Das Kind läuft **zu** seiner Mutter.

*The child is running **to** his mother.*

Zu Weihnachten essen wir immer Braten.

***At** Christmas we always eat a roast.*

Heute abend sind wir nicht **zu** Hause.	*We won't be **at** home this evening.*
Er trinkt Kaffee **zum** Frühstück.	*He drinks coffee **for** breakfast.*

Remember that the indirect object, expressed in English with *to* (*to him, to my mother*), is expressed in German by means of the dative case (**ihm, meiner Mutter**).

Peter gibt **seinem Bruder** Geld.	*Peter is giving money **to his brother.***

◀ ─────────────────────────────────────── ▶

Remember, *to* with cities and most countries becomes **nach.**

The following contractions occur with dative prepositions. These are standard German and should be used in both speaking and writing.

bei dem → **beim**
von dem → **vom**
zu dem → **zum**
zu der → **zur**

Dative Prepositions That Follow the Object

Both **entgegen** (*toward*) and **gegenüber** (*across from, opposite*) must follow the object if it is a pronoun, and they usually follow it if it is a noun.

Renate kommt mir **entgegen.**	*Renate is coming **toward** me.*
Peter sitzt seinem Bruder **gegenüber.**	*Peter is sitting **opposite** his brother.*

▶ Übungen

A Construct correct phrases.

> **Beispiel:** aus, Fenster
>
> ▶ aus dem Fenster

gegenüber, Schule	zu, Freundin
mit, Schwester	mit, Buch
ohne, Bruder	bei, Bank
außer, Kirche	gegenüber, Oper
aus, Weg	aus, Armut
mit, Auto	nach, Arbeit
nach, Schule	zu, Mensch
mit, Erfolg	bei, Studentin

B Fill in the correct dative prepositions and add the proper endings.

Petra kommt _____ Deutschland. Sie wohnt _____ ein__ Jahr hier in New York. _____ m__ ist sie hier die einzige Deutsche _____ Sundern, ein__ klein__ Stadt in Westfalen. Sie wohnt _____ ein__ Freund _____ m__. Wir arbeiten beide _____ d__ Vereinten Nationen (*United Nations*). Morgens fahren wir zusammen _____ d__ Bus ins Büro. _____ d__ Arbeit gehen wir oft zusammen in die Oper. Gestern haben wir eine Oper _____ ein__ österreichischen Komponisten gesehen; sie hieß „Die Zauberflöte".

C Invite a partner for an evening of fun. Using dative prepositions, discuss your plans. First, you want to go to dinner, then see a movie, and then return home. When, where, what, and how?

I Prepositions (*continued*)

3. Prepositions Followed by Accusative or Dative

Certain prepositions take the accusative when the verb indicates motion *toward a destination;* they take dative when the verb indicates a location or motion *within* a specified place. If no motion is involved, two very general rules apply. (a) Time expressions usually take dative—for example, **Ich komme am Nachmittag** (*I'm coming in the afternoon*). (b) Purely idiomatic expressions often take accusative—for example, **Das geht mir auf die (*Akk.*) Nerven.** (*That gets on my nerves.*)

an—*at (adjacent); to; up to; on (vertical); about (something)*

Sie geht **an** das Fenster.	*She is walking **to** the window.* (motion)
Am Fenster stehen Blumentöpfe.	***At** the window there are flowerpots.* (no motion)
Sein Bild hängt **an** der Wand.	*His picture is hanging **on** the wall.* (no motion)

When **an** means *about*, it takes the dative.

Das Gute **an der Schweiz** ist ihre Neutralität.	*The good thing **about Switzerland** is its neutrality.*

With expressions of time, **an** also takes the dative.

Am Nachmittag bin ich nicht hier, und **am Montag** gar nicht.	*I won't be here **in the afternoon,** and not at all **on Monday.***

auf—*on (horizontal), on top of, to*

Er **setzt sich auf den** Stuhl.	*He **sits down on** the chair.*
Er **sitzt auf dem** Stuhl.	*He **is sitting on** the chair.*
Gisela **geht** seit September **auf die** Oberschule.	*Gisela has been **going to** high school since September.*

hinter—*behind*

Sie **läuft hinter den** Baum.	*She **runs behind** the tree.*
Sie **steht hinter dem** Baum.	*She **is standing behind** the tree.*

in—*in(to), to*

Wir **gehen in den** Garten.	*We are **going into** the garden.*
Wir **sind im** Garten.	*We **are in** the garden.*
Heidi **geht in die** Kirche.	*Heidi **is going to** church.*

Expressions of time using **in,** like those using **an,** require the dative.

Im Sommer fahren wir in die Schweiz.	***In the summer** we are going to Switzerland.*

Motion within a specified place takes the dative.

Sie geht **im Büro** auf und ab.	*She is walking back and forth **in the office.***

neben—*next to, beside*

Sie **setzt sich neben mich.**	*She **sits down next to me.***
Sie **sitzt neben mir.**	*She **is sitting beside me.***

über—*over, above; about, concerning*

Er **hängt** ein Schild **über die** Tür.	*He **is putting up** a sign **over** the door.*
Über der Tür **hängt** ein Schild.	***Over** the door **hangs** a sign.*

When **über** is used figuratively in the sense of *about* or *concerning,* it takes the accusative.

Wir **sprechen über die** österreichische Politik.	*We're **talking about** Austrian politics.*

An, auf, in, hinter, neben, über, unter, vor: Beschreiben Sie das Bild.

unter—under, among

Der Hund **legt sich unter den** Tisch.	*The dog **lies down under** the table.*
Der Hund **liegt unter dem** Tisch.	*The dog **is lying under** the table.*
Ich kenne niemand **unter** ihnen.	*I don't know anyone **among** them.*

vor—before (temporal), in front of (spatial)

Er **fährt vor das** Haus.	*He **drives up in front of** the house.*
Ein Baum **steht vor dem** Haus.	*There **is** a tree **in front of** the house.*

◀ ─────────────────────────────────── ▶

With expressions of time the dative is used.

Vor dem Essen bin ich wieder da.   *I'll be back **before** we eat.*

Vor vielen Jahren wohnte er in Wien.	**Many years ago** he lived in Vienna.
Vor zwei Wochen gingen die Sommerferien zu Ende.	**Two weeks ago** summer vacation was over.

zwischen—between

Sie setzt sich **zwischen meinen Bruder und mich.**	*She sits down **between my brother and me.***
Sie sitzt **zwischen meinem Bruder und mir.**	*She is sitting **between my brother and me.***

The following contractions occur frequently. Make an effort to use them when the occasion arises.

an das → **ans**   an dem → **am**
in das → **ins**   in dem → **im**
auf das → **aufs**

As in English, many expressions consist of a verb and a specific preposition. Often neither the meaning nor the case is predictable, so you will need to memorize such verbs. Soon, however, you will recognize patterns. For example:

glauben an (+ *Akk.*)   *to believe in (something)*
sprechen über (+ *Akk.*)   *to speak about (something)*
sprechen mit (+ *Dat.*)   *to speak with (someone)*

A list of the most common such expressions can be found in **Kapitel 10.**

▶ Übungen

A **Was ist wo?** You are in a very messy kitchen trying to find things. Use the cues below to tell a partner, in complete sentences, where things are.

1. Brot / auf / Tisch
2. Tasche / neben / Schrank
3. Einkaufsliste / auf / Boden
4. Äpfel / neben / Brötchen
5. ein Liter Milch / auf / Kühlschrank
6. Bratwurst / hinter / Käse
7. Butter / zwischen / die Bierflaschen
8. Joghurt / auf / Päckchen Wurst
9. Zigaretten / unter / Apfelsinen

B Rewrite each sentence, changing the accusative object to a dative object to show that the action has already taken place:

Beispiel: Lege das Messer auf den Tisch.

▶ Das Messer liegt auf dem Tisch.

1. Lege das Papier auf den Stuhl.
2. Stelle das Glas auf den Tisch.
3. Stelle die Weinflasche in den Schrank.
4. Bringe den Stuhl ins Wohnzimmer.
5. Bringe die Lampe in die Küche.
6. Bringe das Buch in die Bibliothek.
7. Bringe die Arbeit ins Büro.
8. Schicke das Kind in den Kindergarten.
9. Lege das Buch auf den Boden.
10. Lege die Tasche auf die Couch.

C **Wo soll es sein?** Working in pairs, take turns telling your partner where to put things in order to clean up the kitchen. (*To put* is **stellen** if the object stands upright and **legen** if it lies flat.)

4. Prepositions Followed by Genitive

(an)statt—*instead of*

(An)statt einer Oper sehen wir ein Schauspiel.

Instead of an opera we'll see a play.

trotz—*in spite of*

Trotz seines kurzen Lebens komponierte Schubert viele Lieder.

In spite of his short life Schubert composed many songs.

während—*during*

Während ihrer Regierung führte Maria Theresia viele Reformen durch.

During her reign Maria Theresia carried out many reforms.

wegen—*on account of, because of*

Kepler wurde berühmt **wegen** seiner Gesetze.

*Kepler became famous **because of** his laws.*

◀ ──────────────────────────────── ▶

In colloquial German these prepositions also sometimes take the dative.

Trotz seinem kurzen Leben . . .   *In spite of his short life . . .*

> **Wegen mir . . .**   *Because of me . . .*
>
> **Wegen** may precede or follow the object. The preceding object is in the genitive.
>
> . . . seiner Gesetze **wegen.**
>
> See also **Kapitel 2** under "Personal and Indefinite Pronouns" for **meinet-wegen,** and so forth.

um . . . willen—*for the sake of* (occurs only in a few idioms)

Um Himmels **willen,** sei doch ruhig!	*For* heaven's *sake, be quiet!*

Following is a list of other genitive prepositions that occur somewhat less frequently.

außerhalb	*outside of*
innerhalb	*inside of, within*
oberhalb	*above*
unterhalb	*below*
diesseits	*on this side of*
jenseits	*on that side of*

Innerhalb der Stadt Wien ist viel Verkehr.	***Within*** *the city of Vienna there is a lot of traffic.*
Jenseits des Flusses liegt eine Stadt.	***On the other side of*** *the river there is a city.*

Note that a preposition governing an interrogative or a relative pronoun always immediately precedes it and that the relative pronoun must take the case required by the preposition being used.

Mit wem bist du ausgegangen?	***With whom*** *did you go out?*
Der Roman, **von dem** ich spreche, wurde vor Jahren geschrieben.	*The novel **of which** I'm speaking was written years ago.*
Die Stadt, **in der** Dürrenmatt wohnt, heißt Neuchâtel.	*The city **in which** Dürrenmatt lives is Neuchâtel.*

▶ **Übungen**

A   Complete the sentences, using one of the nouns in the right-hand list or a noun of your choice.

Beispiel: Ich kam trotz . . .   *der Regen*

▶   Ich kam trotz des Regens.

1. Mein Mann starb während . . .   der Sommer
2. Wir gehen spazieren trotz . . .   die Stadt
3. Ich lernte viel während . . .   der Fluß
4. Meine Wohnung liegt außerhalb . . .   das Wetter
5. Ich mache mir Sorgen wegen . . .   das Studium
6. Ich schwimme oft während . . .   der Krieg
7. Komm schnell zu mir—   das Auto
   innerhalb . . .   eine halbe Stunde
8. Wir wohnen diesseits . . .

Straßencafé in Innsbruck.

▶ Review Exercises Covering All Prepositions

A Schauen Sie sich in Ihrem Klassenzimmer um. Bilden Sie einfache Sätze, die das Zimmer beschreiben. Gebrauchen Sie die folgenden (und weitere) Nomen und Präpositionen.

> **Beispiel:** Hefte—unter, auf, neben
> ▶ Die Hefte sind auf dem Schreibtisch.
> Neben den Heften sind meine Bücher.
> Unter dem Tisch liegen noch mehr Hefte.

1. Fenster—links von, rechts von, vor, neben
2. Schreibtisch—bei, um, zwischen
3. Die Tafel—an, vor, gegenüber
4. Die Studentin—hinter, neben, zwischen, vor

B Ergänzen Sie diese Geschichte.

Ich war während _____ (die letzten Ferien) in _____ (die Schweiz). Bevor ich über _____ (die Grenze) fuhr, hatte ich an _____ (meine Sprachkenntnisse [*Dat.*]) keinen Zweifel. Aber innerhalb _____ (eine Stunde) war das vorbei. Plötzlich verstand ich nichts; alles ging ohne _____ (ich)! Ich war außer _____ (ich)! Ich ging _____ (die Hauptstraße) entlang, kam in _____ (der Bahnhof), und bat um _____ (eine Auskunft). Ich konnte aber von _____ (die Antwort) höchstens jedes fünfte Wort verstehen. Hinter _____ (ich) schimpften Leute, weil ich so langsam war. Der Beamte hinter _____ (der Schalter) grinste. Neben _____ (ich) standen zwei Schweizer und rollten die Augen. Es war furchtbar! Auch nach mehreren Tagen hatten sich meine Ohren nicht an _____ (diese Sprache) gewöhnt. Seit _____ (jene Reise) bin ich unsicher, ob ich je wieder in _____ (ein deutschsprachiges Land) Urlaub machen will. Vielleicht fahre ich in _____ (der kommende Sommer) auf _____ (die Britischen Inseln).

C Fehler-Spiel: Korrigieren Sie!

Letztes Jahr waren wir in die Hauptstadt Österreichs, in Wien. Wir hatten lange von diese Reise geträumt! Wir fuhren Anfang Juli mit unserer Eltern zusammen und blieben bis zu des Herbst da. Mensch, war das schön! Mit das Wetter hatten wir allerdings etwas Pech, aber trotz der Regen haben wir wirklich alles gesehen. Wir waren vor allem sehr oft in die Innenstadt. Während der Sommer machten wir dann auch einen langen Ausflug nach Salzburg, zu dem berühmten Salzburger Festspiele. Die Reise nach Hause geschah nur gegen mein Wille. Wegen dem guten Essen, die Landschaft und den freundlichen Menschen würde ich jederzeit gern in dieses Land wohnen.

D Ergänzen Sie die Artikel bzw. die Endungen in der folgenden Geschichte.

Vor viel___ Jahr___ lebte ich in _____ Nähe von Bern. Ich ging oft in _____ Stadt, spazierte an _____ Ufer der Aare entlang oder lief durch _____ Stadt-park. Jenseits _____ Park___ wohnte ich in _____ Zimmer. In _____ Zimmer gegenüber wohnte ein alter Mann, mit dem ich mich oft unterhielt. Wir waren beide allein in _____ Stadt. Wir gingen oft zusammen in _____ Oper oder in _____ Bibliothek. Gegenüber unser___ Haus war ein kleines Café zwischen _____ groß___ Häuser___ , da konnte man spät abends nach _____ Kino im-mer einen Kaffee bekommen. Ich denke gern an _____ Zeit zurück.

E Imagine you are going to take a trip to Austria. How long are you going to be there, and what are you planning to do? Write a paragraph using approxi-mately four prepositions that take each case, accusative, dative, and genitive.

II Future and Future Perfect

1. Future

The future tense is used primarily to express events that will take place in the future. Remember, however, that in conversation and informal writing, the present tense is usually substituted for the future. This is especially true with an adverb indicating future.

Morgen werde ich nach Zürich **fahren.**

Morgen fahre ich nach Zürich.

Tomorrow I'll travel to Zurich.

The future tense is also used to express the probability of something happen-ing in the future, especially with adverbs like **bestimmt, hoffentlich, sicher, vielleicht, wahrscheinlich,** and **wohl.** However, probability in the future can also be expressed with these adverbs plus the present tense.

Er **wird** wohl **bald ankommen.**

Er **kommt** sicher **bald an.**

Er **kommt** wohl **bald an.**

He'*ll probably* ***arrive soon.***

The future is formed by combining the present tense of the verb **werden** with the infinitive of the main verb. The infinitive is placed at the end of the clause.

Note the variety of ways in which both a future event and the probability of such an event can be expressed with the aid of adverbs indicating future.

2. Future Perfect

The future perfect tense is used to express future events that will be completed before a specific time or occurrence that is also in the future. Sometimes the present perfect plus an adverb or adverbial phrase indicating future is used. The future perfect is formed by combining the present tense of the verb **werden,** the past participle of the main verb, plus the infinitive of **haben** or **sein.** Note that this corresponds to English.

Nächste Woche **wird** er uns **geschrieben haben.**

By next week he **will have written** to us.

Bis Freitag **wird** er **zurückgekehrt sein.**

By Friday he **will have returned.**

Bis Donnerstag abend **habe** ich alles **getippt.**

By Thursday night I **will have typed** the whole thing.

Another use of the future perfect is to express the probability or the assumption that an event has taken place. The future perfect tense is combined with adverbs that express probability, such as **wohl** and **wahrscheinlich.**

Sie **werden wohl** lange **gearbeitet haben.**

They **probably worked** for a long time.

Sie **wird wahrscheinlich** schon hier **gewesen sein.**

She **probably was** here already.

▶ Übungen

A You are thinking about your future and what you might like to study or become. Form sentences in the future to indicate your plans. Form sentences in the future perfect to indicate what you hope to have done by some specified time in the future. Use the suggestions below, or ideas of your own.

> **Beispiel:** *Future*
> Ich werde Medizin studieren und dann Tierarzt werden.
>
> *Future perfect*
> In acht Jahren werde ich Tierarzt geworden sein.

Europa besuchen	in Deutschland studieren
um die Welt reisen	ein eigenes Haus kaufen
Rechtsanwalt / Rechtsanwältin werden	ein Restaurant eröffnen

B You are a fortuneteller living at the time of Mozart's birth. Using the future perfect tense, tell what will have happened by the year 1791, the year of Mozart's death, on the basis of the sentences below.

> **Beispiel:** Mozart ist Konzertmeister in Salzburg
> ▶ Mozart wird Konzertmeister in Salzburg geworden sein.

1. Den Namen Mozart hört jeder.
2. Mozart komponiert schon als Kind.
3. Seine Schwester spielt mit ihm das erste Duett.
4. Sein Vater macht mit ihm Konzertreisen.
5. Leopold Mozart sieht mit seinem Sohn viele neue Städte.
6. Die letzten Werke bleiben liegen.
7. Seinen Freund Haydn sieht er 1791 zum letzten Mal.
8. Bald macht er große Schulden.
9. Das Requiem ist sein letztes Werk.
10. Sein Leben ist sehr kurz.

◀ ▐▌▟▐▌▟▐▌▟▐▌▟▐▌▟▐▌▟ ▶

Jetzt sind Sie an der Reihe!

A Herr and Frau Heinrich have just returned home from an auction where they have obtained several items purported to have belonged to Beethoven. They try to find a place in their apartment for these items. Using the sentence „**Sie stellen / legen . . .**‟, choose an object from List A and a prepositional phrase from List B.

Die Bahnhofstraße in Zürich. Hier kann man *wirklich* einkaufen!

Beispiel: Sie legen den Hut auf den Schrank

A	B
die Brille	in, der Schrank
die Geige	auf, der Tisch
der Sessel	auf, der Boden
der Hut	unter, das Bett
der Tisch	in, die Küche
das Klavier	auf, das Regal
das Taschenmesser	in, das Wohnzimmer
die Kerze	
das Buch	
der Ring	

B   Work in teams. In ten minutes, prepare a set of five or more sentences to suit the following situation: You are a group of students touring Europe. You are quite proud of your German until you reach Switzerland. How do you react when you understand almost nothing of what is being said? A tour guide admits that he also speaks high German but insists, since you are in Switzerland, on speaking **Schweizerdeutsch.** What arguments can you use to politely persuade him otherwise, being careful not to offend him? Use some of the following words and expressions.

verstehen	Hochdeutsch	Touristen
langsam	schöne Sprache	unhöflich
neu im Lande	schwer zu verstehen	nicht beleidigt sein
geduldig sein	um Verzeihung bitten	schönes Land

C   Choose any Austrian, German, or Swiss figure in whom you are interested and write a half-page biography of her / him in German. Use an encyclopedia, if you wish, and see whether you can roughly translate the biographical facts into written German.

D   One student assumes the role of a certain famous person and begins to describe him- / herself. How many sentences are necessary before the rest of the class can guess the identity?

6

Abenteuer Energie

...

Alternativen finden und Energie
sparen!

◄ ⦚⦚⦚⦚⦚⦚⦚⦚⦚⦚⦚⦚⦚ ►

Jetzt fangen wir an!

▶ **Einführungsübungen**

A Sie wollen Energie sparen. Lesen Sie die folgenden Tips. Arbeiten Sie in Gruppen und stellen Sie eine Liste der zehn wichtigsten Vorschläge zusammen.

sich daran erinnern, das Licht auszumachen
nicht jeden Tag fernsehen
im Frühling die Heizung reduzieren
kein Wasser verschwenden
usw.

B Welche Formen von Energie finden Sie in Ihrem Haus? Sehen Sie sich die folgende Liste an.

Elektrizität   Wasser
Erdgas   Sonnenenergie
Propangas   Öl

C Welche Energieverbraucher finden Sie in Ihrem Haus? Sehen Sie sich diese Liste an und fügen Sie weitere Geräte hinzu.

die Heizung, -en	*heating*
die Zentralheizung, -en	*central heating*
die Klimaanlage, -n	*air conditioning*
der Wasserheizer, -	*water heater*
die Bewässerungsanlage, -n	*sprinkler system*
der Herd, -e	*range*
die Waschmaschine, -n	*washing machine*
der Wäschetrockner, -	*dryer*
der Fernseher, -	*television*
das Bügeleisen, -	*iron*

D Welche der genannten Energieverbraucher verbrauchen welche Form der Energie? Viel oder wenig? Stellen Sie eine Liste auf.

Beispiel: Meine Waschmaschine verbraucht viel Wasser und Strom.

Mein Bügeleisen verbraucht . . .

E Glauben Sie, daß die Menschen in Zukunft auf einer „sauberen" Erde leben werden? Warum / Warum nicht?

F In Ihrer Stadt wird dieses Jahr das Thema „Neue Wege zur Energieversorgung" diskutiert. Sie nehmen auch an den Diskussionen teil. Ergänzen Sie die Sätze mit Nomen aus der folgenden Liste oder mit anderen Nomen, die Sie zum Thema „Energie" kennen:

Atomenergie   Sonnenenergie
Alternativen   Wasserkraft
Ökologie   Windgenerator
Kernreaktor   Umweltverschmutzung
Atommüll

1. Viele Menschen interessieren sich heutzutage für _____ zur Atomenergie.
2. Ein _____ produziert _____ .
3. Ein wichtiges Wort für die Zukunft der Menschheit ist _____ .
4. Wer sich nicht für Ökologie interessiert, sollte die Gefahren der _____ bedenken.
5. Alternativen zur _____ finden sich in der _____ oder im _____ .

G Woran denken Sie, wenn man über Energiegewinnung in der Zukunft spricht? Beantworten Sie diese Frage in vollständigen Sätzen, und benutzen Sie die folgenden Ausdrücke.

ökologisch denken   Wasserkraft nützen
Alternativen finden   Kernreaktoren bauen
sich an alte Energiequellen erinnern „sanfte Technologie" erfinden
Umweltverschmutzung bekämpfen   die Umwelt stark beschädigen
Windmühlen aufstellen

... die **spitze** **Aktion** ...

anfordern: Seminarprogramm

Aktion Jugend für Natur

(gefördert von der Deutschen Umwelthilfe)
Naturschutzjugend im DBV/LBV
Königsträße 74, 7000 Stuttgart 70

H Wer verursacht die größte Luftverschmutzung? Womit?

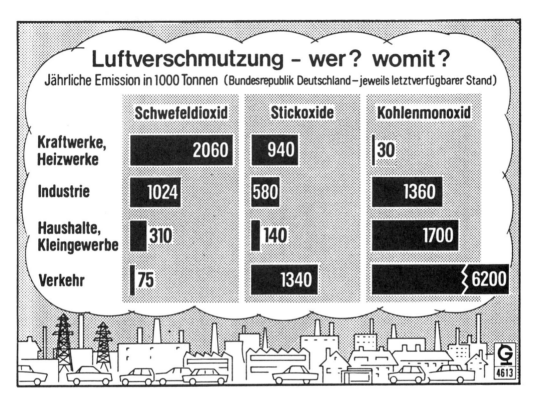

Luftverschmutzung – wer? womit?
Jährliche Emission in 1000 Tonnen (Bundesrepublik Deutschland – jeweils letztverfügbarer Stand)

	Schwefeldioxid	Stickoxide	Kohlenmonoxid
Kraftwerke, Heizwerke	2060	940	30
Industrie	1024	580	1360
Haushalte, Kleingewerbe	310	140	1700
Verkehr	75	1340	6200

sulfur dioxide / nitric oxides

causes / acid-rain / in turn

GIFTAGE GASE UND SAURER REGEN. Kohlenmonoxid, Schwefeldioxid° und Stickoxide° wirken in höherer Konzentration als Gifte. Schwefeldioxid verbindet sich mit Luft und Wasser zu Schwefelsäure und verursacht° so den sauren Regen.° Dieser wiederum° steht in dem Verdacht, die Hauptursache für das Baumsterben zu sein.

◄ ▮▮◢▮◣▮◢▮◣▮◢▮◣▮◢▮ ►

Kapitelwortschatz

Nomen

das Abenteuer, - adventure
die Anlage, -n installation
die Aufgabe, -n task
das Ausland foreign country, abroad

der Benzinersatz gasoline substitute
die Beseitigung, -en removal, disposal
der Bruchteil, -e fraction

die Elektrizität   electricity
die Energie, -en   energy
  die Energiegewinnung
    energy production
  die Energiekrise, -n   energy
    crisis
  die Energieproduktion
    energy production
  die Energiequelle, -n   source
    of energy
  der Energieschlucker, -   en-
    ergy guzzler
  der Energieverbrauch   energy
    consumption
  der Energieverbraucher, -
    energy consumer
  die Energieversorgung
    energy supply
das Erdgas, -e   natural gas
das Fest, -e   celebration
die Fläche, -n   surface
das Gebiet, -e   area, region
der Gebirgsgipfel, -
    mountaintop
die Gemeinde, -n   community
das Gerät, -e   appliance, appa-
    ratus, tool
das Getreide   grain
die Grube, -n   pit, mine
die Hoffnung, -en   hope
die Kernenergie   nuclear energy
die Kohle, -n   coal
die Kosten (*Pl.*)   cost
die Lösung, -en   solution
der Müll   garbage
der Nachteil, -e   disadvantage,
    shortcoming
das Öl   oil
der Ort, -e   place, site, location
die Rechnung, -en   bill
der Sauerstoff   oxygen
die Scheibe, -n   disk
der Schritt, -e   step
der Standort, -e   location
der Strand, ⁼e   beach, shore

der Strom   electricity, current
der Sturm, ⁼e   storm
die Technik   technology
der Techniker, - / die Tech-
  nikerin, -nen   technician,
    engineer
der Überfluß   abundance
die Umwelt   environment
die Umweltverschmutzung
    pollution
der Unfall, ⁼e   accident
der Verbraucher, -   consumer
der Verschwender, -   squanderer
der Vorschlag, ⁼e   proposal
die Vorsicht   caution, care
die Zukunft   future

Verben

an·machen   to turn on (*light,*
    machine, etc.)
aus·machen   to turn off (*light*
    etc.)
bekämpfen   to fight, oppose
berechnen   to calculate
beschädigen   to damage
beseitigen   to remove, dispose of
▸ **erfinden**   to invent
erforschen   to research
erzeugen   to generate; to
    produce
fest·stellen   to determine
▸ **gelingen (+ *Dat.*)**   to succeed
  Es gelingt mir.   I succeed at it.
▸ **laufen**   to run; to be running (*a*
    machine)
liefern   to deliver
sparen   to save, conserve
verändern   to alter, change
verbrauchen   to consume, use up
verschwenden   to waste
versorgen   to provide, supply
verwandeln   to convert,
    transform

▸**verwenden**   to use
sich vor•stellen   to imagine
wecken   to wake (*a person*)

Adjektive, Adverbien usw.

allerdings   certainly, at any rate
altmodisch   old-fashioned
andauernd   continuous, ceaseless
bläulich   bluish
dafür   pro
dagegen   contra
einmalig   unprecedented, unique
entscheidend   decisive
entweder . . . oder   either . . . or
fleißig   industrious
gefährlich   dangerous
gratis   free of charge
heutzutage   nowadays
jährlich   yearly
natürlich   of course
niedrig   low

notwendig   necessary
sanft   soft, gentle
sogenannt   so-called
spätestens   at the latest
umweltfreundlich   environment-friendly
unerschöpflich   inexhaustible
unnötig   unnecessary
verfügbar   available
verwertbar   usable
voraussehbar   foreseeable
vorsichtig   careful
vorüber   over, finished
weltweit   worldwide
winzig   tiny, minute

Ausdrücke und Redewendungen

ohne etwas aus•kommen   to get along without something
etwas kann gut gehen   something can work out all right

Abenteuer Energie

20 000 Generationen des *Homo sapiens* fanden genug Licht und Wärme von einer brennenden Flamme. Im Jahr 1776 erfand James Watt die Dampfmaschine. Sie hat die Welt verändert. Das Industriezeitalter hatte begonnen — und damit das Fest der Technik. Zwanzig energieverbrauchende° Generationen waren dann genug, um fast alle Vorräte° an Kohle, Öl und Erdgas zu verschwenden und die Umwelt stark zu beschädigen. Dann weckte die Atomenergie neue Hoffnung. Aber spätestens nach dem Unfall in Tschernobyl ist man auch hier vorsichtiger. Das Fest ist vorüber. Nun müssen wir uns wieder an die Energien der Sonne und des Windes erinnern. Es ist jetzt die Aufgabe der Techniker, natürliche Energiequellen zu finden. Sicherlich führen ihre Experimente mit den „sanften Technologien" nicht in ein Schlaraffenland° mit Strom und Wärme im Überfluß. Die Experimente sind aber notwendig, um eine Alternative zu schaffen, damit wir nicht mehr so stark von dem klassischen Energiedreieck° Kohle-Öl-Atom abhängig sind. Vor allem aus ökologischen Gründen. In Deutschland gibt es schon Modelle zur besseren Nutzung der natürlichen Energie. Ein neues, spannendes° Kapitel „Abenteuer Energie" beginnt: die Aufgabe, fürs Überleben° der nächsten Generationen zu sorgen.

Trotz aller Versuche, Energie zu sparen, ist Deutschland nach den USA, der Sowjetunion, der Volksrepublik China und Japan noch immer der fünftgrößte Energieverbraucher der Erde. Deutschland verbraucht jährlich das Äquivalent von etwa 386,5 Millionen Tonnen Steinkohle (Erdgas, Erdöl, Kohle und Kernenergie). Diese Mengen werden auch in Zukunft nötig sein, um die hochindustrialisierte deutsche Wirtschaft gesund zu halten. Zwei Drittel dieser Energiestoffe kommen aus dem Ausland, denn die Reserven Deutschlands an Erdgas, Erdöl und Kohle sind relativ klein. Kohle, das „schwarze Gold", wird wahrscheinlich in 90 Jahren verbraucht sein.

Die Kernenergie ist eine sehr kontroverse Sache. Manche würden am liebsten ganz ohne sie auskommen. Andere stellen sie sich immer noch als die einzige Hoffnung für die Zukunft vor. Wie auch immer man denken mag, die Kernenergie scheint im Moment notwendig. Etwa ein Drittel des deutschen Stroms stammt aus Kernreaktoren. Wegen der strengen Sicherheitsmaßnahmen,° die weltweit einmalig sind, gelten die 21 deutschen Reaktoren als absolut sicher. Aber sogar wenn man an die absolute Sicherheit glaubt, bleibt das Problem der Beseitigung von Müll. Ungefähr 380 Tonnen Atommüll werden jedes Jahr produziert. Man sucht andauernd nach einem Ort, wo man diesen

energy-consuming
reserves

paradise

energy triangle

exciting
survival

safety precautions

radioaktiven Müll beseitigen kann. Im Moment wird der Atommüll Deutschlands in eine Grube (1300 Meter tief) bei Salzgitter[1] gebracht. Doch diese Lösung kann nur einige Jahre gut gehen — dann muß man einen anderen Platz für diese großen Mengen von gefährlichem Material finden. Inzwischen erforschen Institute weltweit die Möglichkeit einer Kernfusion, die die Umwelt weniger gefährdet. Optimisten prophezeien die erste gelungene Kernfusion noch vor dem Jahr 2000. Sollte das gelingen, dann könnte man tatsächlich unerschöpfliche Mengen Energie erzeugen.

earth's inhabitants

Die Sonne ist ein unglaublicher Energieverschwender. Ein winziger Bruchteil ihrer Kraft bringt tausendmal mehr Energie, als wir verbrauchen. Was alle Erdbewohner° zusammen in einem Jahr an Energie verbrauchen, liefert die Sonne alle 20 Minuten, gratis. Allein dem Gebiet der ehemaligen Bundesrepublik Deutschland schenkt die Sonne pro Jahr 300.000.000.000.000 Kilowattstunden (kWh) Energie. Kein Wunder, daß Energietechniker jetzt viel mit Sonnenenergie arbeiten. Die einfachste und umweltfreundlichste Energiequelle ist die Solarzelle, eine bläuliche Scheibe aus Silizium, die Sonnenlicht direkt in Energie verwandelt. Solarzellen sind leider noch recht teuer, aber man kann sich vorstellen, daß die Preise innerhalb der nächsten zehn Jahre viel niedriger werden. Immerhin stehen jetzt schon ungefähr 30 „Sonnenkollektoren" auf deutschen Dächern. Ihre schwarzen Flächen fangen die Sonnen-

sun rays

strahlung° ein und wandeln sie in Wärme um. Im Winter allerdings sind die Sonnenkollektoren nicht sehr praktisch, weil dann zuwenig Sonne scheint.

Neben den Sonnenkollektoren versucht man, mit Wind- und Wassermühlen Energie zu erzeugen. Wenn man die richtigen Standorte finden könnte, dann könnten Windmühlen im deutschen Gebiet etwa 40 Milliarden°

billion

Kilowattstunden Elektrizität pro Jahr produzieren. Neben Gebirgsgipfeln ist nur die Küste der Nordsee ideal für Windmühlen. Und dort will sie niemand haben.

enviously

Die Freunde der Windenergie blicken neidisch° auf Dänemark, die Niederlande und die Vereinigten Staaten: im US-Staat California stehen 8.000 Windgeneratoren und erzeugen Tag und Nacht Strom während des ganzen Jahres. Der entscheidende Nachteil der Windenergie ist natürlich, daß sie sich kaum

to predict

vorausberechnen° läßt und nicht immer verfügbar ist. Selbst in sehr windigen Gebieten gibt es immer wieder ruhige Tage. Und bei Stürmen muß man sehr genau aufpassen, daß die ganze Maschine nicht beschädigt wird. Aber mit viel Vorsicht ist es möglich. Seit 1987 steht z.B. in Dithmarschen, im Norden von Deutschland, auf einem großen Strand eine riesige Windmühle. Es drehen

propeller towners

sich mitten in Kornfeldern die Flügel von 30 Propellertürmen° und versorgen damit rund 400 Haushalte mit Strom.

Die gute alte Wassermühle erlebt zur Zeit eine Renaissance. 35.000 kleine Wassermühlen gibt es — wieder — in Deutschland. In Eßlingen[2] hat man

underground garage	
hydroelectric plant	

125 Wohnungen auf einer Insel im Fluß gebaut: unter der Tiefgarage° dieser Wohnungen läuft der Fluß durch ein kleines Wasserkraftwerk.° So wird Strom für die Wohnungen erzeugt. Von Wasser wird in den deutschen Städten etwa 5 bis 10 Prozent der Elektrizität gewonnen.

"bio-mass" / manure
starchy / general category

Schließlich versuchen jetzt viele kleine Gemeinden, die sogenannte „Biomasse"° zu nutzen. Alle verwertbaren organischen Stoffe (Mist,° Holz, Stroh, zucker- und stärkehaltige° Pflanzen) fallen unter diesen Sammelbegriff.° Die Natur zeigt uns, wie Energie aus Biomasse kommt. Bei dieser Masse entsteht auf ganz natürliche Weise Methangas: das geschieht durch Mikroben, die ohne Sauerstoff und ohne Licht existieren können. Viele Städte haben große Anlagen, die den organischen Müll als Biomasse nutzen. In der Stadt Rottweil[3] sammeln alle Bürger organischen Müll in separaten Mülltonnen.° Die Stadt gewinnt daraus Strom für 20.000 Haushalte. Rottweil nennt sich zu Recht „Freie Energiestadt Rottweil".

garbage cans

sugar beets
gasoline substitute

Seit Jahren hat man auch versucht, aus Getreide und Zuckerrüben° Alkohol herzustellen als Benzinersatz.° Das gehört zu den spektakulärsten Plänen mit Biomasse. Noch ist es nicht möglich, diese Produkte so zu produzieren, daß sie billiger sind als Benzin. Aber man plant und experimentiert fleißig weiter.

Natürlich ist das Abenteuer Energie noch lange nicht zu Ende. Aber es ist voraussehbar, daß unsere Energie bald nicht nur von Kohle und Kernkraft, sondern von vielen anderen alternativen Quellen geliefert wird.

. . .

Übrigens . . .

1. A city in Lower Saxony with heavy industry and mining.

2. A medieval town on the Neckar in Baden-Württemberg.

3. A small medieval town in Baden-Württemberg.

◄ ▐▌▞▌▞▐▌▞▐▌▞▐▌▞▐▌▞▐▌▞▐▌ ►

Wortschatz im Kontext

► Übungen

A Finden Sie jeweils das Wort, welches nicht zu den anderen paßt.

1. die Kernenergie, der Atommüll, die Windmühle, die Sonnenenergie
2. das Wasser, die Umweltverschmutzung, die Elektrizität, die Wärme
3. der Mist, der Reaktor, die organische Energiegewinnung, die Biomasse

4. die Kernfusion, die Windmühle, das Abenteuer, die Kohle
5. die Hoffnung, die Elektrizität, die Natur, der Wind
6. die Umwelt, die Alternative, der organische Müll, die Solarzelle

B In small groups, make brief lists of the advantages and disadvantages of various types of energy.

	DAFÜR	DAGEGEN
1. Kernenergie		
2. Strom		
3. Wasser		
4. Sonne		
5. Mist		
6. Öl		

C Was ist jetzt die Aufgabe der Techniker?

> **Beispiel:** Die Techniker sollen Alternativen zur traditionellen Energiegewinnung finden.

D Stellen Sie Ihrem Partner die folgenden Fragen:

1. Welches sind die Alternativen zur traditionellen Energiegewinnung?
2. Denken Sie, daß die Solarzelle eine gute Lösung ist? Warum / Warum nicht?
3. Was wissen Sie über Biomasse?
4. Ist Energiegewinnung aus Mist ein Witz? Warum? Warum nicht?
5. Sind Sie ein Energieverschwender? Wieso? Wieso nicht?
6. Was tun Sie, um Energie zu sparen?
7. Ist Energiegewinnung ein interessantes Thema? Warum? Warum nicht?

E Keep a journal for 24 hours of which kinds of energy you use and for what purposes. Write the answers in German. Form teams of three to five. Share your journal with your teammates and discuss possible alternatives to your energy consumption.

◀ ⦙⦙⦙⦙⦙⦙⦙⦙⦙⦙⦙⦙⦙ ▶

Was kann man dazu sagen?

Wir verschwenden zuviel Energie! We waste too much energy.

Schalt(e) das Radio ein / aus! Turn the radio on / off.
Mach(e) das Licht an / aus! Turn the light on / off.
Mach(e) bitte Licht! Turn on the light, please.
Stell(e) die Heizung herauf / herunter. Turn the heat up / down.
Mach(e) die Tür zu! Close the door.
Mach(e) das Fenster auf. Open the window.
Der Fernseher läuft schon den ganzen Tag. The television has been running all day already.
Nachts stellen wir die Heizung herunter. At night we turn down the heat.
Sei vernünftig, mach(e) das Licht aus, wenn du aus dem Zimmer gehst. Be sensible, turn off the light when you leave the room.
Können wir mit weniger Energie auskommen? Can we get along with less energy?
Die Umweltverschmutzung muß aufhören! Environmental pollution has to stop.
Jeder Mensch muß heutzutage ökologisch denken, d.h. Energie sparen. Nowadays everyone has to think ecologically and conserve energy.
Manche Länder kommen ohne Kernenergie nur schwer aus. Some countries can hardly get along without nuclear energy.

▶ **Übungen**

A Stellen Sie eine Liste der wichtigsten Gas- und Stromverbraucher auf:

GASVERBRAUCHER
1. Heizung
2. Wasserheizer
3. . . .
   usw.

STROMVERBRAUCHER
1. Heizung
2. Klimaanlage
3. . . .
   usw.

B Stellen Sie fest, wieviele Stunden diese Geräte laufen am Tag oder in der Woche. Bilden Sie ganze Sätze.

> **Beispiel:** Heizung
>
> ▸ Die Heizung läuft im Winter etwa dreißig Stunden pro Woche.

1. Gasverbraucher: a. Wasserheizer
   b. Wäschetrockner
   c. . . .
      usw.
2. Stromverbraucher: a. Heizung
   b. Klimaanlage
   c. . . .
      usw.

C Nachdem wir jetzt die Energieschlucker gefunden haben, ist der nächste Schritt festzustellen, ob wir wirklich so viel Energie brauchen. Können wir jeden Monat, jeden Tag, oder jede Stunde etwas Energie sparen? Wenn ja, wie? Machen Sie Ihre eigenen Vorschläge.

> **Beispiele:** 1. Wir stellen nachts die Heizung auf 60° F (16° C) herunter.
>
> 2. Ich erinnere mich daran, das Licht auszumachen.
>
> 3. Mein Fernseher braucht nur dann zu laufen, wenn ich mir etwas ansehe.

1. Heizung:
2. Wasserheizer:
3. Klimaanlage:
4. Wäschetrockner:
5. Waschmaschine:
6. Herd:
7. Fernseher:
8. Bügeleisen:
9. Andere Geräte:

D Vergessen Sie nicht, daß Sie vielleicht auch Benzinverbraucher im Haus haben wie etwa einen Rasenmäher (*lawnmower*), eine Schneefräse (*snowblower*) usw. Auch hier läßt sich Energie sparen. Wie steht es um den Wasserverbrauch in Ihrer Wohnung oder Ihrem Haus? Diskutieren Sie das „Abenteuer Energie" in der eigenen Wohnung in Gruppen.

◄ ▐▌▟▐▌▟▐▌▟▐▌▟▐▌▟▐▌▟▐▌ ►

Grammatik

▌ Reflexive Verbs and Pronouns

Reflexive verbs consist of a verb and a reflexive pronoun that refers back to the subject of the sentence. (The English reflexive pronouns are *myself, ourselves,* and so on. German reflexive verbs are not necessarily reflexive in English.)

Most verbs can have an accusative reflexive pronoun; some verbs take a dative reflexive pronoun instead. You must simply learn which are which as you go along. The forms of the reflexive pronoun are identical to the personal pronouns in the accusative and dative cases except in the third person and second person formal, when the reflexive pronoun becomes **sich.**

▸ Accusative Reflexive Pronouns

Ich **gewöhne mich** an alles.	*I get used to* everything.
Erinnerst du **dich** an das Fest?	*Do you remember* the celebration?
Er **entschließt sich,** Energie zu sparen.	*He decides to* save energy.
Wir **benehmen uns** immer gut.	*We* always **behave** well.

▸ Dative Reflexive Pronouns

Du kannst **dir** gar nicht **vorstellen,** wie teuer Öl geworden ist.	*You can't* **imagine** *how expensive oil has become.*
Er **sieht sich** das Haus **an.**	*He is looking at the house.*

▸ Other Verbs

Some verbs are used reflexively as a logical extension of the regular verb.

waschen	*to wash*
sich waschen	*to wash oneself*
erinnern	*to remind*
sich erinnern	*to remember*

Ich **wasche** meine Socken.	*I* **wash** *my socks.*
Ich **wasche mich.**	*I* **wash myself.**
Sie **erinnert** ihn an den Unfall.	*She* **reminds** *him of the accident.*
Sie **erinnert sich** an seinen Unfall.	*She* **remembers** *his accident.*

In the preceding examples the reflexive pronouns are in the accusative. If the verb already has a direct object, however, the reflexive pronoun is in the dative. Dative reflexives are commonly used in German for physical actions.

Ich wasche **mir** die Hände.	*I wash my hands.*
Er kämmt **sich** die Haare.	*He combs his hair.*

▸ Reflexive Verbs Always Used with a Preposition

Wir **interessieren uns für** Kernenergie.	*We **are interested in** nuclear energy.*
Freuen Sie **sich auf** die Zukunft?	*Do you **look forward to** the future?*

All reflexive verbs take the auxiliary **haben** in the perfect tenses. In normal word order, a reflexive pronoun follows the auxiliary verb.

Ich **habe mir** weh getan.	*I **have** hurt **myself.***

▸ *selbst* and *selber; einander*

For purpose of emphasis, **selbst** or **selber,** which are completely interchangeable and are not declined, may follow the reflexive pronoun.

Ich kenne **mich selbst** (**selber**) am besten.	*I know **myself** best.*

To avoid ambiguities, **einander,** which means *each other* or *one another* and also is not declined, may be used in the plural.

Wir helfen **uns selber.**	*We help **ourselves.***
Wir helfen **einander.**	*We help **each other.***

There are relatively few frequently used verbs that take a dative reflexive pronoun. The most common are listed below, where **etwas** is in the accusative case.

sich etwas an•sehen	*to look at something*
sich etwas besorgen	*to get something (for oneself)*
sich etwas bestellen	*to order something (for oneself)*

---

sich etwas ein•bilden	to imagine something
sich etwas leisten	to afford something
sich Sorgen machen um etwas	to worry about something
sich etwas vorstellen	to imagine something
sich weh tun	to hurt oneself

▶ *sich anhören*

The reflexive verb **sich an•hören** is used to express *to sound (like)* or *to listen to.*

Der Kurs **hört sich** sehr interessant **an**.	*The class **sounds** very interesting.*
Es **hört sich** nach viel Arbeit **an.**	*It **sounds like** a lot of work.*
Ich **höre mir** den Vortrag an.	*I **listen to** the lecture.*

▶ *sich fühlen*

To feel is also expressed reflexively. Here you have two options:

sich fühlen—*to feel (of a person)*

| Ich **fühle mich** heute schlecht. | *I **feel** terrible today.* |

sich an•fühlen—*to feel (of an object)*

| Die Tasche **fühlt sich** wie Leder **an.** | *The purse **feels like** leather.* |
| Handgesponnene Wolle **fühlt sich** warm und weich **an.** | *Handspun wool **feels** warm and soft (to the touch).* |

▶ Übungen

 Sagen Sie auf deutsch . . .

1. I feel tired.
2. Don't feel bad.
3. We don't feel well.
4. Don't you feel well?
5. That sounds bad.
6. A warm meal sounds good.

B Put the following text first into the **du**-form, then the **sie**-form (*singular*), the **wir**-form, and finally the **ihr**-form.

Meine Eltern sagen, ich soll mich ändern. Ich soll mir die Haare nicht so lang wachsen lassen. Ich soll mich öfter waschen. Aber ich wasche mir doch oft die Hände. Ich kann mich an diesen Streß einfach nicht gewöhnen. Meine Eltern haben sich seit Jahren nicht mehr geändert. Aber ich habe mich geändert. Sie sagen, ich soll mich besser benehmen, aber ich will mich nicht anpassen. Ich mache mir Sorgen um meine Eltern. Oder bilde ich mir das nur ein?

C Bilden Sie Sätze.

1. Bioenergie statt Kernkraft / sich anhören / praktisch.
2. Alternativen zum Energiedreieck / sich finden lassen / bestimmt.
3. Wir / sich erinnern an / die Umweltverschmutzung / in manchen Ländern / gut.
4. Ich / sich interessieren für / nicht / Technik.
5. Windmühlen statt Reaktoren / sich anhören / vernünftig.
6. Viele Menschen / sich Sorgen machen um / der Energieverbrauch.
7. Du / keine Lust haben / jeden Tag / sich waschen?
8. Die Menschen / versuchen / sich erinnern an / frühere Energiequellen

II Expressions of Time

▶ Time Expressions with Accusative

Expressions of time are in the accusative case when they consist of an adjective and a noun designating *specific* days, months, seasons, years, and so on.

jeden Tag	*every day*
jeden Montag	*every Monday*
nächsten Februar	*next February*
letzten Herbst	*last fall*
vorige Woche	*last week*
diesen Monat	*this month*
letztes Jahr	*last year*

An expression of time designating *duration* requires the accusative case when it is preceded by a definite article.

den ganzen Tag	*the whole day, all day*
die halbe Woche	*half the week*

▶ Time Expressions with Dative

Time expressions using the prepositions **an, in,** and **vor** take the dative case.

am Abend	*in the evening*
am Sonntag	*on Sunday*
in einer Stunde	*in an hour*
in acht Tagen	*in a week, a week from today*
im Frühling	*in spring*
im Jahr 1948	*in the year 1948, in 1948*
in der Nacht	*at night*
vor zwei Tagen	*two days ago*
vor einem Monat	*one month ago*

◀ ─── ▶

A year date in German — for example, *in* (*the year*) 1984 — is rendered simply as **neunzehnhundertvierundachtzig** or as **im Jahr 1984. In** is never used alone with a year date. It is possible to delete **am** before a weekday: **am Montag = Montag.**

▶ Time Expressions with Genitive

An *indefinite* expression of time takes the genitive case.

eines Tages	*one day*
eines Sonntags	*one Sunday*

▶ Adverbs

To express *recurring moments* in time, an **-s** is added to the noun, forming a temporal adverb, which is not capitalized.

abends (am Abend)	*in the evening*
frühmorgens (am frühen Morgen)	*early in the morning*
mittags (am Mittag)	*at noon*
um neun Uhr morgens (um neun Uhr am Morgen)	*at nine o'clock in the morning*
nachts (in der Nacht)	*at night*
sonntags (am Sonntag)	*on Sunday*
spätabends (spät am Abend)	*late in the evening*
vormittags (am Vormittag)	*before noon*

Specific time is expressed by an element of time preceded by a time of day or a day of the week. The nouns are in this case also not capitalized, because of their function as adverbs.

gestern morgen	*yesterday morning*
heute abend	*tonight*
Mittwoch vormittag	*on Wednesday before noon*
übermorgen nachmittag	*the day after tomorrow in the afternoon*
morgen früh	*tomorrow morning*

In time expressions, *for* is usually expressed by **seit,** for unlimited time periods that started in the past. For definite time periods with a beginning and an end, the nominative case is used with no preposition.

Ich bin **seit Wochen** in Berlin	*I've been in Berlin **for weeks.***
Ich bin **nur einige Minuten** weg.	*I'll be gone **for only a few minutes.***
Ich war **zwei Wochen** in Berlin.	*I was in Berlin **for two weeks.***

Welcher Form der Energie benutzen Autos?

▶ **Übungen**

A Ergänzen Sie den folgenden Text mit den richtigen Endungen.

1. Vorig___ Woche erzählte mir mein Freund Karl, daß er jetzt Energie sparen will.
2. Karl will seit Monat___ schon eine Windmühle in seinem Garten bauen.
3. Letzt___ Monat, vor drei Woch___ , hat er sich neue umweltfreundliche Geräte für sein Haus gekauft.
4. Nun redet er jed___ Tag darüber.
5. Seit einundzwanzig Tag___ sitzt er abends im Dunkeln.
6. Am Montag in acht Tag___ wird er seinen Fernseher verkaufen.
7. Er glaubt, daß wir ein___ Tag___ alle unsere Energie mit natürlichen Mitteln gewinnen werden.
8. Seit Monat___ kocht er nur einmal pro Tag.
9. Vor einig___ Woch___ hat er angefangen, sich für Biomasse zu interessieren.
10. Vor wenig___ Tag___ haben seine Nachbarn die Polizei gerufen, weil der Mist in seinem Garten stinkt.
11. Seit drei Tag___ wäscht er sich nicht mehr.
12. In ein___ Jahr will er das Abenteuer Energie zu Ende bringen.

B With a partner, make as complete a list as possible of one week's activities. What are you going to do on Monday in the morning, at noon, and so on? You will find many ideas in the first three chapters of this book. Several examples are listed below.

Am Sonntag gehe ich um elf Uhr in die Kirche.
Jeden Morgen stehe ich um sieben Uhr auf.
Nachmittags trinke ich gerne eine Tasse Kaffee.
In acht Tagen fahren meine Freundin und ich nach Köln.
usw.

C List what you do regularly; then add what you plan to do differently the next time around. Follow the model below.

Beispiel: Normalerweise habe ich montags Klavierunterricht, aber diesen Montag ist mein Klavierlehrer verreist.

1. morgens
2. Dienstag abends
3. im Sommer
4. im Winter
5. am Wochenende

6. sonntags
7. nach der Arbeit
8. Montag morgens
9. zur Weihnachtszeit
10. zu meinem Geburtstag

III Infinitives with or without *zu* and the Double-Infinitive Construction

▶ Infinitive + *zu*

In most situations infinitives are used with **zu.** Separable prefix verbs take **zu** between the prefix and the verb.

weg•stellen   weg**zu**stellen

Infinitives with **zu** come at the end of a clause not, as in English, at the beginning.

Er hoffte, bald **anzukommen** und   *He hoped to arrive soon and to stay*
lange **zu bleiben.**   *for a long time.*

The infinitive with **zu** is not set off by a comma unless it is expanded by a modifier.

Das ist schwer **zu** sagen.   *That's difficult to say.*

Es ist schwer, mit wenigen Worten   *It is difficult to say a lot with few*
viel **zu** sagen.   *words.*

▶ When to Omit *zu* Before an Infinitive

Some verbs are followed by an infinitive *without* **zu.** The most important of these are **hören, lassen,** and **sehen,** and the modal auxiliaries.

Er hört sie **kommen.**   *He hears her coming.*

Wir sehen sie **arbeiten.**   *We see them working.*

The phrases below are known as infinitive conjunctions, and they link an infinitive to the rest of the sentence.

(an)statt zu   *instead of*

ohne zu   *without*

um zu   *in order to*

Anstatt zu fahren, gingen wir zu   ***Instead of driving*** *we walked.*
Fuß.

A number of common expressions call for phrases that use the *infinitive* + **zu** construction.

Ich habe keine Lust . . .	*I don't feel like . . .*
Ich verspreche (dir) . . .	*I promise (you) . . .*
Ich verbiete (dir) . . .	*I forbid (you) . . .*
Es ist leicht für mich . . .	*It's easy for me . . .*
Es macht Spaß . . .	*It's fun . . .*
Ich versuche . . .	*I'm trying . . .*
Ich bin bereit . . .	*I'm willing / ready*
Es ist wichtig . . .	*It's important . . .*
Es ist ein gutes Gefühl . . .	*It's a good feeling. . .*

If a modal auxiliary or **hören, sehen,** or **lassen** occurs with an infinitive and the sentence is in a perfect tense, they form a so-called *double infinitive.* Such a construction is placed at the end of the clause.

Professor Hirt hat Kurse für Linguistik **anbieten wollen.**	*Professor Hirt wanted to offer courses in linguistics.*
Ich habe ihn oft **sprechen hören.**	*I have heard him speak often.*

If the double-infinitive construction occurs in a dependent clause, the conjugated verb (always a form of **haben**) precedes the double infinitive.

Ich weiß, daß Professor Hirt Kurse für Linguistik **hat anbieten wollen.**	*I know that Professor Hirt wanted to offer courses in linguistics.*

In conversational German, the past tense is usually used in lieu of the double-infinitive construction.

Professor Hirt **wollte** Kurse für
Linguistik **anbieten.**

▶ Übungen

A Verbinden Sie die folgenden Sätze entsprechend den Beispielen.

> **Beispiel:** Sie hört ihn. Er spricht.
>
> ▶ Sie hört ihn sprechen.
>
> Sie geht schnell. (um zu) Sie will pünktlich sein.
>
> ▶ Sie geht schnell, um pünktlich zu sein.

1. Er sieht sie. Sie geht zu Fuß in die Stadt.
2. Sie hört Studenten. Sie diskutieren.
3. Sie hat keine Zeit zu diskutieren, sie arbeitet täglich. Sie verdient Geld. (um zu)

4. Wir wollen Energie sparen. Wir wollen nicht die Umwelt beschädigen. (anstatt zu)
5. Sie kauft sehr viel. Sie spart Geld. (statt zu)
6. Sie verläßt den Laden. Sie geht nach Hause. (um zu)
7. Sie sieht dieselben Studenten. Sie diskutieren immer noch.
8. Wir suchen nach neuer Energie. Wir wollen nicht die Umwelt verändern. (ohne zu)

B Schreiben Sie die Sätze von A noch einmal, aber im Perfekt.

Beispiel: Sie hört ihn. Er spricht.

▶ Sie hat ihn sprechen hören.

Sie geht schnell. Sie will pünktlich sein. (um zu)

▶ Sie hat pünktlich sein wollen.

C Schreiben Sie die folgenden Sätze zu Ende, indem Sie (an)statt zu, ohne zu oder um zu benutzen.

Beispiel: Wir leben im Dunkeln, . . .

▶ Wir leben im Dunkeln, *anstatt* Energie *zu* verbrauchen.

1. Wir sparen Energie, . . .
2. Ich schalte die Lampen aus, . . .
3. Man muß Windmühlen bauen, . . .
4. Im Moment ist die Kernenergie noch notwendig, . . .
5. Wie kann man den Atommüll beseitigen, . . . ?
6. Werden neue Energiequellen der Umwelt nützen, . . . ?
7. Solarzellen verwendet man, . . .
8. Windgeneratoren sind dafür da, . . .
9. In Rottweil sammelt man organischen Müll, . . .
10. Man kann Getreide verwenden, . . .

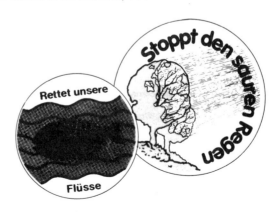

Alternativen finden und Energie sparen!

◄ ▐▌▞▐▌▞▐▌▞▐▌▞▐▌▞▐▌▞▐▌ ►

Jetzt sind Sie an der Reihe!

A Meinungsumfrage: Was werden die Menschen tun, um das Energieproblem zu bekämpfen? Alternativen zur Energieversorgung finden? Welche? Oder werden sie weniger Energie verschwenden? Wie? Bilden Sie Gruppen von etwa fünf Studenten, und schreiben Sie Ihre Antworten auf.

B Paararbeit. Stellen Sie mit einem Partner eine Liste der notwendigen und unnötigen Energieverbraucher in jedem Haus auf. Vergleichen Sie diese Liste mit den Listen der anderen Studenten.

C Gruppendiskussion. Bilden Sie zwei Gruppen. Die eine Gruppe ist gegen neue Alternativen zur Energieversorgung. Die andere ist dafür. Jede Gruppe formuliert zehn wichtige Argumente. Beide Gruppen berichten über ihre Ergebnisse.

D Teamarbeit. Sie planen einen Brief an den Präsidenten. Der Brief soll in zwanzig Sätzen berichten (1) was die Menschen bisher bei der Energiegewinnung falsch gemacht haben und (2) was in Zukunft besser gemacht werden muß. Benutzen Sie Konstruktionen mit *um zu, ohne zu, (an)statt zu.*

    Beispiel: 1. Kernenergie hat die Erde verschmutzt.

            2. Statt Kohle zu verbrauchen, sollten wir Solarzellen verwenden.

E Sie bereiten eine Demonstration zum Thema „Umweltverschmutzung" vor. Denken Sie sich sechs Slogans aus.

    Beispiel: Rettet die Erde! Kernenergie tötet! Usw.

7

Teilzeit + Arbeit = Freiheit

···

Jobdesign für bessere
Lebensqualität

◄ ⅼⅼⅤⅼⅼⅼⅤⅼⅼⅼⅤⅼⅼⅼⅤⅼⅼⅼⅤⅼⅼⅤⅼⅼ ►

Jetzt fangen wir an!

▶ **Einführungsübungen**

A Fragen zum Thema. Diskutieren Sie die folgenden Fragen.

1. Arbeiten Sie teilzeitlich oder vollzeitlich? Was sind Ihre Erfahrungen damit?
2. Kann man eine 40-Stunden-Arbeit mit einem Studium kombinieren?
3. Kann man bei einer Teilzeitarbeit genug verdienen, um finanziell sicher zu sein?
4. Wieviel Zeit hat man zum Leben, wenn man vollzeitlich arbeitet?
5. Möchten Sie lieber teilzeitlich oder vollzeitlich arbeiten? Warum?

B Complete each sentence with a word from the right-hand column.

1. Eine Person oder eine Firma, die Arbeit gibt, ist . . .
2. Ein Mensch, der Arbeit hat, ist . . .
3. Der Arbeitsplatz, wo man nur den halben Tag arbeitet, ist . . .
4. Wenn man ein Thema untersucht hat, dann schreibt man . . .
5. Wenn man versucht, einen Job zu finden, ist das . . .
6. Der Arbeitsplatz, wo man sehr hart arbeiten muß, ist . . .
7. Der Arbeiter, der seinen Arbeitsplatz verloren hat, ist . . .

a. arbeitslos
b. arbeitsintensiv
c. die Untersuchung
d. die Jobsuche
e. der Teilzeitarbeitsplatz
f. ein Arbeitgeber
g. ein Arbeitnehmer

> Pharmazeutischer Großhandel sucht **Teilzeit-B-Fahrer** für ganzjährig, Montag bis Freitag, 1¼ Stunden pro Tag, von 17 bis 18.15 Uhr, für Stadtlieferungen. Bewerbungen: Chemosan-Union, Bachlechnerstr. 31, Telefon 81 6 36-13.   836981-50

C Complete the following sentences. Try to use the vocabulary given.

Beispiel: Einerseits studiere ich gern, andererseits . . . (sinnvoll)
> ▶ Einerseits studiere ich gern, andererseits frage ich mich manchmal, ob mein Studium wirklich sinnvoll ist.

1. Einerseits gehe ich gern zur Arbeit, andererseits . . . (abwesend)
2. Einerseits wollen die meisten Menschen heiraten, andererseits . . . (geschieden)
3. Einerseits erscheint es sinnvoll, den ganzen Tag zu arbeiten, aber andererseits . . . (teilzeitlich)
4. Es gibt bei uns oft Familienkrach. Doch andererseits . . . (friedlich)
5. Ich mag meine teilzeitliche Arbeit, die wenig zahlt, aber andererseits . . . (neidisch)

◄ ▐▌▞▟▐▌▞▟▐▌▞▟▐▌▞▟▐▌▞▟▐▌▞▟ ►

Kapitelwortschatz

Nomen

die Abteilung, -en department
der Arbeitgeber, - employer
der Arbeitnehmer, - employee
der / die Arbeitslose, -n unemployed person
die Aussicht, -en prospect
das Gehalt, -̈er salary
die Gewerkschaft, -en union
die Hauptsache main thing
die Jobsuche job search
der Kollege, -n / die Kollegin, -nen colleague
die Nachfrage demand
die Rente, -n pension
die soziale Sicherung, -en social net
der Teilzeitarbeiter, - part-time employee
der Teilzeitarbeitsplatz, -̈e part-time job
die Untersuchung, -en study
die Verantwortung, -en responsibility
der Verlag, -e publishing house
der Versuch, -e experiment

Verben

ein•teilen to divide, arrange
erhöhen to raise, increase
ersetzen to substitute, replace
leisten (*Arbeit*) to do (*work*)
lösen to solve
▸**nennen** to call, name
probieren to try
prophezeien to predict
reduzieren to reduce
▸**schaffen** to create

teilen to share
verbessern to improve; to correct
▸**verbringen** to spend (*time*)
verlangen to demand
vernachlässigen to neglect
vernichten to destroy
▸**vor•finden** to find, come upon
zusammen•zählen to total up

Adjektive, Adverbien usw.

abwesend absent
andererseits on the other hand
arbeitsintensiv labor-intensive
bekannt known
einerseits on the one hand
friedlich peaceful
geschieden divorced
juristisch legal
neidisch envious, jealous
sinnvoll meaningful
sozial social (*political context*)
teilzeitlich part time
ungefähr approximately
verwandt related
vollzeitlich full time

Ausdrücke und Redewendungen

Ich bekomme Angst I am frightened
bei der Vorstellung when I imagine
im Endeffekt in the final analysis

Zwei Frauen—ein Job

Die Teilzeitarbeiter kommen! Schon jetzt sind in Deutschland ungefähr drei Millionen Menschen, die teilzeitlich arbeiten. Aber Teilzeitarbeitsplätze haben auch ihre Probleme. Manche lassen sich lösen, andere sind nicht leicht zu bewältigen.°

to master, cope with

Seit drei Wochen ist Brigitte Langhans „so richtig happy". Jedenfalls wird das von ihren beiden Kindern, Sven und Meike, elf und neun Jahre alt, gesagt. Die Geschwister finden es „echt gut", wenn sie mittags von der Schule nach Hause kommen und nicht nur ein warmes Mittagessen bekommen, sondern auch von ihrer Mutti begrüßt werden. Das Familienleben ist friedlicher und „Mutti" ist weniger nervös geworden. Sie lacht öfter und hat Zeit für gemeinsame Aktivitäten — sogar mitten in der Woche.

Möglich wird dies durch eine Option gemacht, die „flexible Teilzeitarbeit" genannt wird. Viele Arbeitgeber sind für bewegliche Arbeitszeiten. Aber die Gewerkschaften machen sich andererseits Sorgen um die soziale Sicherung der Arbeitnehmer. Beide Seiten haben gute Argumente. Aber inzwischen sind Teilzeitjobs sehr begehrt° geworden. Schon Mitte 1987 gab es in der Bundesrepublik Deutschland rund zwei Millionen Teilzeitarbeiter — gut 620 000 mehr als in den 70er Jahren. Diese Zahlen werden von einigen Untersuchungen bestätigt.°

in demand

confirmed

Beispiel: Nach einer Untersuchung eines Instituts in Nürnberg arbeiten heute viele der vollzeitlichen Arbeiter nur sehr ungern den ganzen Tag. Wenn man diese „ungern" am Arbeitsplatz verbrachten Stunden zusammenzählt, sind das ungefähr drei Millionen Vollzeitarbeitsplätze. Das heißt, daß alle Arbeitslosen Arbeit finden würden, wenn alle, die lieber teilzeitlich arbeiten wollen, das tun könnten. Aber noch ist es nicht so weit. Es gibt zuviele soziale Probleme, die zuerst gelöst werden müssen.

Zurück zu Brigitte Langhans: Seit sie nur noch halbtags arbeitet, sind einige ihrer Freunde sehr neidisch auf sie: „Mein Chef wollte es einmal probieren," lacht sie, „meine Kollegin Sabine und ich sind hier Pioniere. Wenn wir unsere Sache gut machen, kann der Versuch auch in anderen Abteilungen gemacht werden."

Brigitte Langhans arbeitet in einem kleinen Frankfurter Verlag. Dort hatte sie bis vor drei Wochen einen Vollzeit-Job. Manchmal, „wenn viel Streß war", kam sie total erschöpft nach Hause: „Wenn mein Mann auch noch Probleme bei der Arbeit hatte und die Kinder maulten,° war wenig zu machen, wir hatten sofort den schönsten Familienkrach."°

were fussing
family fight

Noch schwerer als für Brigitte war es für ihre Kollegin Sabine. Sabine ist geschieden und hat ein kleines Kind, das während des Tages bei der Großmutter war: „Ich bekam Angst bei der Vorstellung, auf die Jobsuche gehen zu müssen und nichts in der Nähe zu finden . . ."

„Jobsharing" heißt der Weg, wie die Arbeitsprobleme der beiden gelöst wurden. Sie können sich nun einen Arbeitsplatz teilen — zwei Frauen, ein Job. Und nicht nur das: Wie sie die Stunden untereinander° teilen, wird von ihnen entschieden — Hauptsache ist, daß die Arbeit gemacht wird. Für Brigitte und Sabine ist die flexible Verteilung° ihrer Arbeitszeit ideal, obwohl sie jetzt weniger Geld verdienen.

Brigitte und Sabine haben Glück gehabt. Doppeltes Glück sogar. Sie haben nicht nur einen Teilzeitjob gefunden, sondern auch einen sehr guten Arbeitsvertrag,° der sie juristisch und sozial schützt. Und das kann nur von zwei Dritteln der mehr als drei Millionen Teilzeitarbeitern gesagt werden. Das heißt, von drei Millionen Teilzeitarbeitern ist ein Drittel nicht sozialversichert.° Die Gewerkschaften verlangen, daß das verbessert wird. Anderseits sind für die Arbeitgeber Teilzeitarbeitsplätze finanziell interessant. Denn manche soziale Leistungen, die vom Arbeitgeber gezahlt werden, sind nicht so hoch, wenn der Job von zwei Personen geteilt wird. Im Endeffekt kosten den Arbeitgeber zwei Teilzeitarbeiter weniger als ein vollzeitlicher Arbeiter. Außerdem hat man festgestellt, daß die Produktivität von Teilzeitarbeitern höher ist als die von vollzeitlichen Arbeitern. Auch sind Teilzeitarbeiter weniger oft von der Arbeit abwesend als vollzeitliche Arbeiter.

Teilzeitarbeit ist besonders für arbeitsintensive Industrien wie die Dienstleistungsindustrie° ideal, denn da können vom Arbeitgeber Fluktuationen in der Nachfrage leichter kontrolliert werden, und von den Arbeitnehmern läßt sich die Arbeitszeit sinnvoller einteilen. Allerdings sagt Sabine: „Eine gute Rente kann man bei Teilzeitarbeit nicht erwarten. Von der Rente, die ich im Alter bekomme, kann man nicht gut leben."

Noch immer sind mehr Frauen als Männer auf Teilzeitarbeitsplätzen zu finden. Das hat jedoch nicht nur mit den schlechten Aussichten auf eine gute Rente zu tun, sondern auch mit dem fehlenden Sozialprestige einer solchen Arbeitsstelle. „Teilzeitarbeit ist Frauensache", sagt der Ehemann von Brigitte Langhans, ein dynamischer und ambitiöser Mann in der Informatik.° „Teilzeitarbeit ist gut fürs Gemüt° und schlecht für die Karriere." Aber nicht alle Männer denken so wie er. Ungefähr zehn Prozent aller männlichen Arbeitnehmer wollen auch nicht mehr vollzeitlich arbeiten. Für diese (noch) Minorität sind Teilzeitjobs keine Arbeitsplätze zweiter Klasse, sondern ein Stück verbesserter Lebensqualität.

Diese verbesserte Lebensqualität ist auch für Brigitte Langhans ein wichtiges Kriterium. Aber sie sieht die ganze Sache ziemlich locker°: „Ich hab' mir das schon immer gewünscht. Jetzt hab' ich's."

Margin glosses (left column):

between themselves

distribution

contract

insured

service industry

information industry
soul

lightly

◄ ▯▮▯▮▯▮▯▮▯▮▯▮▯▮ ►

Wortschatz im Kontext

▶ Übungen

A Beantworten Sie die Fragen.

1. Warum ist Jobsharing für den Arbeitgeber interessant?
2. Wie nennt man es, wenn zwei Menschen eine Arbeitstelle teilen?
3. Was ist der große Nachteil der Teilzeitarbeit?
4. Warum ist das Familienleben der Familie Langhans jetzt friedlicher?
5. Wieviele Teilzeitarbeiter sind nicht sozialversichert?
6. Warum sind Teilzeitarbeiter oft bessere Arbeiter?
7. Was kann man bei Teilzeitarbeit *nicht* erwarten?
8. Was würde passieren, wenn alle Menschen, die lieber teilzeitlich arbeiten wollen, es wirklich tun könnten?

B The preceding table gives 16 apprentice professions. If you had to choose one of them for yourself, which would be your first choice? Which would be your second choice? List the most popular professions on the board for the whole class.

C Working in groups, make a list of the advantages and disadvantages of an idea such as job sharing. Think of aspects such as income, security, benefits, private life, education, family considerations, career planning, stress, and so on.

Bankerin

Anf. 50, langj. Erf. im Auslands-, Geschäftsstellen-, Kreditgeschäft möchte ihr know how aus gehobener Position bei Großbank in neuen, interess. Wirkungskreis, auf Basis Teilzeitarbeit, einbringen. ✉ AS9186756

◄ IIⅤIIⅤIIⅤIIⅤIIⅤIIⅤII ►

Was kann man dazu sagen?

Wie sagt man am besten seine Meinung? Sind Sie dafür oder dagegen?

Starkes „ja"

Richtig! Right!
Ich bin absolut dafür. I am completely for it.
Das hat meine volle Unterstützung! That has my full support.
Das leuchtet mir ein. That makes sense to me.
Ich bestehe darauf. I insist on it.

Starkes „nein"

Falsch! Wrong!
Ich bin absolut dagegen. I am completely against it.
Ich denke nicht daran. I will not even consider it.
Das leuchtet mir überhaupt nicht ein! That doesn't make sense to me at all.
Ich weigere mich. I refuse.

Wie kann man andeuten, daß man die Meinung geändert hat?

Warten wir ab. Let's wait and see.
Ich habe nichts mehr dagegen einzuwenden. I don't object anymore.
Na gut, ich bin überstimmt worden. Well, I have been outvoted.
Schon gut, ihr habt mich überzeugt. All right, you have convinced me.
Ich habe es mir anders überlegt. I changed my mind.

▶ **Übungen**

A Below are some topics about which most people have strong opinions. React to these by using phrases from **Was kann man dazu sagen?**

Beispiel: Gewerkschaften

▶ Gewerkschaften sind wichtig; sie haben meine volle Unterstützung.

Lebensqualität
Umweltverschmutzung
Gewerkschaften
vollzeitliche Arbeit
teilzeitliche Arbeit
Jobsharing

flexible Teilzeitarbeit
Familienleben
Streß
soziale Sicherung
Rente

Elektromechaniker
für vielseitige Aufgaben, z. B. Installation von elektrischen Einrichtungen in Versuchsanlagen, gesucht. Die Vergütung erfolgt nach den Richtlinien des öffentlichen Dienstes. Schriftliche Bewerbungen bitte an den **Lehrstuhl B für Verfahrenstechnik, TU München, Arcisstr. 21, 8000 München 2**

Landgasthof Karner
Frasdorf/Chiemgau
sucht ab sofort oder später männl./weibl.
Patissier/Konditor
Kost u. Wohnung auf Wunsch.
08052/4071 oder 089/222691

B Role-play the situation outlined here, in groups of three students.

Beispiel: ANGESTELLTER 1: Ich möchte mehr Freizeit haben.
ANGESTELLTE 2: Aber du bekommst dann nicht genug Geld.
CHEF: Mehr Freizeit ist besser für die Familie.

An office manager with two full-time employees announces that as of the first of the month, they will be sharing one job. Their benefits and salary will decrease. They will have more free time and less responsibility. One employee is enthusiastic. The other is strongly opposed to the idea. What arguments can be used? Some useful phrases are listed below.

USEFUL PHRASES
Kinder zu Hause
nicht genug Freizeit
nicht genug Geld
zu viel Verantwortung
das ist fair / unfair

nicht genug Zeit am Arbeitsplatz
die Zeit verschwenden / einteilen
langweilig zu Hause
zuviel Streß im Büro
nicht genug soziale Sicherung

◄ ▯▯▯▮▯▮▯▮▯▮▯▮▯▮▯▮ ►

Grammatik

❚ Passive

The passive voice draws attention to a person or an object that is *acted on* rather than taking action. This change of emphasis is accomplished by making the direct object of an active sentence the subject of a passive sentence, while the subject of the active sentence becomes a prepositional object.

The passive is formed with the auxiliary **werden** and the past participle of the main verb. The chart below shows examples of different tenses in the passive in use.

▶ Passive Constructions

Present	Der Arbeitsplatz **wird vernichtet.**
	*The job **is being eliminated.***
Simple Past	Die Menschen **wurden** durch Computer **ersetzt.**
	*People **were replaced** by computers.*
Present Perfect	Die Arbeitslosigkeit **ist prophezeit worden.**
	*Unemployment **has been predicted.***
Past Perfect	Die Arbeiter **waren ersetzt worden.**
	*The workers **had been replaced.***
Future	Die Arbeit wird effizient **geleistet werden.**
	*The work **will be done** efficiently.*
Future Perfect (rarely used)	Bis 1995 **werden viele** Arbeitsplätze **vernichtet worden sein.**
	*By 1995 many jobs **will have been eliminated.***

◄ ─────────────────────────────────────── ►

Note that in the perfect tenses, the past participle of the auxiliary **werden** is **worden.**

Die Arbeit **ist** geleistet **worden.**   *The work **has been** done.*

Note also that the auxiliary of **werden** in the perfect tenses is always a form of **sein.**

Der Arbeitsplatz **ist** vernichtet **worden.**   *The job **has been** eliminated.*

Ist der Käsekuchen
heute frisch?

The acting person or thing may be omitted, as is shown by the above examples. If it is mentioned, it must be preceded by a preposition. The list below shows the prepositions used in passive constructions.

von (*+ dative*)

Von is the preposition most commonly used in the passive. It can always be used for living beings.

Die Arbeit ist **von Angestellten** geleistet worden.	*The work has been done **by employees.***

durch (+ accusative)

Durch is generally used to express a force or means by which something is accomplished.

Die Arbeitsplätze wurden **durch Automation** vernichtet.	*The jobs were eliminated **through automation.***

mit (+ dative)

Mit sometimes takes the place of **von** and **durch,** especially where "with" could be used in English.

Die Arbeiter werden **mit Computern** ersetzt.	*The workers are being replaced **by (with) computers.***

▶ Impersonal Constructions

At times the passive voice is expressed without a subject. In such situations an *impersonal construction* is used.

Es ist während des Krieges viel **vernichtet worden.**	*Much **was destroyed** during the war.*
Es wird hier schwer **gearbeitet.**	*Hard work **is done** here.*

If an adverb of time or any other expression occurs at the beginning of a sentence with such a construction, **es** is omitted.

Während des Krieges **ist** viel **vernichtet worden.**
Hier **wird** schwer **gearbeitet.**

In German, unlike English, only the direct (accusative) object, not the indirect (dative) object, of an active sentence may become the subject of a passive sentence. Passive sentences with verbs that require the dative must retain the dative object. Such sentences, however, may be introduced by the impersonal **es.**

Dem Arbeiter wurde geholfen	*The worker was being helped.*
Es wurde **dem Arbeiter** geholfen.	

▶ With Modal Auxiliaries

Passive constructions may occur with *modal auxiliaries* in the present and simple past.

Dieser Arbeitsplatz **darf** nicht **vernichtet werden.**

*This job **must** not **be eliminated.***

Der Arbeiter **konnte** nicht von einem Computer **ersetzt werden.**

*The worker **couldn't be replaced** by a computer.*

◀ ────────────────────────────────── ▶

An existing condition can be expressed with a form of **sein** plus the past participle, where the participle functions like an adjective.

Der Arbeitsplatz **ist vernichtet.**   *The job **is eliminated.***

To express that a person was born at a certain time or place, German differentiates between a deceased and a living person, using the passive for a deceased and the past perfect for a living person.

Goethe **wurde** 1749 **geboren.**   *Goethe **was born** in 1749.*

Ich **bin** 1938 **geboren.**   *I was **born** in 1938.*

Sentences with **haben** as the main verb cannot be put into the passive voice.

Ich **habe** keine Zeit.
Wir **hatten** kein Geld.
Du **hattest** eine Frage.

All must be left in the active voice.

Buchhalterin mit Lohnverrechnung und EDV, halbtägig, in Dauerstellung gesucht. Zuschriften an TT unter Nr. w880116-50

▶ **Übungen**

A You have a houseguest and are explaining how things get done around the house in your family. Use the passive to explain.

Beispiel: Ich mache das Bad sauber.

▶ Das Bad wird von mir saubergemacht.

1. Meine Geschwister machen die Einkäufe.
2. Der Bäcker bringt zweimal in der Woche frisches Brot.
3. Mein Onkel putzt einmal in der Woche die Wohnung.
4. Meine Mutter repariert kaputte Haushaltsgeräte.
5. Die Brauerei bringt uns einmal im Monat Bier.
6. Alle teilen die Arbeit.

Fahren wir
einkaufen?

B Schreiben Sie den folgenden Text im Passiv.

Sabine und Brigitte lösen endlich ihre Arbeitsprobleme. Die beiden Frauen
teilen nun einen Arbeitsplatz. Sie machen diesen Versuch gemeinsam. Sie
entscheiden viele Fragen gemeinsam. Die Arbeit machen sie zusammen, das
heißt, sie teilen die Aufgaben. Die Firma kontrolliert das gar nicht. Die Hauptsache ist, sie machen die Arbeit. Ein guter Arbeitsvertrag schützt sie.

C A friend tells you that the company he works for is in trouble and wants to streamline its costs. You ask the questions below. Give his answers using the passive:

Beispiel: Wird man die Gehälter kürzen?

▶ Die Gehälter sind schon gekürzt.

1. Wird die Firma Stellen vernichten?
2. Könnte man nicht die Arbeitswoche kürzen?
3. Werden Sie Computer kaufen?
4. Kann man nicht irgendwie die Verschwendung stoppen?
5. Wollen Sie Kollegen ersetzen?
6. Werden Sie Teilzeitarbeiter einstellen?
7. Können Sie nicht die Produktivität erhöhen?
8. Kann man nicht die Arbeitsstellen teilen?
9. Werden Sie die Kosten reduzieren?
10. Wird man damit das Leben der Arbeiter verbessern?

D Change the passive sentences from the present tense to the future tense.

Beispiel: Vielen Arbeitern wird geholfen.

▶ Vielen Arbeitern wird geholfen werden.

1. Die Arbeitsstelle wird geteilt.
2. Die Arbeit wird von zwei Männern gemacht.
3. Das Leben von Herrn Meier wird verbessert.
4. Sein Gehalt wird zwar etwas reduziert, . . .
5. . . . aber sein Privatleben wird dadurch einfacher gemacht.
6. Seine Frau Carola wird durch seine Arbeit glücklicher gemacht.
7. Haushalt und Kinder werden von ihm nicht mehr vernachlässigt.
8. Seine Arbeitsstunden werden jetzt sinnvoller eingeteilt.

E You are applying for a part-time job. Explain to the interviewer what work you did at your last place of employment. Use the passive voice.

Beispiel: Das Telefon wurde immer von mir beantwortet.

II Other Ways to Express the Passive

The following alternatives are frequently preferred to the passive.

▶ *man*

The impersonal pronoun **man** can be used as the subject of an active sentence.

Man half den Arbeitern.

Den Arbeitern **wurde geholfen.**

*The workers **were being helped.***

Man arbeitet schwer.

Es wird schwer **gearbeitet.**

*They **work** hard.*

▶ *sich lassen* + *infinitive*

The possibility of something happening can be expressed with **sich lassen** plus an infinitive, instead of a passive sentence using **können.**

Diese Computer **lassen sich** nicht leicht **ersetzen.**

Diese Computer **können** nicht leicht **ersetzt werden.**

*These computers **can't be replaced** easily.*

▶ **Reflexive Constructions**

Reflexive constructions can be used with inanimate objects, but never with people!

Der Bericht über Computer **versteht sich** leicht.

Der Bericht über Computer **kann** leicht **verstanden** werden.

*The article about computers **can be** easily **understood.***

▶ *sein* + *zu* + *infinitive*

A form of **sein** plus an infinitive preceded by **zu** can be used with a modal auxiliary, especially **können, in lieu of a passive construction.**

Da **ist** wenig **zu machen.**

Da **kann** wenig **gemacht werden.**

*Little **can be done.***

Die Arbeit **ist** noch **zu leisten.**

Die Arbeit **muß** noch **geleistet werden.**

*The work still **needs to be done.***

Es **ist zu bedenken,** daß Computer uns mehr Freiheit bescheren könnten.

Es **sollte bedacht werden,** daß Computer uns mehr Freiheit bescheren könnten.

*We **ought to consider** that computers could offer us more freedom.*

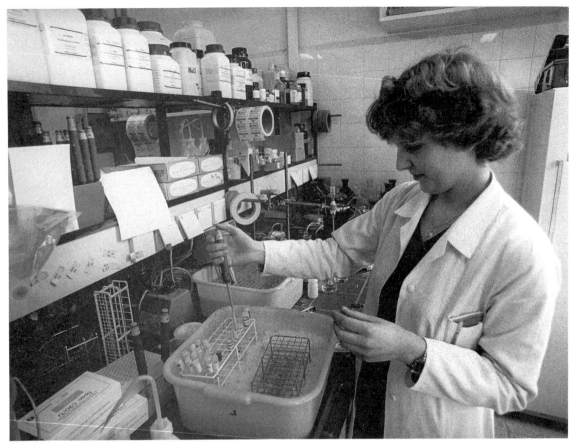

Präzisionsarbeit im Labor.

▶ **Übungen**

A Ersetzen Sie in den folgenden Sätzen das Passiv durch *man* mit dem Aktiv.

Beispiel: Die Arbeit wird gemacht.

▶ Man macht die Arbeit.

1. Manche Probleme werden gelöst.
2. Das wird durch flexible Arbeit möglich gemacht.
3. Die Zahlen werden durch Untersuchungen bestätigt.
4. Ein Arbeitsplatz wird geteilt.
5. Es wird weniger Geld verdient.
6. Die sozialen Leistungen sollen verbessert werden.
7. Eine gute Rente kann nicht erwartet werden.
8. Die Lebensqualität der Arbeiter wird verbessert.
9. Die Vorteile dieser Arbeit werden erkannt.
10. Das Problem der langen Jobsuche wird gelöst.

Verläßliche, diskrete, freundliche Halbtagsbürokraft gesucht
(nachmittags). Zuschriften an
TT unter Nr. 83701 1-50

B   Bilden Sie die Sätze mit Alternativkonstruktionen wie angegeben.

>   **Beispiel:**   Eine Arbeitsstelle kann leicht geteilt werden. (sich lassen)
>
>   ▶   Eine Arbeitsstelle läßt sich leicht teilen.

1. Der Bericht wurde endlich geschrieben. (man)
2. So wird das Problem erklärt. (sein + zu + Infinitiv)
3. Die Gehälter der Arbeiter können nicht mehr bezahlt werden. (sich lassen)
4. Viel Geld kann damit gespart werden. (sich lassen)
5. Gute Arbeitsstellen kann man nicht leicht finden. (sich lassen)
6. Das kann man natürlich leicht sagen. (sich lassen)
7. Aber wir wollen es nicht wirklich machen. (man)
8. Es kann anders gelöst werden. (sein + zu + Infinitiv)
9. Eine Teilzeitarbeit kann gefunden werden. (sich lassen)

C   A friend is a chronic worrier. Respond to his worries using a reflexive construction.

>   **Beispiel:**   Ich kann das Buch nicht lesen. (leicht)
>
>   ▶   Das Buch liest sich aber ganz leicht!

1. Diese Frage kann ich einfach nicht lösen. (leicht)
2. Wie kann man das bloß erklären! (ganz einfach)
3. Ich kann meinen Autoschlüssel nicht finden! (sicher)
4. Ich werde nie meine Bücher finden! (ganz bestimmt)
5. Meine Probleme kann ich einfach nicht lösen. (von selbst)
6. Das Auto kann ich nie fahren! (ganz leicht)

◀ ▮▯▮▯▮▯▮▯▮▯▮▯▮▯▮ ▶

Jetzt sind Sie an der Reihe!

▶ Übungen

A   In welchen Arbeitsplätzen und Berufen könnte man Ihrer Meinung nach Jobsharing haben? In welchen nicht? Begründen Sie Ihre Meinung.

in der Bibliothek	bei Professoren	im Krankenhaus
in der Architektur	bei Flugzeugpiloten	bei Balletttänzern
bei der Polizei	in der Bäckerei	bei Psychologinnen

B   Wenn Sie die Wahl hätten, würden Sie eine Arbeitsstelle mit einer anderen Person teilen? Warum? Warum nicht? Was für Vorteile / Nachteile könnte es dabei für Sie persönlich geben? Machen Sie eine Liste von acht oder mehr Vorteilen und / oder Nachteilen. Benutzen Sie den Lesetext als Informationsquelle.

Iß dich schlank—mit Fisch.

C Role-play the following situation with another student. One is a son / daughter trying to convince the mother / father to stop working full time and try job sharing instead. The other is the mother / father who fails to see any advantage in such a change. Use the following arguments and others to create complete sentences.

MUTTER / VATER
weniger Geld
schlechte Aussichten auf gute Rente
schlecht für die Karriere
Arbeitsplatz zweiter Klasse
weniger Prestige
schlecht versichert
weniger soziale Leistungen

SOHN / TOCHTER
weniger Stress
mehr Zeit für die Familie
gut fürs Gemüt
verbesserte Lebensqualität
drei Millionen Teilzeitarbeiter
flexible Arbeitszeit
weniger Familienkrach

D Write a composition. Imagine your ideal work situation. Take into consideration type of work, money, stress, free time, and so on.

8

Freizeit: Ideal und Wirklichkeit

. . .

Unternehmen wir etwas zusammen?

◀ ⫻⫻⫻⫻⫻⫻⫻⫻ ▶

Jetzt fangen wir an!

▸ Einführungsübungen

A Interview a fellow student using the following questions. The interview should last about five minutes. Answers must be complete sentences.

1. Welche Aktivitäten unternehmen Sie in Ihrer Freizeit am liebsten?
   a. _____
   b. _____
   c. _____
2. Nennen Sie drei der schönsten Freizeiterlebnisse:
   a. _____
   b. _____
   c. _____

Reise und Erholung

Gardasee – Gardaland, 15. Juli, 380.- für Kinder. HE-CHENBLAIKNER-REISEN, Reith, Telefon 0 53 37/36 37, 133076-20 21 15.

Super-Restplatzangebote für Schnellentschlossene! Rufen Sie an bei Top Tours, Gumppstr, 22, 05 12/42 2 55. 860566-20

FLUGHAFENTAXI Firstclass. Täglich München ab 350.- Vier Jahreszeiten Reisen Innsbruck: Telefon 58 41 57. 805273-20

Festspielreisen nach Verona zu Aida am 21. 7., 18. 8., 1. 9. Carmen, 13. 7., 28. 7., 24. 8., Tosca, 20. 7. und 25. 8., Busfahrt und Karte ab S 720.- Bregenzer Festspiele zum „Fliegenden Holländer" am 21. 7., 28. 7., 14. 8. Busfahrt und Karte ab S 790.- gleich buchen bei CHRISTO-PHORUS Reisen, Telefon 05 12/58 40 40, 0 52 85/ 24 1 40, 0 53 34/64 44. 133016-20

B Partnerspiel. Wählen Sie fünf Freizeitaktivitäten, die Sie wirklich interessieren, von der folgenden Liste aus, und schreiben Sie sie auf eine neue Liste. Vergleichen Sie dann Ihre Auswahl mit der Ihres Nachbarn. Besprechen Sie dann als Gruppe das Resultat. Welche gemeinsamen Interessen haben Sie? Was tut niemand gern? Was tut jeder gern?

___ interessante Gespräche führen
___ Unterhaltung und Geselligkeit
___ gemeinsame Unternehmungen
___ Zeit für Hobby haben
___ ins Theater / Konzert / ins Kino gehen

___ ohne Zwang / Druck sein
___ keine Verpflichtungen haben
___ Ungebundenheit
___ Zeit für sich selbst haben
___ eigenen Interessen und Neigungen nachgehen

— Sport treiben
— lesen
— sich weiterbilden, lernen
— kreativ sein
— Abwechslung haben
— neue Impulse / Anregungen
bekommen
— Neues entdecken
— Abenteuer erleben
— Spaß haben
— feiern
— Spiele machen

— ausschlafen
— faulenzen
— Ruhe
— draußen sein
— drinnen sein
— Gemütlichkeit
— Geborgenheit
— Harmonie
— Freunde besuchen
— Bekannte treffen
— neue Leute kennenlernen

C How do you think Germans spend their free time? Does it vary according to seasons, age, location, and so on?

D Freizeit ist ein heißes Thema. Viele Menschen haben heutzutage mehr Freizeit als je zuvor. Sie schreiben einen Bericht über Freizeit für Ihre Studentenzeitung. Ergänzen Sie die Sätze mit passenden Nomen und Adjektiven aus der folgenden Liste.

Freizeit	Fähigkeit	monoton
Aktivität	passiv	Sonntagabend
Nichtstun	lebhaft	uninteressant
arbeitsreich	Erlebnis	

Nach einem _____ Tag freut sich jeder auf die _____ . Die Frage ist dann: _____ oder _____ ? Natürlich ist Fernsehen oft eine _____ Familienaktivität. Viele Studenten finden noch wirkliche _____ in ihrer Freizeit. Aber andere brauchen am _____ doch die _____ Entspannung vor der Röhre (*tube*). Finden Sie die meisten Fernsehprogramme gut oder _____ ?

E Form six sentences each containing one of the following nouns and adjectives.

Nomen: die Entspannung, der Feierabend, der Fernseher, die Freizeitbeschäftigung, das Nichtstun, die Tätigkeit

Adjektive: arbeitsreich, faul, körperlich, müde, rechtzeitig, uninformiert

17. bis 23. 9. Schnupperfahrt nach Gargano HP 3190.-. 20. bis 23. 9. Schweizer Gletscher-Express HP 3590.-.21. bis 30.9. Große Süditalien-Rundreise HP 9990.-. 22. bis 29. 9. Badeurlaub am Gardasee HP 3990.-. 24. bis 28. 9. Ravenna-San Marino-Venedig HP 2990.-. 26. 9. bis 7. 10. Türkei HP 6830.-. 29. 9. Okt-oberfest München 200.-. 1. bis 6. 10. ital. 5-Seen-Fahrt HP 3690.-. 2. bis 7. 10. Weinlesefest Plat-tensee HP 3990.-. 6. bis 19. 10. Tunesien-Rundreise HP 12.350.-. CHRISTOPHORUS Reisen, Telefon 05 12, 58 40 40, 0 52 85/24 1 40 0 53 34/64 44. 129971-2(

Wöchentlich ab Tirol: Expreß bus Insel Ischia. Jetzt jede Freitag abends. Expreßbu Abano/Montegrotto: Derzei jeden Samstag morgens. Gün stige Fahrpreise, preiswerte Hc tels. Gratiskatalog verlangen Gleich anrufen: 0 53 37/42 52 30 IDEALTOURS. 202448-2(

F Which of the following adjectives fit best in the sentences below? You don't have to use the same constructions used in the text. Be creative and complete the sentences.

bestimmt	ganz	müde
uninteressant	interessant	faul
fleißig	kreativ	enttäuscht
sportlich	normal	wichtig

1. Entscheidungen über _____ Aktivitäten sollen nur von _____ Leuten getroffen werden.
2. Am Feierabend bin ich oft _____ , _____ und _____ .
3. _____ ist, daß das Stimmungstief am Sonntagabend durch _____ Unternehmungen vermieden wird.
4. Kinder sollen _____ Aufgaben übernehmen.
5. _____ Hausarbeiten werden nur von _____ Menschen gemacht.
6. Radfahren macht _____ Menschen Spaß.
7. _____ Studenten verschlafen den _____ Sonntag.
8. Joggen und Bier trinken sind _____ Tätigkeiten.

FLUGHAFENTAXI München und Salzburg. Taxi Kirchebner, Birgitz, 0 52 34/32 5 32, 33 7 77. 14682-20

Griechenland/Korfu, komb. Bus-/Schiffreise. Beste 3- und 4-Sterne-Hotels z. Auswahl. 1 Wo. ab 3100.- Jeden Samstag bis 30. 9. Nur Fahrtbuchungen Bus/Schiff, Tirol–Patras–Tirol auch möglich. Deckpassage 1970.- Fordern Sie unseren Urlaubskatalog an. CHRISTO-PHORUS Reisen, Telefon 0 52 85/24 14-0, 0 53 34/64 44, 05 12/58 40 40. 133015-20

Super – Super – .... Familienwillkommen! Jeden Freitag mit unseren Luxusbussen nach ISCHIA – Hotels mit hohen Kinderermäßigungen, z. B. Dreisternehotel, 1 Woche Vollpension inkl. Busfahrt ab öS 4960.- (1 Kind mit 2 Kindwachsenen gratis, 2. Kind 50%), Aufpreis für Flug ab München und retour nur öS 500.- Nur Flug hin und retour öS 2390.- – Viele weitere Angebote in unseren Büros. Christophorus Reisen, Telefon 05 12/ 58 40 40, 0 53 34/64 44. 133011-20

Restplätze Verona-Fahrten: 6. Juli Carmen (Premiere); 14. Juli und 20. Juli, Tosca; 3. August Aida. Bus, Karte, Reiseführung, alles ab 690.-. Anmeldung: Brixlegg 0 53 37/42 52-22 oder Innsbruck 64 5 65. IDEAL-TOURS. 202680-20

◀ ▐▊▌▞▐▊▌▞▐▊▌▞▐▊▌▞▐▊▌▞▐▊▌ ▶

Kapitelwortschatz

Nomen

das Alter   age
der Ärger   annoyance, irritation
die Aufgabe, -n   task, assignment
die Auswahl   choice, selection
die Bewegung, -en   movement
die Entscheidung, -en   decision

die Entspannung   relaxation
die Enttäuschung, -en   disappointment
das Erlebnis, -se   experience
der Familienkreis, -e   family circle
das Familienleben   family life

Was machst du heute
Abend?

das **Familienmitglied, -er** family member

der **Feierabend, -e** leisure time (*after work*)

das **Fernsehen** television

die **Freizeit** leisure time

die **Freizeitbeschäftigung, -en** leisure-time activity

die **Gefahr, -en** danger

die **Geschwister (*Pl.*)** siblings, brothers and / or sisters

das **Gespräch, -e** talk, conversation

die **Möglichkeit, -en** possibility

der **Nachbar, -n / die Nachbarin, -nen** neighbor

das **Nichtstun** idleness, inactivity

die **„Röhre", -n** the "tube," television

die **Tätigkeit, -en** activity

die **Unternehmung, -en** undertaking

die **Wirklichkeit** reality

der **Wunsch, ⸗e** wish

Verben

ab•schalten to turn off one's mind, relax

▶ **aus•sehen** to look, appear
Sie sieht glücklich aus. She looks happy.

ein•schalten to turn on

sich entspannen to relax

erfüllen to fulfill

faulenzen to be lazy, loaf

▶ **übernehmen** to take over, take on (*responsibility*)

überzeugen to convince

▸ **unterhalten (+ *Akk.*)** to entertain
▸ **unternehmen** to undertake; to do something special
▸ **verbringen** to spend (*time*)
▸ **vermeiden** to avoid
▸ **(sich) verschlafen** to oversleep; to sleep away (*time or missed activity*)
wählen to choose

Adjektive, Adverbien usw.

allerdings however, all the same . . .
arbeitsreich busy
bestimmt certain
deshalb therefore, for that reason

draußen outside
eilig quickly
enttäuscht disappointed
faul lazy
fertig ready
fleißig industrious
hauptsächlich chiefly, mainly
körperlich physical
lebhaft lively
müde tired
rechtzeitig in time
schwach weak
stark strong
uninformiert uninformed
verständlich understandable

Ausdrücke und Redewendungen

etwas liegt an der Spitze something is at the top
es sieht ganz anders aus the situation, the picture has totally changed
eine Chance wahr•nehmen to take advantage of an opportunity
mit gutem Gewissen with a good conscience
eine Entscheidung treffen to make a decision

Freizeit: Ideal und Wirklichkeit

Wenn sie gefragt werden, wie sie ihre Freizeit gern verbringen, dann sprechen die meisten Menschen von Aktivität. Klar an der Spitze liegt die körperliche Bewegung: Sport und Spiele. Passivität ist verpönt.° Die Wirklichkeit sieht allerdings ganz anders aus. Da liegt das Nichtstun an der Spitze.

„Wenn ich nach Hause komme, will ich meine Ruhe haben und abschalten." Dieses Bedürfnis,° sich nach einem arbeitsreichen Tag zu erholen und zu entspannen, ist verständlich und normal. Aber muß deshalb — wie in vielen Familien — der ganze Feierabend vor dem Fernseher stattfinden?

Oft ist das Fernsehen die einzige gemeinsame Tätigkeit einer Familie und das Einschalten des Apparats die einzige Feierabend-„Aktivität." Der Fernseher läuft dann oft bis zum Ende des Programms und bestimmt das Familienleben.

Passiv sitzen Eltern und Kinder zusammen vor der „Röhre." Es gibt keine interessanten Gespräche. Keine lebhaften Diskussionen. Keine lustigen Spiele. Kein echtes Leben miteinander. Wer täglich nur zwei Stunden fernsieht, verliert im Jahr einen ganzen Monat für persönliche Erlebnisse.

Natürlich informiert und unterhält das Fernsehen. Manche Programme führen auch zu einer Diskussion. Wer diese Chance wahrnimmt und Sendungen wirklich auswählt, kann vom Fernsehen eine Menge profitieren. Die wirkliche Gefahr, wenn zuviel ferngesehen wird, liegt hauptsächlich darin, daß man monoton und inaktiv wird. Man tut nichts mehr, sondern läßt sich nur noch unterhalten.

Das typische Stimmungsbild am Sonntagabend

Vielleicht sind Wochenenden für Sie nie ein Problem. Sie haben immer Pläne, und Sie tun auch, was Sie geplant haben. Sie faulenzen, aber gern und mit gutem Gewissen. Sie treiben Sport, weil es Ihnen Spaß macht, etwas für Ihre Gesundheit zu tun. Sie unternehmen auch etwas mit Ihrer Familie, mit Ihrem Partner und den Kindern.

Wenn das alles auf Sie zutrifft,° dann werden Sie dieses Stimmungstief° am Sonntagabend, weil man wieder einmal nichts getan hat, nicht kennen. Viele aber werden diese Mischung aus Frustration, Ärger und Enttäuschung über das vergangene Wochenende gut kennen. Die einzige Möglichkeit, um so ein Gefühl zu vermeiden, ist: sich rechtzeitig — möglichst im Familienkreis — zu überlegen, wie das kommende Wochende aussehen soll.

Unternehmen wir etwas zusammen, oder tut jeder für sich, was er geplant hat? Besuchen wir Freunde? Kommen irgendwelche Gäste? Welche wichtigen,

scorned

need

applies / "down" mood

wenn auch uninteressanten, Hausarbeiten müssen gemacht werden? Wer wird sie machen?

Gemeinsam entscheiden und planen

Wichtig ist, daß die Entscheidungen darüber, was unternommen werden soll, von allen Familienmitgliedern gemeinsam getroffen werden. Wenn Kinder mit entscheiden dürfen, sind sie auch eher bereit, bestimmte Aufgaben zu übernehmen.

Nicht gut sind Familienaktivitäten um jeden Preis, bloß weil am Wochenende etwas unternommen werden muß. Besonders ältere Kinder sind oft lieber mit ihren eigenen Freunden zusammen als mit ihren Eltern und Geschwistern. Das ist ganz natürlich in ihrem Alter.

Am besten sprechen Sie einmal offen mit der ganzen Familie darüber, was sich jeder wünscht, was er am Samstag und Sonntag am liebsten tun möchte. Und warum überlegen Sie dann nicht gemeinsam, welche Wünsche erfüllt werden können. Und wie.

◀ ▐▌▼▐▌▼▐▌▼▐▌▼▐▌▼▐▌▼▐▌ ▶

Wortschatz im Kontext

▶ **Übungen**

A In small groups, do a quick survey of your most and least favorite leisure activities. Each group member should make three positive and three negative suggestions. Each suggestion should contain a noun, an adjective, and a verb. Complete the list. Speak only German:

WAS ICH AM LIEBSTEN TUE.   WAS ICH NICHT GERN TUE.

Beispiel: Ein gutes Buch lesen.   Mit langweiligen Leuten diskutieren.

B Work in pairs. Ask your partner several questions about his / her leisure activities. Using this information, compose a "leisure profile" (**Freizeit-Profil**). This might begin as follows:

1. Mein(e) Partner(in) verschläft nur den halben Sonntag. Er / sie ist kein fauler Mensch.
2. Er / Sie wandert gern, aber nicht sehr oft. Er / Sie ist ziemlich sportlich.
3. Er / Sie sieht niemals fern. Also ist er / sie völlig uninformiert.

C Work in small groups. Discuss why you do what you do in your leisure time to relax, distract yourself from your worries, and so on.

D Keep a journal for 24 hours. List exactly what you did during each leisure period on that day. Compare the results. Who is the most creative leisure artist (**Freizeit-Künstler**) in class?

◀ ▌▊╱▐▌▊╱▐▌▊╱▐▌▊╱▐▌▊╱▐▌▊ ▶

Was kann man dazu sagen?

Free time is a matter of personal choice. Often it is necessary to get out of having to participate in someone else's suggested activities. Here is where you need the fine art of making excuses. How do you do it gracefully? *You can blame . . .*

. . . the activity itself:
—Gehen wir schwimmen!
—Ach nein, Schwimmen ist mir zu anstrengend (*exhausting*).
—Das Schwimmbad ist zu klein / kalt / voll / weit.
—Wir waren gerade gestern schwimmen.
—Schwimmen ist doch dumm / langweilig / für Kinder / immer eine
      Enttäuschung.
—Draußen ist es zu kalt.

. . . your health or physical condition:
—Meine Knie sind schwach.
—Ich habe leider Kopfweh.
—Mein Fuß tut weh.
—Ich bin zu müde / zu alt / zu schwach.

. . . better yet, external circumstance:
—Mein Auto ist kaputt.
—Das Wetter sieht nicht gut aus.
—Meine Eltern lassen mich nicht.
—Ich habe kein Geld. (*colloquial:*
      Ich bin pleite. *I'm broke.*)

. . . and you can always procrastinate:
—Morgen mache ich es bestimmt!
—In fünf Minuten!
—Gleich, nur nicht so eilig!
—Sobald ich hier fertig bin!

WOCHENENDTIPS

Schmetterband

Im Freibad Seebach bei der Endstation Tram Nr. 14 ist eine Open-air-Veranstaltung angesagt, die vom Quartierverein Seebach mit Unterstützung der Präsidialabteilung durchgeführt wird. Auf dem Programm steht Polo Hofer und die Schmetterband (Sa, 20 – 23 Uhr).

Amor Artis

Einmalige Aufführung im Fraumünster: Der New Yorker Amor-Artis-Chor und das Orchester bringen Barockwerke und Gesänge der amerikanischen Revolution zur Aufführung. Dirigent ist Johannes Somary, gebürtiger Zürcher und Gründer des Kammerchores Amor Artis (So, 20 Uhr).

Tram-Museum

Das Trammuseum Wartau an der Limmattalstrasse 260 in Höngg ist samstags von 14 bis 17 Uhr geöffnet (auch Mittwoch abends 19.30–21 Uhr).

Schreinerstrassen-Fest

Schon traditionell ist das Schreinerstrassen-Fest im Kreis 4. Das Quartierfest mit Festwirtschaft, Bar, Musik und Tanz findet am Samstag von 15 bis 24 Uhr statt.

▶ Übungen

A Divide into two groups. One group chooses an activity and tries to persuade the other group to join them. The other group makes excuses: How many can you come up with? How can they be countered by the other side?

B Team game. **Ja, aber . . .** One player suggests an activity; the other makes an excuse; the first counters the excuse, and so on. First player to run out of suggestions or excuses loses. Change roles after each play.

> **Beispiel:**   PLAYER 1: Gehen wir schwimmen!
> PLAYER 2: Ja, aber es ist zu kalt.
> PLAYER 1: Ach komm, es ist doch warm draußen.
> PLAYER 2: Ja, aber ich habe kein Geld.
> PLAYER 1: Ich gebe dir zehn Mark.
> PLAYER 2: Ja, aber . . .

C Written exercise. You have just missed another test and your paper for the class will be handed in late. Only a sob story can save you. You go to talk to your teacher, hoping to prove that it was really not your fault. Write your tall tale in a few sentences.

> **Beispiel:**   Es tut mir leid, aber ich hatte Probleme mit meinem Hund. Er war sehr krank, weil er die Computer-Diskette mit meinem Papier drauf gefressen (*fressen = essen für Tiere*) hatte. Ich konnte kein neues Papier schreiben, weil ich dann den Hund zum Tierarzt bringen mußte . . .

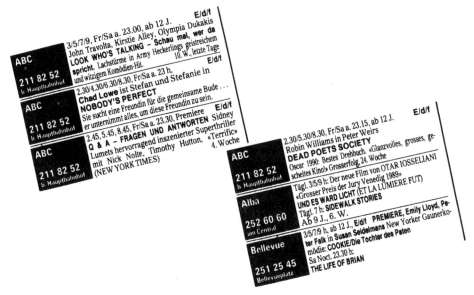

◄ ▮▯▮▯▮▯▮▯▮▯▮▯▮▯▮ ►

Grammatik

I Adjectives

Adjectives are used to modify—to change, further explain, or give precision and detail to—the meaning of nouns and pronouns. An *attributive* adjective can be used to limit or qualify as well as describe, and always *precedes* the noun it modifies. *Predicate* adjectives usually occur after the verb **sein** or the verb **werden** and are not *followed* by a noun or pronoun. They require no special endings.

▶ Attributive Adjectives

Attributive adjectives always take endings. These are determined by the gender, number, and case of the noun being modified. There are two sets of adjective endings, shown in the following charts.

	Weak Adjective Endings			
	Masculine	*Feminine*	*Neuter*	*Plural*
Nominative	-e	-e	-e	-en
Accusative	-en	-e	-e	-en
Dative	-en	-en	-en	-en
Genitive	-en	-en	-en	-en

Note that there are only two possible weak adjective endings, **-en** and **-e** (see Chapter 2).

	Strong Adjective Endings			
	Masculine	*Feminine*	*Neuter*	*Plural*
Nominative	-er	-e	-es	-e
Accusative	-en	-e	-es	-e
Dative	-em	-er	-em	-en
Genitive	-en	-er	-en	-er

Note that the strong adjective endings are the same as those of the **der**-words, except for the genitive masculine and neuter.

Weak Endings

If an attributive adjective is preceded by a definite article or another **der**-word, the adjective ending is always *weak*.

Es ist nicht **das** best**e** Programm im Fernsehen.

It is not the best show on TV.

If an attributive adjective is preceded by an indefinite article or another **ein**-word *with an ending,* the adjective ending is *weak*.

Es gibt **eine** interessant**e** Diskussion.

There is an interesting discussion.

Strong Endings

If an attributive adjective is preceded by an indefinite article or another **ein**-word *without an ending,* as in the nominative masculine singular (**ein**), and in the nominative and accusative neuter singular (**ein**), the adjective takes a *strong* ending—that is, **-er, -es, -es,** respectively—so that the gender of the noun it modifies is identified.

Ein fernsehfrei**er** Tag kann auch schön sein.

A day without TV can be nice, too.

Kennen Sie **ein** besser**es** Programm?

Do you know a better show?

If the attributive adjective is preceded by neither a **der**-word nor an **ein**-word, the adjective ending is always *strong*.

Diese Kinder möchten bestimmt**e** Arbeiten übernehmen.

These children would like to take on certain tasks.

Faul**es** Nichtstun macht auch Spaß.

Lazy idleness is fun too.

▶ Special Rules for Adjectives

If the basic form of an attributive adjective ends in **-el** or **-er** as in **dunkel** (*dark*) and **teuer** (*expensive*), the **-e-** of the stem is dropped when the adjective takes an ending.

Der teu**r**e Tisch stand in einem dun- *The expensive table was standing*
klen Zimmer.   *in a dark room.*

Past participles can be used as attributive adjectives. Simply add the appropriate ending to the past participle, according to the same rules as for other adjectives.

Jeder mag den neugekauft**en**   *Everyone likes the newly purchased*
Fernsehapparat.   *TV.*

Present participles are formed by adding **-end** to the verb stem. They take adjective endings according to the same rules.

Der lauf**end**e Fernseher ist schlecht *A TV that's always on is bad for*
fürs Familienleben.   *family life.*

The attributive adjective's ending is *strong* when it is preceded only by a cardinal number other than **ein.** The number itself takes no ending. (The number **ein** is identical to the indefinite article **ein** and so is declined like it.)

**Wie schnell kannst
du fahren?**

Gespräch und Diskussion sind **zwei** wichtig**e** Aktivitäten.	*Conversation and discussion are two important activities.*

Attributive adjectives and participles used as nouns are capitalized but retain their endings according to the usual rules.

Das **Schlechte** am Fernsehen ist, daß man Zeit für persönliche Erlebnisse verliert.	*The bad thing about TV is that you lose time for personal experiences.*

Adjectives derived from the names of cities take the ending **-er** and are capitalized but never declined.

In meiner Freizeit höre ich die Wien**er** Philharmoniker.	*In my free time I listen to the Vienna Philharmonic.*

The same rule applies to numbers indicating decades; they end in **-er** and are not declined except for adding **-n** in the dative plural.

Er war ein Mann in den Dreißig**ern.**	*He was a man in his thirties.*
Die sechzig**er** Jahre waren großartig.	*The sixties were great.*

▶ Adjectives Expressing Quantity Followed by Attributive Adjectives

Attributive adjective endings are strong if preceded by the adjectives **andere** (*other*), **einige** (*some*), **mehrere** (*several*), **viele** (*many*), and **wenige** (*few*).

Es gibt **mehrere ausgezeichnete** Museen in Deutschland.	*There are several excellent museums in Germany.*

This does not apply, of course, if the numerical adjective itself is preceded by a **der**-word.

Die **vielen guten** Orchester in den USA sind weltbekannt.	*The many good orchestras in the USA are world-famous.*

Remember that **viel** and **wenig** can also be used in the singular to mean *a lot* or *not much,* and as such do not take endings.

Ich habe **viel** Geld, aber **wenig** Zeit.	*I have a lot of money but little time.*

Attributive adjective endings are weak if the adjective is preceded by **alle.**

Alle neuen Bücher werden auf der Frankfurter Buchmesse vorgeführt.	*All new books are presented at the Book Fair in Frankfurt.*

Attributive adjectives take strong endings and are capitalized when they function as neuter nouns preceded by **etwas** (*something*), **mehr** (*more*), **nichts** (*nothing*), **viel** (*much*), and **wenig** (*little*).

Sie erzählt **viel Gutes** über Leipzig.	*She says many good things about Leipzig.*

Attributive adjectives take weak endings and are capitalized when they function as neuter nouns preceded by **alles.**

Sie liebt **alles Neue.**	*She loves everything* (*that is*) *new.*

▶ Übungen

A Setzen Sie die richtigen Endungen ein.

Joggen und Radfahren sind zwei körperlich___ Tätigkeiten, die im klein___ oder groß___ Familienkreis möglich sind. Aber nur aktiv___ Menschen wählen Sport und Spiele als Tätigkeit. Es gibt viel___ interessant___ Möglichkeiten, nach einem arbeitsreich___ Tag abzuschalten. Die langweilig___ Familienabende sind für manch___ ein groß___ Problem. Manchmal möchte man einen friedlich___ Abend verbringen und sich einige klein___ Wünsche erfüllen. Die faul___ Menschen tun natürlich während der Freizeit nichts. Ich faulenze oft mit gut___ Gewissen, weil ich während des Tages schwer arbeite. Warum soll ich auch den ganz___ Abend noch schwierig___ Probleme lösen? Warum darf ich nicht einfach im warm___ Bett schlafen? Nein, ein gut___ Buch ist bestimmt besser!

B Change the predicate adjectives to attributive adjectives, adding the correct ending.

> **Beispiel:** Das Fernsehprogramm ist langweilig.
> ▶ Es ist ein langweiliges Fernsehprogramm.

1. Bei Filmen ist unser Geschmack gleich. Wir haben . . .
2. Die Musik, die meine Eltern hören, ist immer klassisch. Meine Eltern hören . . .
3. Unsere Meinungen sind aber verschieden. Wir haben . . .
4. Viele Studenten haben interessante Hobbies. Die Hobbies . . .
5. Mein Lieblingsautor ist verständlich. Er ist ein . . .
6. Deine Pläne fürs Leben sind sehr naiv. Sie sind . . .

C Beschreiben Sie Ihre Freizeitbeschäftigungen in vier Sätzen. Benutzen Sie deklinierte Adjektive aus der folgenden Liste:

> **Beispiel:** Nach einem arbeitsreichen Tag sehe ich gern fern.

arbeitsreich	fleißig	müde
eilig	körperlich	schwach
faul	lebhaft	stark

D Setzen Sie die richtigen Endungen ein.

Außer Faulenzen und Schlafen gibt es viel___ ander___ Feierabend-„Aktivitäten." Heutzutage haben die meist___ Menschen mehr Freizeit als früher, aber viel___ wissen nicht, welch___ kreativ___ Möglichkeiten es gibt. Leider gibt es in manch___ Familien keine interessant___ Gespräche, sondern man sieht nur langweilig___ Fernsehprogramme an. Wieviele inaktiv___ und passiv___ Menschen kennen Sie? Die groß___ Gefahr des unkritisch___ Lebens vor der „Röhre" kennen wir alle. Können Sie einen ganz___ lang___ Abend mit gut___ Gewissen faulenzen? Vermeiden Sie das unerträglich___ Erlebnis eines monoton___ Sonntags. Treffen Sie all___ wichtig___ Entscheidungen gemeinsam mit Ihrem Partner und Ihrer Familie?

E A friend gives you advice on what you should or should not do. You respond by saying you have already done some, many, or all of the suggested things.

   Beispiel: Du sollst unbedingt neue Kleider kaufen.

   ▶   Ich habe schon viele neue Kleider gekauft.

1. Du mußt dieses neue Buch von Böll kaufen. Ich habe schon alle . . .
2. Kauf dir bloß keine klassischen Schallplatten! Ich habe schon mehrere . . .
3. Du mußt dir meine Beatles-Platten anhören. Ich habe mir schon alle . . .
4. Komm mit in das italienische Restaurant! Ich kenne selber einige . . .
5. Gehen wir ins Kino, da läuft ein neuer Film! Ich habe schon alle . . .

II Extended-Adjective Construction in Formal Writing

Extended adjectives (**erweiterte Adjektive**) are a characteristic feature of German and are often found in technical and academic writing. An extended adjective is formed when an attributive adjective, often a present or past participle, is expanded by other adverbs, objects, or prepositional phrases. A thought that could otherwise be expressed as a relative clause is compressed into an adjective construction. Following are examples of how such an extended adjective is constructed.

eine **aufblühende** Stadt	*a **flourishing** city*
eine **wieder aufblühende** Stadt	*a **once-again-flourishing** city*
eine **nach Kriegsende wieder aufblühende** Stadt	*An **after-the-war-once-again-flourishing** city*

This idea can be expressed as a relative clause:

eine Stadt, **die nach Kriegsende wieder aufblüht**	*a city **that is flourishing again after the end of the war***

Here is another example of an extended adjective and the corresponding relative clause.

die **erbaute** Philharmonie

die **neu erbaute** Philharmonie

die **nach dem Krieg neu erbaute** Philharmonie

die **von dem Architekten Hans Scharoun nach dem Krieg neu erbaute** Philharmonie	*the Philharmonie, which was rebuilt after the war by the architect Hans Scharoun . . .*

This extended adjective construction is often a stumbling block to reading German prose. Watch out for any **der-** or **ein-** word that is not immediately followed by an adjective or noun. Go forward from the **der-** or **ein-**word until you find the matching noun (which may be the second or third noun you encounter) and then read backward from that noun to comprehend the intervening adjectival phrase.

▸ Übungen

 Underline the **der-** or **ein-** word and its matching noun. Rewrite each sentence, using a relative clause instead of an extended adjective phrase.

1. Das jährlich im Oktober in München stattfindende Oktoberfest zieht viele Besucher aus aller Welt an.
2. Gestern abend fand auf dem von vielen Leuten als „Marktplatz" bezeichneten Platz eine Zirkusvorführung statt.
3. Mein durch sein „Freizeit-Profil" bekannt gewordener Partner (bzw. meine . . . Partnerin) macht jährlich eine mehrwöchige, durch einige Länder führende Urlaubsreise.

4. Die von den Eltern als faul und unproduktiv bezeichneten Freizeitbeschäftigungen wurden fast alle verboten.

B Bilden Sie statt des Relativsatzes einen Satz mit erweitertem Adjektiv.

   Beispiel: Die Städte, die am Rhein liegen, sind schön.
   ▶ Die am Rhein liegenden Städte sind schön.

1. Menschen, die Sport und Spiele lieben, sind aktiv.
2. Manche Studenten, die den Samstag verschlafen, sind fleißig.
3. Unser Professor, der oft Bier trinkt, ist ein intelligenter Mann.
4. Frauen, die schöne Kleider tragen, sind nicht immer reich.
5. Die Menschen, die die Freiheit lieben, wollen keine Mauern.
6. Es gibt viele deutsche Städte, die in den USA bekannt sind, die nicht sehr groß sind.
7. Die Berliner Philharmoniker, die schon sehr alt sind, kennt jeder.

III Numerical Expressions, Telling Time, Dates

▶ Numerical Expressions

-mal

Cardinal numbers with the suffix **-mal** are adverbs and are not declined.

einmal (im Monat)	*once (a month)*
zweimal (in der Woche)	*twice (a week)*
dreimal (am Tage)	*three times (a day)*
Buchliebhaber und -hersteller kommen **einmal** im Jahr zusammen.	*Book lovers and publishers get together **once** a year.*

-ens

Adverbial forms used to enumerate things add **-ens** to the ordinal numbers.

erstens	*in the first place*
zweitens	*in the second place*
drittens	*in the third place*
Ich kann nicht mitkommen— **erstens** habe ich keine Zeit, und **zweitens** soll der Film auch nicht sehr gut sein.	*I can't come along—**in the first place,** I don't have any time, and in **the second place** the film isn't supposed to be very good.*

„Zweimal Erdbeer und Vanille, bitte!"

-zuerst

Note that **zuerst,** meaning *first of all,* or *at first,* does not appear in a series.

Er kam **zuerst** an.	*He was the **first** to arrive.*
Zuerst wollten wir fahren.	***At first** we wanted to drive.*

Fractions

Fractions are formed by adding **-el** to the stem of the ordinal numbers. They are neuter nouns.

ein Drittel	*one-third*
zwei Viertel	*two-quarters*
drei Fünftel	*three-fifths*

Half is expressed in two ways. The noun **die Hälfte** is used in most conversational situations to refer to half of a physical whole.

Gib mir **die Hälfte** von dem Kuchen.	*Give me **half** of that cake.*

Die **erste Hälfte** des Romans ist etwas langweilig.	*The **first half** of the novel is a bit boring.*

The lowercase **halb** is used in time expressions, in mathematical equations, as an adjective, and as an adverb.

Um **halb** eins gehe ich ins Museum.	*At **half** past twelve I'm going to the museum.*
Wie addiert man **ein halb** und ein Drittel (½ + ⅓)?	*How do you add **one half** and one third?*
Ich habe schon **das halbe** Buch gelesen.	*I already read **half** the book.*
Sie war schon **halb** eingeschlafen.	*She was **half** asleep.*

The derivatives **anderthalb** (*one and a half*), **zweieinhalb** (*two and a half*), **siebeneinhalb** (*seven and a half*), and so on are not declined.

je and *pro*

Je before numbers suggests an equal distribution of the items being counted.

Sie kauften **je vier** Bücher.	*They bought **four** books **each**.*

FESTIVALS IM SOMMER

BIZZARE FESTIVAL, 23. 6., mit: The Ramones, The The, Phillip Boa; Loreley-Freilichtbühne; Karten: im Vorverkauf 40 Mark plus Gebühren, Informationen: 02 28/ 36 10 13

SUMMER JAM FESTIVAL, 9. und 10. 7. Berlin, Tempodrom, 14. 7. Loreley-Freilichtbühne; 13. 7. Hamburg, Stadtpark; 15. und 16. 7. München, Circus Crone; voraussichtlich mit: Andrew Tosh, Manu Di Bango, Aswad; Karten: Contours

JÜBECK-FESTIVAL 1990, 8.6. bis 10. 6., mit ca. 40 Bands, unter anderem: Carlos Santana, Saga, New Model Army, Stray Cats, Mothers Finest; Karten: 60 Mark im Vorverkauf

REGGAE SUNPLASH 1990, 13. und 14. 7. Berlin, Sommergarten; 14. und 15. 7. Gemünden/Main bei Frankfurt; voraussichtlich mit: Mothers Finest, Bunny Wailer, Judy Mowatt, Rhythm Kings; Karten: 2 Tage 54 Mark

ROSKILDE FESTIVAL, 29. 6. bis 1. 7., traditionelles Rockspektakel in Roskilde, Dänemark

KAMEN-FESTIVAL, 2. 6., mit Udo Lindenberg, The Jeremy Days, Groove Juice Band, in Kamen; Karten: 20 Mark im Vorverkauf

COME TOGETHER X FESTIVAL, 15. und 16. 6., mit: Sonic Youth, Phillipp Boa, Dissidenten; in Xanten, Amphitheater des archäologischen Parks; Karten: im Vorverkauf 50 Mark plus Gebühren

bei „Bizzare Productions"

SOMMERFEST GERA, 7. 7., mit Karat, Pur, Frank Zander & Band, Spider Murphy Gang, Jürgen von der Lippe; in Gera, Platz der Thälmann-Pioniere; Karten: 12 Mark; weitere Informationen: Antenne Bayern

ESCHWEGE-FESTIVAL, 22. 6., mit Roger Chapman, Fury In The Slaughterhouse, Phillip Boa; in Eschwege, Werdchen; Karten: ca. 25 Mark

IN PLANUNG (noch keine Termine): „Monsters of Rock", Infos bei: Shooter Promotion, Frankfurt; „Open Air im Stadtpark", Infos bei: Carsten Jahnke, Hamburg; „Rock am Ring", Infos bei: Marek & Lieberberg, Frankfurt

Pro corresponds to *per* in English after measured amounts, where no definite article is used.

Sie bezahlte über zwanzig Mark **pro** Schallplatte.	*She paid more than twenty marks **per** record.*

Pro can often be omitted, especially with **Stück**.

Die Äpfel kosten eine Mark **das Stück.**	*The apples cost one mark **apiece**.*

Decades

To indicate decades, the ending **-er** is added to the cardinal numbers, and the resulting word is not declined.

Während der **sechziger** Jahre spielte die Kunst eine große Rolle.	*In the **sixties**, the arts played a large role.*

Decimals and Thousands

Commas are used in German where a decimal point occurs in English; a period or space is used with numbers in German (starting with 10.000) where a comma occurs in English.

Die Bevölkerung der Stadt ist **1,5 Millionen.**	*The population of the city is **1.5 million**.*
Die Bevölkerung der Stadt ist **1 500 000 (1.500.000).**	*The population of the city is 1,500,000.*

▶ Telling Time

There are several different ways to ask what time it is.

Wieviel Uhr ist es?	*What time is it?*
Wie spät ist es?	*How late is it?*
Wieviel Uhr haben Sie?	*What time do you have?*
Es ist halb eins.	*It is twelve-thirty.*
Ich habe zwei Uhr.	*I have two o'clock.*

Official time is always given on a 24-hour basis.

drei (Uhr)
drei Uhr nachmittags
fünfzehn Uhr
Punkt drei (Uhr)

Viertel nach drei
drei Uhr fünfzehn
fünfzehn Uhr fünfzehn

halb vier
drei Uhr dreißig
fünfzehn Uhr dreißig

Viertel vor vier
dreiviertel vier
drei Uhr fünfundvierzig
fünfzehn Uhr
  fünfundvierzig

fünf (Minuten) nach drei
drei Uhr fünf
fünfzehn Uhr fünf

fünf (Minuten) vor drei
zwei Uhr fünfundfünfzig
vierzehn Uhr fünfundfünfzig

Two especially useful words for telling time are **gegen** (*around*) and **pünktlich** (*exactly*).

Sie kommt **gegen** acht Uhr.   *She's coming at **around** eight o'clock.*

Bitte sei **pünktlich** um elf Uhr hier.   *Please be here at **exactly** eleven o'clock.*

▶ Dates

Welcher Tag ist heute?
Welchen Tag haben wir heute?   *What's the date today?*

Der wievielte ist heute?
Den wievielten haben wir heute?
Welches Datum haben wir heute?   *What is the date today? What is today's date?*

Heute ist Montag.	*Today is Monday.*
Heute ist der sechzehnte April.	*Today is April 16th.*
Wir kommen am Montag.	*We're coming on Monday.*
Wir kommen am sechzehnten April.	*We're coming on April 16th.*

Dates on Letterheads and in Documents

In written dates, the day always precedes the month. Sometimes the masculine accusative definite article (**den**) is used. A period denotes the ordinal number (for example, the *16th* of April).

(den) 16. April 1984; (den) 16.4.1984

Years are stated in cardinal numbers, sometimes with the expression **im Jahr.** When the year is written out in words, the word **hundert** must be included.

(im Jahr) neunzehn**hundert**vierundachtzig

A shorter form may be used for specific year dates.

Sie war **neunundachtzig** in Köln.	*She was in Cologne in '89.*

▸ Übungen

A Wieviel Uhr ist es? Geben Sie jeweils alle Möglichkeiten.

1. 4:00	4. 2:45	7. 14:25
2. 2:15	5. 8:55	8. 9:40
3. 1:30	6. 7:05	9. 23:10

B Stellen Sie Ihrem Partner oder Ihrer Partnerin die folgenden Fragen.

1. Um wieviel Uhr stehst du morgens auf?
2. Um wieviel Uhr gehst du normalerweise zur Arbeit oder zur Universität?
3. Wann ist dein Geburtstag?
4. An welchem Tag gehst du gewöhnlich ins Kino?
5. Wann ist deine nächste Vorlesung?

C Write out your daily schedule and the times of each activity.

D With a partner, pretend you are in a travel agency planning a trip and you want to get some information about the train schedule. A third student plays the travel agent. He or she asks: Where do you want to go? For how many days? Do you want to make stopovers on the way? What kind of train accommodations do you prefer?

  The travelers want to know: How long is the train trip? How many stops? What do the tickets cost? When do we depart / arrive? How early do we have to be at the station? The words and phrases listed at right will help.

Möchtest du ein Bier
haben?

Von . . . nach   Raucher / Nichtraucher
am . . .   am . . .
der Aufenthalt   die Abfahrt / die Ankunft
die Fahrkarte, -n   abfahren / ankommen
erste / zweite Klasse   der Schlafwagen, -
                        der Speisewagen, -

◄ ⟨⟨⟩⟨⟩⟨⟩⟨⟩⟨⟩⟨⟩⟨⟩⟨⟩⟨⟩⟨⟩⟨⟩⟩ ►

Jetzt sind Sie an der Reihe!

▸ **Übungen**

A Wortspiele mit Adjektiven. Arbeiten Sie in kleinen Gruppen. Das Spiel heißt „Ich sehe etwas, was du nicht siehst. Es ist ein [Adjektiv] Ding." Ein Punkt pro Adjektiv. Wer gewinnt die meisten Punkte? Denken Sie daran: es müssen viele Adjektive verwendet werden. Ein Spieler fängt an:

Beispiel: „Ich sehe ein grünes, großes, flaches, mit Buchstaben be- schriebenes Ding."

▸ Antwort: Die Tafel.

B Partnerspiel. Sie wollen Ihren / Ihre Partner / -in für heute abend einladen. Sie müssen ihm / ihr erklären, was Ihre liebste Freizeitbeschäftigung ist, und warum. Vielleicht können Sie Ihren / Ihre Partner / -in nicht überzeugen.

Beispiel: Frage: Gehst du gern ins Kino?

▸ Antwort: Manchmal, wenn es ein guter Film ist.

Frage: Heute abend um 20 Uhr wird ein alter Film gezeigt, „Vom Winde verweht". Möchtest du ihn mit mir sehen?

▸ Antwort: Vielleicht. Warum findest du ihn gut?

C Geben Sie einige interessante Daten und Statistiken aus Ihrem Leben.

Beispiel: Am 28. Juli 1985, gegen 19 Uhr, bin ich zum ersten Mal in meinem Leben in Paris angekommen. Ich habe zwei Brüder und eine Schwester. Meine Brüder sind fünfzehn und neun- zehn Jahre alt; meine Schwester ist zweiundzwanzig.

D Fill in the blanks!

Was hat mir schon früher Spaß gemacht?	Was würde ich am liebsten tun?
_____	_____
_____	_____
_____	_____
_____	_____

Was wollte ich schon immer einmal machen?	Wie kann ich das verwirklichen?
_____	_____
_____	_____
_____	_____
_____	_____
_____	_____

E Write a paragraph about what you would like to do in your free time that you have not been able to do. Why? Or, write a paragraph about what you never want to do. Why?

F Write a letter to the Austrian, German, or Swiss consulate, asking for information on resorts, tourist sights, special events, and so on.

9
Lebensstil
...
Das Leben in der Großstadt, das Leben auf dem Land

◀ ⫸⫷⫸⫷⫸⫷⫸⫷⫸⫷⫸⫷ ▶

Jetzt fangen wir an!

▶ **Einführungsübungen**

A Describe the environment where you grew up: a town, a big city, or the country? What was the neighborhood like? Can you tell an anecdote that shows the character of the surroundings? (Consult the chapter vocabulary.)

B Describe your reactions to the largest city you have ever seen. How old were you when you went there? Why did you go? What was your first impression? What do you remember best?

DIE ACHT GRÖßTEN STÄDTE DER USA:

New York	Houston	Dallas
Los Angeles	Philadelphia	Phoenix
Chicago	San Diego	

DIE ACHT GRÖßTEN STÄDTE DER WELT:

Schanghai	Peking	Bombay
Tokio	London	Seoul
New York	Moskau	

C The reading selections on pages 221–224 are an exchange of letters between two friends, one living in the city and one in the country. Skim over it without looking up words. Then list each writer's major complaints as you see them:

INGRID MIßFÄLLT AN DEM DORF:
1.
2.
3.
4.

ANGELIKA MIßFÄLLT AN DER GROSSTADT:
1.
2.
3.
4.

D Wer tut was? Ergänzen Sie die folgenden Sätze mit Wörtern von der Liste.

sich erholen	Abfalleimer leeren	Türen versperren
auffallen	muhen	sich auslaufen
klatschen	das Haus übernehmen	
krähen		

1. Die Abfallmänner _____ .
2. Die Nachbarn im Dorf _____ .
3. Terroristen, die sich nicht verstecken, _____ .
4. Hähne am Morgen _____ .

5. Menschen in der Großstadt ____ .
6. Leute, die in Urlaub fahren, ____ .
7. Kühe auf der Wiese ____ .
8. Mäuse, die von keiner Katze gejagt werden, ____ .
9. Kinder auf dem Land ____ .

E Imagine yourself living in each of the settings shown in the photos at the beginning of the chapter. Describe your home there and the life you might lead. Use the chapter vocabulary.

F Using nouns, verbs, and adjectives from the chapter vocabulary and those you already know, describe either **das Dorf** or **die Stadt,** creating an impressionistic poem like the one below.

> **Beispiel:** ein Auto (*noun*)
>
> ▶ ein schöner Wagen (*adjective describing synonymous noun*)
> kaufen, besitzen, fahren (*verbs relating to noun*)
> teuer, schnell, herrlich (*adjectives expressing own feelings about noun*)
> ein Automobil (*another noun with similar meaning*)

◀ ▌▌▌▌▌▌▌▌▌▌▌▌▌ ▶

Kapitelwortschatz

Nomen

das Angebot, -e offer
der Aufzug, ⁻e elevator
der Beton concrete
der Bettler, - beggar
die Bevölkerung, -en population
das Dorf, ⁻er village
der Drogenhändler, - drug dealer
der Gestank smell, stench
der Hahn, ⁻e rooster
die Hupe, -n car horn
der Krach noise
die Lärmschutzmauer, -n noise barrier
die Metropole, -n metropolis

der Stock (das Stockwerk, -e) story (*of a building*), floor
der Verkehrslärm traffic noise

Verben

▶ **auf•fallen** to be conspicuous, noticeable
▶ **sich aus•laufen** to have a good run, a good exercise session
bewohnen to live in, inhabit
sich erholen to recover, recuperate, rest up
erleben to experience
erreichen to reach, attain

klatschen to gossip
krähen to crow
leeren to empty
muhen to moo
▸**nehmen** to take
  ab•nehmen to lose weight
  sich (*Akk.*) benehmen to behave
  entnehmen (+ *Dat.*) to infer, gather, understand
  übernehmen to take over
  unternehmen to undertake; to do
  vernehmen to hear (*a soft noise*)
  sich (*Dat.*) etwas (*Akk.*) vor•nehmen to plan to do something
  zu•nehmen to gain weight
  zurück•nehmen to take back

Adjektive, Adverbien usw.

anonym anonymous
beschäftigt busy
dagegen in contrast
dennoch nevertheless
entzückt delighted
herrlich lovely, marvelous
himmlisch heavenly
hingegen on the other hand
idyllisch idyllic
ländlich rural, rustic
mühsam difficult, laborious
prächtig splendid, magnificent
schlammig muddy
selbstverständlich of course
unumgänglich unavoidable
verlockend tempting
vorwiegend primarily
währenddessen during which
wahrhaft truly

Ausdrücke und Redewendungen

ich wäre früher dazu gekommen I would have gotten around to it sooner
ich habe / hätte einen Vorschlag / eine Bitte I would like to make a suggestion / request (*subjunctive emphasizes politeness*)
etwas ist zum Verrücktwerden something is enough to drive you crazy
jeder erfährt etwas everybody hears about something
etwas geht einem auf die Nerven something gets on one's nerves
laß mich wissen, was du davon hältst let me know what you think about it
wie wär's? how about it?
jemand hängt herum someone hangs out, hangs around
man kann nicht einmal . . . one can't even . . .
jemand ist gut aufgehoben someone is (in) safe (keeping)
erst recht more than ever, really
jemand läßt einem anderen etwas aus•richten someone sends someone else a message

Wohnungstausch

Hofstetten, den 4. Mai 1990

Liebe Angelika!

Ich wäre früher zum Schreiben gekommen, war aber einfach zu beschäftigt. Heute habe ich etwas Besonderes, was ich Dir,[1] Klaus und den Kindern vorschlagen möchte. Wie wäre es, wenn wir in den kommenden Sommerferien für einige Wochen unsere Wohnungen tauschen würden? Ihr könntet hier das alte Bauernhaus bewohnen, es ist angenehm kühl, die Gegend ist menschenleer, und die Luft ist sauber. Die Kinder hätten Gelegenheit, etwas von der *agriculture* Landwirtschaft° zu sehen und sich im Grünen auszulaufen, was in Eurer Groß-stadt[2] hingegen nicht möglich ist.

Umgekehrt wäre ich dankbar, wenn ich ein paar Wochen Eure Stadtwohnung benutzen könnte. Ich könnte mich eine Weile lang vom Dorfleben etwas erholen. Kannst Du Dir vorstellen, wie es wäre, für jeden Bibliotheksbesuch 40 Minuten mit dem Zug zu fahren? Oder, wie hier im Dorf[3] unumgänglich, für jeden größeren Lebensmitteleinkauf 10 Kilometer in die Kleinstadt zu fahren? Wie gefiele es Dir, jeden Morgen um vier Uhr von krähenden Hähnen geweckt zu werden!? Und das Muhen der Kühe jeden Abend — das ist zum Verrücktwerden. Unser Nachbar hat sich bei der Polizei beschwert, daß ihn das Muhen störe, dort sagte man ihm aber, das gelte nicht als „Geräuschbelä-*disturbing the peace* stigung".° Das Leben auf dem Lande! Ich habe genug davon.

Wie herrlich wäre es dagegen, zu Fuß in der Großstadt alles erreichen zu können: Buchläden, Bibliotheken, Theater- und Konzertabende, Museen, Supermärkte, interessante Menschen! Etwas erleben! Und die Anonymität! Es wäre himmlisch, nicht von jedem gleich erkannt zu werden, einfach durch die Straßen zu gehen, ohne dauernd bekannte Gesichter zu sehen. Du würdest nicht glauben, wie man hier klatscht — man kann nicht den eigenen Ab-*garbage can* falleimer° leeren, ohne daß das ganze Dorf es sofort erfährt. Ihr hättet es aber schön hier, denn diese Sachen fangen erst nach einem Jahr oder so an, einem auf die Nerven zu gehen. Es täte Euch gut, mal aus der Stadt herauszukommen. Also laß mich wissen, was Du davon hältst. Wie wär's mit der zweiten Juniwoche? Ich erwarte Deine Antwort und bleibe

Deine Ingrid

München, den 7. Mai 1990

Liebe Ingrid!

Hab herzlichen Dank für Deinen Brief mit dem lieben Angebot, die Sommerferien in Deiner schönen ländlichen Umgebung zu verbringen. Selbstverständlich könntest Du währenddessen unsere Wohnung hier bewohnen; ich
wünschte, Du kämest öfter hierher! Ich sehe, das Dorfleben ist Dir etwas
mühsam geworden. Oh ja, hier wirst Du schon viel erleben! Nicht nur Buchläden, Theater und interessante Menschen: Bettler und Obdachlose,° die auf
den Straßen schlafen, Jugendbanden° (nennen sich „Punks" und hängen vorwiegend in der Innenstadt herum), Drogenhändler, Ganoven° und vieles mehr.
Dennoch, es würde Dir guttun, wieder einmal in der Metropole zu sein. Klaus
sagt, er könne sich nichts Verlockenderes vorstellen als ein paar Wochen Ferien auf dem Land. Wenn Du es wirklich möchtest, machen wir es! Wie herrlich wäre es, nicht jeden Morgen den Gestank von Auspuffgasen° zu riechen,
den Krach von Motoren und Hupen zu hören! Das ist allerdings nicht mehr so
schlimm, denn durch eine Bürgerinitiative⁴ haben wir hier erreicht, daß eine
Lärmschutzmauer zwischen uns und der Autobahn gebaut wurde. Trotzdem, wie prächtig wäre es für die Kinder, Kühe und Schafe zu sehen, statt nur
Asphalt, Beton und Parkplätze! Dort könnten wir wirklich in Ruhe schlafen,
wandern, uns erholen. Kämen wir nur etwas früher hier los — was hieltest Du
von Anfang Juni? Du wirst es hier leider ziemlich einsam haben, trotz der
dichten Bevölkerung. Ich kann Dir nicht einmal freundliche Nachbarn vorstellen — obwohl wir seit drei Jahren hier sind, und allein unser Wohnhaus 350
Wohnungen hat, kenne ich fast niemand — nur zum Grüßen, aber sonst
nicht. Man lebt hier eben sehr anonym, Du kannst jahrelang in einem solchen
Haus leben, ohne die anderen Hausbewohner überhaupt kennenzulernen. Du
weißt, daß auch gerade Terroristen und andere, die nicht auffallen wollen, in
solchen Häusern gut aufgehoben sind.⁵ Ich vermisse schon die Kleinstadt,⁶
wo man wirklich anderen Menschen trauen könnte. Ich kann mir vorstellen,
daß man in Deinem Dorf, wie Du schreibst, erst recht die anderen kennt — nur
zu gut! Laß Dir aber die Nachbarn nicht auf die Nerven gehen.

Ich hätte wirklich Lust, weiterzuschreiben, habe aber leider keine Zeit
mehr. Muß Antje aus der Schule holen, unser Aufzug ist auch kaputt, und im
10. Stock⁷ weißt Du, was das bedeutet. Klaus und die Kinder lassen Dich grüs-
sen und Dir ausrichten, sie seien über die Ferienpläne ganz entzückt. Bis zum
nächsten Mal,

Deine Angelika

homeless people

gangs

crooks

exhaust fumes

„Ich wäre früher zum Schreiben gekommen, war aber einfach zu beschäftigt.“

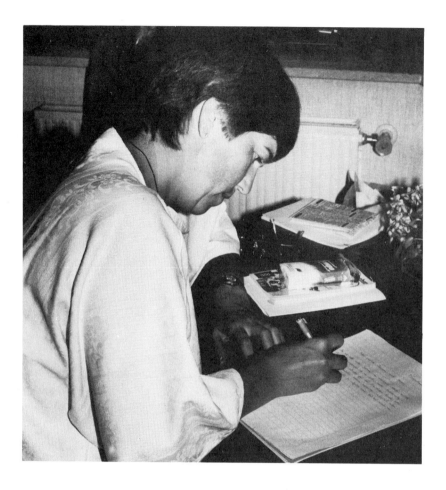

München, den 15. Juni 1990

Liebe Angelika!

Sei gegrüßt aus der wunderbaren Großstadt! Ich laufe täglich durch die Geschäfte und Museen und genieße jede Minute. Könnt Ihr trotz der schlammigen Wege und des Gestanks von Kuhmist° die Umgebung dort etwas genießen? Ich hoffe es! Bitte denkt daran, nachts die Katze drinnen zu lassen, sonst übernehmen die Mäuse das ganze Haus. Grüße und bis bald!

manure

Deine Ingrid

Hofstetten, 16. Juni 1990

Liebe Ingrid!

Herzliche Grüße aus Deinem herrlichen Dorf! Es ist wahrhaft idyllisch hier. Hoffentlich geht es Dir auch gut in der heißen Stadt! Kannst Du trotz Verkehrslärm und Luftverschmutzung die Bibliotheken und Läden genießen? Die Nachbarn hier haben alle nach Dir gefragt. Denk bitte daran, nachts die Türen und Fenster zu versperren! Bis bald und viel Spaß,

Deine Angelika

. . .

Übrigens . . .

1. In correspondence, all personal pronouns and possessive adjectives in the second person are capitalized.

2. Cities with a population of 100,000 or more are officially designated **Großstädte.** Germany has ca. 80: the fourteen largest (over 500,000) are Berlin, Hamburg, München, Köln, Essen, Frankfurt, Dortmund, Düsseldorf, Stuttgart, Duisburg, Bremen, Hannover, Leipzig, and Dresden.

3. A community of 5,000 or fewer inhabitants.

4. Citizen's petition. This is a tactic frequently used by German communities to improve their surroundings or to prevent the destruction of their neighborhoods by governmental or industrial projects. **Bürgerinitiativen** have been influential in the planning of airport runways, new traffic systems, and so on.

5. Big anonymous housing projects came under attack particularly in the late 1970s as the wave of terrorism peaked. It became evident that terrorists deliberately settled in such complexes in order to remain unnoticed. During the search for members of the Baader-Meinhof group, films were shown on West German television warning residents of such housing blocks to be on the alert.

6. A community of more than 5,000 but fewer than 50,000 inhabitants. Many people feel that the **Kleinstadt** combines the good features of both the country and the city, while avoiding many of their drawbacks.

7. The tenth floor, which in the United States would be the eleventh. In Germany, the ground floor is called the **Parterre** or **Erdgeschoß,** and the first floor (**erster Stock**) is what Americans call the second story, and so on.

◄ ⅠⅤ/ⅠⅠⅤ/ⅠⅠⅡⅤ/ⅠⅠⅤ/ⅠⅠⅤ/ⅠⅠⅦ ►

Wortschatz im Kontext

▶ Übungen

A Nachdem Sie den Text noch einmal sorgfältig gelesen haben, beschreiben Sie in Ihren eigenen Worten:

1. die positiven Aspekte einer Großstadt.
2. die positiven Aspekte von Dörfern und Kleinstädten.
3. die negativen Aspekte von Dörfern und Kleinstädten.
4. die negativen Aspekte von Großstädten.

Freuden des Stadtlebens.

B Fragen Sie Ihren / Ihre Lehrer / -in, ob er / sie lieber in einer großen oder kleinen Stadt oder einem Dorf leben möchte. In welcher Stadt, in welchem Dorf usw. Jeder Student benutzt den Kapitelwortschatz um (a) eine Frage über die Vor- oder Nachteile der Wahl des Lehrers oder der Lehrerin und (b) ein Gegenargument zu formulieren. Schreiben Sie anschließend in fünf oder sechs Sätzen ein „Wohnort-Wunsch-Profil" der Lehrerin oder des Lehrers.

C Rollenspiel. Die Klasse teilt sich in Gruppen von jeweils drei Studenten auf. In jeder Gruppe spielt jemand die Rolle (a) eines Dorfbewohners, (b) eines Kleinstadtbewohners, (c) eines Großstadtbewohners. Jede(r) versucht, die anderen davon zu überzeugen, daß seine / ihre Umgebung die beste ist.

◄ ░▓░▓░▓░▓░▓░▓░▓ ►

Was kann man dazu sagen?

Wie findet man seinen Weg durch eine unbekannte Großstadt? Auch wenn man einen Stadtplan kauft, muß man manchmal fragen.

Entschuldigung, können Sie mir bitte helfen?

Ich suche . . .
- **. . . den Bahnhof.**
- **. . . das Stadtmuseum.**
- **. . . die Bus- / Straßenbahnhaltestelle.**
- **. . . den Weg zur Innenstadt.**
- **. . . die Auskunft.**
- **. . . ein WC.**

Ja, da kann ich Ihnen helfen.

Gehen Sie geradeaus—zwei Straßen weiter! Go straight ahead, two blocks down.

Es ist da vorne links an der Ecke! It's over there to the left, at the corner.

Gehen Sie hier nach rechts, dann 300 Meter geradeaus! Turn right here, then go straight ahead for 300 meters.

Folgen Sie dieser Straße, immer geradeaus! Follow this street, always straight ahead.

Gehen Sie eine Ecke weiter, dann ist es auf der linken Straßenseite, gegenüber dem Bahnhof! Go to the next corner, then it's on the left side of the street, across from the train station.

Es ist die erste Tür links! It's the first door to the left.

Und wie deutet man höflich an, daß man die Toilette sucht?

SEHR HÖFLICH
Ich möchte mir die Hände waschen.   Wo ist bitte die Toilette / das WC?

AUCH ÜBLICH
Ich muß kurz verschwinden (*disappear*).

FAMILIAR
Ich muß aufs Klo.
Ich muß mal.
(*Toilette* ist höflich; *das Klo* ist Umgangssprache.)

Oder Sie suchen einfach die Schilder. Eine Tür mit zwei Nullen ist (fast) immer eine Toilette!

Wie grüßt man?

In der Großstadt grüßt man nicht jeden, es sind dazu zu viele Menschen. In der Kleinstadt und auf dem Dorf aber gilt es als höflich, jeden zu grüßen. Dazu gibt's verschiedene Möglichkeiten.

WENN MAN SICH NICHT SEHR GUT KENNT:
Guten Tag, Frau Schöndorff!
Guten Abend, Herr Blum!
Grüß Gott! (*im Süden*)

WENN MAN SICH BESSER KENNT:
Grüß dich, Dieter!

WENN MAN AUCH ETWAS NETTES SAGEN MÖCHTE:
Schönes Wetter heute, nicht wahr?
Schreckliches Wetter, nicht?   (— — — , "isn't it?")
Morgen soll's regnen, stimmt's?

▶ Übungen

A Drawing on the following list of small talk or using your own ideas, put together a six-line dialogue between two people who run into each other on the street.

Guten Tag Dieter / Petra!
Grüß Gott!
Schönes Wetter, nicht wahr?
Soll es heute regnen?
Wie geht's, wie steht's?
Was gibt es Neues?
Ach, nicht viel.

Davon weiß ich nichts.
Wie geht's dir?
Recht gut, danke!
Wo geht's zur Bibliothek (zum
   Bahnhof usw.)?
Ich weiß es leider nicht.
Danke, tschüß!
Auf Wiedersehen, bis morgen!

B Look at the map. You are standing at point X and have stopped a passerby to ask directions. Ask your way to the library, the museum, the park, the train station, either one of the bus stops, and the café. A classmate should give you as exact directions as possible.

◄ ‖‖‖‖‖‖‖‖‖‖‖‖‖ ►

Grammatik

I The Unreal Subjunctive: Subjunctive for Unreal Conditions, Requests, and Wishes

The subjunctive is a mood like the indicative and the imperative. The indicative mood is used when the speaker is giving facts. The imperative is used to give commands. The unreal subjunctive is used to express hypothetical conditions, requests, and wishes. In German the unreal subjunctive (**irrealer Konjunktiv**) is called **Konjunktiv II** (*subjunctive II*) because its forms are based on the second principal part of the verb, the simple past. The unreal subjunctive has only two tenses, present and past.

▶ Present Unreal Subjunctive

Regular Weak Verbs

The present unreal subjunctive is formed by adding the subjunctive personal endings to the stem of the first person form of the past indicative. In fact, for regular weak verbs, the past indicative and the unreal subjunctive are identical. Note that all the subjunctive personal endings contain the letter "e."

Person	Singular	Plural
1st	fragt **-e**	fragt **-en**
2nd	fragt **-est**	fragt **-et**
3rd	fragt **-e**	fragt **-en**
2nd formal	fragt **-en**	

Strong Verbs and Irregular Weak Verbs

The vowel in the second principal part of strong and irregular weak verbs is umlauted in the unreal subjunctive whenever possible—that is, when the past indicative has **a, o,** or **u.**

Simple Past Indicative		Present Unreal Subjunctive
ich durfte	→	ich dürfte
du fuhrst	→	du führest
sie brachte	→	sie brächte
er sang	→	er sänge
ihr hattet	→	ihr hättet
sie waren	→	sie wären
Sie wußten	→	Sie wüßten

For strong verbs that have no umlaut on the vowel of the past stem, the present unreal subjunctive forms of the first and third person plural and of the second person formal are identical with the simple past indicative.

Simple Past Indicative		Present Unreal Subjunctive
wir fielen	→	wir fielen
sie fielen	→	sie fielen
Sie fielen	→	Sie fielen

sollen and *wollen*

The modals **sollen** and **wollen** do not take an umlaut; therefore, their forms for the present unreal subjunctive and the simple past indicative are identical.

Simple Past Indicative		Present Unreal Subjunctive
er sollte	→	er sollte
ihr wolltet	→	ihr wolltet

Unreal Subjunctive Formed with *werden*

Frequently the present unreal subjunctive of **werden** plus the infinitive of the main verb is used as an alternate form for the present unreal subjunctive.

ich **fiele**
ich **würde fallen**
⎱ *I would fall*

du **führest**
du **würdest fahren**
⎱ *you would drive*

sie **brächte**
sie **würde bringen**
⎱ *she would bring*

ihr **wüßtet**
ihr **würdet wissen**
⎱ *you would know*

The **würde** + *infinitive* construction is most often used to avoid ambiguity when the forms of the simple past indicative and the present unreal subjunctive are identical—that is, in all weak verbs and in strong verbs that do not take an umlaut on the vowel of the past stem.

wir fielen → wir würden fallen
er rauchte → er würde rauchen
sie gingen → sie würden gehen

▸ Past Unreal Subjunctive

The past unreal subjunctive is constructed with the present unreal subjunctive forms of the auxiliaries **haben** or **sein,** plus the past participle of the main verb.

Past Unreal Subjunctive

ich	hätte gesehen	wäre gefahren
du	hättest gehabt	wärest gefallen
er / sie / es	hätte gewußt	wäre gewesen
wir	hätten gesehen	wären gefahren
ihr	hättet gehabt	wäret gefallen
sie	hätten gewußt	wären gewesen
Sie	hätten gesehen	wären gefahren

Double Infinitive

A modal auxiliary used with another infinitive results in the double infinitive construction. The auxiliary (**hätte**) precedes the double infinitive.

es **hätte geschehen können**　　　　　　*it could have happened*

Passive Voice

The unreal subjunctive of the passive voice is formed by using the unreal subjunctive forms of the auxiliary **werden** plus the past participle of the main verb.

es **würde gebracht**	*it **would be brought***
wir **würden gefahren**	*we **would be driven***

▶ Uses of the Unreal Subjunctive

Unreal Conditions

Unreal conditions are often expressed in contrary-to-fact statements, consisting of a condition introduced by the subordinating conjunction **wenn** and a conclusion. Thus, the "condition" clause is a subordinate clause, and the "conclusion" clause is a main or an independent clause.

Wenn wir einige Wochen auf dem Lande **wohnen könnten** (*condition*), **wäre ich** glücklich (*conclusion*).

***If we could live** in the country for a few weeks, **I would be** happy.*

The **würde** + *infinitive* construction is rarely used in the **wenn**-clause. Either the condition or the conclusion may come first:

Ich **würde** öfter **hingehen, wenn** es nicht so weit zur Bibliothek **wäre.**

Wenn es nicht so weit zur Bibliothek **wäre, würde** ich öfter **hingehen.**

Wenn es nicht so weit zur Bibliothek **wäre, ginge** ich öfter **hin.**

Ich **ginge** öfter **hin, wenn** es nicht so weit zur Bibliothek **wäre.**

***If it weren't** so far, I **would go** to the library more often.*

In contrary-to-fact sentences, the conjunction **wenn** may be omitted and the verb placed at the beginning of the clause. In such sentences the conclusion is frequently introduced by **dann** or **so.**

Wäre es nicht so weit zur Bibliothek, **dann ginge** ich öfter hin.
Ginge ich öfter zur Bibliothek, **so würde** ich mehr lernen.

The use of subjunctive softens the tone of a request or a demand.

Möchten Sie dort wohnen?

Polite Requests

Könntest du bitte meinen Brief bald **beantworten!**	*Could you* please **answer** my letter soon.
Würdest du bitte meinen Brief bald **beantworten!**	*Would you* please **answer** my letter soon.

Note that with polite requests, the **würde** + *infinitive* construction must be used with all verbs except for the modals and **haben** and **sein.**

Wishful Thinking

The wish may be introduced by an unreal subjunctive form of **wünschen** (*to wish*), by **wenn,** or by the verb itself. **Doch** or **doch nur** emphasizes a wish.

Ich wünschte, du kämest öfter hierher!	*I wish you came* here more often.
Wenn du doch öfter hierher **kämest!**	*If you'd* only **come** here more often.
Kämest du doch nur öfter hierher!	*If* only *you came* more often.

als ob

The unreal subjunctive is used in clauses introduced by **als ob** (*as if*).

Er sieht aus, **als ob** er glücklich **wäre.**	*He looks **as if** he **were** happy.*

The conjunction **als** may also be used without **ob.** In this case, the verb follows **als** directly.

Er sieht aus, **als wäre** er glücklich.

▶ **Übungen**

A   Bilden Sie den irrealen Konjunktiv; benutzen Sie eine **würde** + *Infinitiv* Konstruktion, wenn nötig.

> **Beispiel:**   Der Sommer kann herrlich sein, wenn wir auf dem Land wohnen. Angelika träumt: „Der Sommer könnte herrlich sein, wenn wir auf dem Land wohnten."

  1. Die Kinder haben Gelegenheit, etwas von der Landwirtschaft zu sehen.
  2. Ich kann mich eine Weile erholen.
  3. Es gefällt mir, das Leben auf dem Land zu beobachten.
  4. Wie herrlich ist es, über die Felder zu spazieren!
  5. Das Leben auf dem Land wird mir gut tun.
  6. Der Verkehr ist nicht so schlimm!
  7. Ich kann ganz in Ruhe schlafen.
  8. Wir tauschen während der Sommerferien unsere Wohnungen.
  9. Wenn das Wetter schön ist, gehe ich jeden Tag in den Park.
10. Ich bin auch froh, wenn ich jeden Abend ins Theater gehen kann.

B   Bilden Sie den irrealen Konjunktiv mit *würden,* um die folgenden Bitten auszudrücken. Sie haben eine / einen neue / neuen Zimmerkollegin / -kollegen, die / der recht viele Bitten, aber äußerst höflich, an Sie richtet.

> **Beispiel:**   Bitte, hilf mir!
> ▶   Würdest du mir bitte helfen!

  1. Erlaube es mir bitte, dein Auto zu benutzen!
  2. Laß mir bitte deine Bibliothekskarte hier!
  3. Und mach bitte tagsüber die Tür zu!
  4. Laß die Katze bitte nicht aus dem Haus!
  5. Sag bitte „ja"!
  6. Gib mir bitte das Buch!
  7. Fahre mich bitte in die Stadt!
  8. Bring mich bis zur Ecke!
  9. Leere bitte den Abfalleimer!
10. Rede bitte mit dem Nachbarn!

C In German, you often use the subjunctive to add politeness and to tone down statements that might sound too harsh in the indicative. Put this lecture by a mother to her son / daughter into the subjunctive and see whether you can sense the difference in tone.

Ich will dir etwas sagen. Es scheint mir, daß du in letzter Zeit etwas faul bist. Ich sehe das jedenfalls so. Du kannst doch hin und wieder aufräumen! Du kannst viel mehr in der Schule leisten! Ich mag das nicht mehr länger mitansehen. Du wirst uns allen einen Gefallen tun, wenn du dich endlich etwas besserst! Du mußt früher nach Hause kommen und mehr mitmachen! Kannst du das überhaupt? Oder ist es dir zu viel Mühe? Wenn du mich jetzt verstanden hast, dann freue ich mich wirklich.

D Express eight wishes using **wünschen, wenn,** and **doch / doch nur.**

  Beispiel: Wenn ich doch nur mehr Zeit hätte!

E Was würden Sie machen? Beschreiben Sie mit „an seiner / ihrer Stelle" plus Konjunktiv, ob Sie ähnlich oder anders handeln würden.

  Beispiel: Meine Mutter steigt immer die Treppe hinauf, sie fährt nie mit dem Aufzug.

  ▶ An ihrer Stelle würde ich mit dem Aufzug fahren.

  1. Mein Vater gibt den Bettlern nie etwas.
     An seiner Stelle . . .
  2. Du genießt dein Leben da im Dorf überhaupt nicht.
     An deiner Stelle . . .
  3. Deine Füße sind ganz schlammig!
     An deiner Stelle . . .
  4. Unsere Nachbarn klatschen auch viel.
     An ihrer Stelle . . .
  5. Wenn du so viel Krach machst, beschweren sich die Nachbarn.
     An ihrer Stelle . . .
  6. Meine Eltern beschweren sich auch über alles.
     An ihrer Stelle . . .
  7. Ihnen hängt die Großstadt hier zum Hals heraus.
     An ihrer Stelle . . .
  8. Sie gewöhnen sich einfach nicht daran.
     An Ihrer Stelle . . .
  9. Du brauchst wahrhaftig etwas Urlaub. An deiner Stelle . . .
  10. Meine Schwester geht nie in die Bibliothek oder ins Theater. An ihrer Stelle . . .

F Studenten und Studentinnen suchen eine gute Ausrede!

> **Beispiel:** Ich würde meine Wohnung aufräumen, wenn . . .
>
> ▶ Wenn ich nur Zeit hätte.

1. Wir könnten uns jetzt auf die Prüfung vorbereiten, wenn . . .
2. Das Bibliotheksbuch hätte ich rechtzeitig zurückgebracht, wenn . . .
3. Die Aufgabe hätte ich schon abgegeben, wenn . . .
4. Ich wäre bei der Prüfung dagewesen, wenn . . .
5. Ich würde dir wirklich gern die zehn Mark zurückzahlen, wenn . . .
6. Ich hätte mich nie verspätet, wenn . . .
7. Ich hätte nie so oft in der Klasse geschlafen, wenn . . .
8. Den Konjunktiv könnte ich lernen, wenn . . .
9. Die Prüfung wäre mir leicht gefallen, wenn . . .
10. Ich würde nie über andere klatschen, wenn . . .

G Ihr Freund macht immer wieder Fehler. Verbessern Sie ihn höflich.

> **Beispiel:** Ich liebe Beethovens „Zauberflöte"! (Mozart)
>
> ▶ Ich dachte, „die Zauberflöte" wäre von Mozart!

1. Kellers „Heidi" werde ich nie vergessen! (Spyri)
2. Kennst du die Gemälde von Rilke? (Gedichte)
3. Wien ist die schönste Stadt Deutschlands! (Österreich)
4. Leipzig ist eine faszinierende schweizer Stadt! (Deutschland)
5. Hören wir mal heute abend Mahlers „Rosenkavalier"! (Strauss)
6. Brüssel—wie wunderbar! Ich wollte immer nach Holland! (Belgien)
7. Australien—das Land Mozarts! (Österreich)

II Indirect Subjunctive

The indirect subjunctive is used to signify that someone is reporting what someone else has said in so-called "indirect speech." It is called **Konjunktiv I** (*Subjunctive I*) because its forms are based on the first principal part of the verb, the infinitive stem.

▶ Present Indirect Subjunctive

The present indirect subjunctive is formed by adding the subjunctive endings (see pages 228–229) to the first principal part of the verb (the infinitive stem). Remember that all subjunctive endings contain the letter "e." This is true for all verbs except **sein.**

Schöner Blick vom
Betonpalast.

	Infinitive Stem	Subjunctive Endings	Present Indirect Subjunctive
ich	bring-	-e	bringe
du	fahr-	-est	fahrest
er / sie / es	dürf-	-e	dürfe
wir	fall-	-en	fallen
ihr	hab-	-et	habet
sie	woll-	-en	wollen
Sie	wiss-	-en	wissen

sein

The present indirect subjunctive of **sein** is irregular in the first person and
third person singular.

Person	Singular	Plural
1st	**sei**	sei-en
2nd	sei-est	sei-et
3rd	**sei**	sei-en
2nd formal	sei-en	

▶ Past Indirect Subjunctive

To indicate that an event is being reported as having happened in the past, use the indirect subjunctive form of **haben** or **sein** and the past participle.

Past Indirect Subjunctive

ich	habe gebracht	sei gefahren
du	habest gehabt	seiest gefallen
er / sie / es	habe gewußt	sei gewesen
wir	haben gebracht	seien gefahren
ihr	habet gehabt	seiet gefallen
sie	haben gewußt	seien gewesen
Sie	haben gebracht	seien gefahren

The indirect subjunctive for the future, the future perfect, and the passive voice is formed by using the indirect subjunctive form of the appropriate auxiliary.

Future indirect subjunctive: sie **werde wissen**
Present passive indirect subjunctive: es **werde gebracht**

▶ Uses of the Indirect Subjunctive

In formal German, the indirect subjunctive is used to repeat a statement made by another person. Its use may imply that the speaker or writer does not want to vouch for the statement's accuracy. If the quotation is introduced by the subordinating conjunction **daß,** dependent word order is used. The conjunction **daß** may be omitted, in which case normal or inverted word order can be used.

DIRECT DISCOURSE
Ingrid sagt, „Ich **habe** genug von dem Leben auf dem Lande".

*Ingrid says, "I **have** my fill of life in the country."*

INDIRECT DISCOURSE
Ingrid sagt, **daß** sie genug von dem Leben auf dem Lande **habe.**

*Ingrid says **that** she **has** her fill of life in the country.*

Ingrid sagt, **sie habe** genug von dem Leben auf dem Lande.

Ingrid sagt, von dem Leben auf dem Lande **habe sie** genug.

If the speaker or writer who reports the statement wants to convey the conviction that the quoted statement is true, the indicative may be used.

Ingrid sagt, sie **hat** genug von dem Leben auf dem Lande.

In order to avoid ambiguity when the forms of the indirect subjunctive and the indicative are identical, the unreal subjunctive forms are substituted.

DIRECT DISCOURSE
Angelika schrieb: „Die Nachbarn **haben** alle nach Ingrid **gefragt**".

*Angelika wrote, "The neighbors all **asked** after Ingrid."*

INDIRECT DISCOURSE
Angelika schrieb, daß die Nachbarn alle nach Ingrid **gefragt hätten.**

*Angelika wrote that the neighbors **had** all **asked** after Ingrid.*

> The indirect subjunctive forms are less and less frequently used in modern conversational German, where they have been replaced to a large extent by the unreal subjunctive and the indicative. They are common in written German, especially journalism.

Questions

For a question introduced by an interrogative (**wo, wer, wie,** and so on), the indirect question is introduced by the same interrogative. In a yes-or-no question, the indirect question is introduced by the subordinating conjunction **ob** (*whether*). Dependent word order is always used with all indirect questions.

DIRECT QUESTION (starting with question word)
Angelika fragt, „**Wie lebt man** in einer Großstadt?"

*Angelika asks, "**How does one live** in a city?"*

INDIRECT QUESTION
Angelika fragt, **wie man** in einer Großstadt **lebe.**

*Angelika asks **how one lives** in a city.*

DIRECT QUESTION (yes-or-no)
Ingrid fragte Gisela, „**Kannst du dir** eine Kleinstadt **vorstellen**?"

*Ingrid asked Gisela, "**Can you imagine** a small town?"*

INDIRECT QUESTION
Ingrid fragte Gisela, **ob sie sich** eine Kleinstadt **vorstellen könne.**

*Ingrid asked Gisela **whether she could imagine** a small town.*

Indirect Imperatives

Indirect imperatives are formed with the auxiliary **sollen.**

DIRECT IMPERATIVE
Angelika schrieb, „**Versperrt** nachts die Türen und Fenster!"

*Angelika wrote, "**Lock** the doors and windows at night!"*

INDIRECT IMPERATIVE

Angelika schrieb, daß **ihr** nachts die Türen und Fenster **versperren solltet.**	*Angelika wrote that **you should lock** the doors and windows at night.*

1. The tense of a quotation is not influenced by the tense of the introductory clause.
2. When reporting a first person statement of another person, it is generally necessary to change personal pronouns, possessive pronouns, and reflexive pronouns.

DIRECT DISCOURSE

Sie sagt, „**Ich** habe genug davon gehört".	*She says, "**I** have heard enough of it."*

INDIRECT DISCOURSE

Sie sagt, **sie** habe genug davon gehört.	*She says **she** has heard enough of it.*

▶ Übungen

A Erzählen Sie in indirekter Rede, was jemand einer anderen Person erzählt:

Beispiel: Herr Schneider behauptete: „Mir geht's gut."

▶ Herr Schneider behauptete, daß es ihm gut gehe.

1. Frau Schulz sagte mir: „So ist es eben."
2. Der Vater sagte zur Tochter: „Laß mich in Ruhe!"
3. Susanne erwiderte: „Du mußt das heute tun."
4. Meine Schwester sagte: „Studieren ist gar nicht teuer."
5. Meine Nachbarin sagt: „Du bist zu laut!"
6. Der Lehrer behauptete: „Du kannst das nicht."
7. Er sagte mir: „Das ist nicht nötig."
8. Wir erklärten ihm: „Du mußt das nicht tun."
9. Angelika erzählte: „Ich kenne hier niemand."
10. Ingrid schrieb: „Die Gegend ist menschenleer."

B The following indirect discourse sentences are in the indicative. How would you change them to indicate that you do not necessarily believe what has been said?

Beispiel: Sie dachte, daß er lieber auf dem Land lebt.

▶ Sie dachte, daß er lieber auf dem Land lebe.

1. Der Präsident sagte, es geht uns doch allen gut.
2. Er behauptete, es hat keinen Sinn zu protestieren.
3. Er sagte, man kann die Gesellschaft doch nicht ändern.
4. Er meinte, man muß alle Regeln akzeptieren.
5. Nach seiner Meinung ist das die einzige Möglichkeit, etwas zu erreichen.

C Sie kommen vom Supermarkt ohne die Dinge, die Sie mitbringen wollten. Erzählen Sie in indirekter Rede, warum Sie diese Dinge nicht bekommen konnten.

> **Beispiel:** „Es ist die falsche Jahreszeit für Melonen."
>
> ▶ Man sagte mir, es sei die falsche Jahreszeit für Melonen.

1. „Es gibt in diesem Laden keinen englischen Käse."
2. „Ich weiß überhaupt nicht, was Idaho-Kartoffeln sind."
3. „Wir haben nur weißen Spargel, keinen grünen."
4. „Brot kaufen Sie besser beim Bäcker nebenan."
5. „Leider haben wir gerade die letzten Bananen verkauft."
6. „Die Brötchen sind schon alle verkauft."
7. „Es gibt keine frischen Brötchen mehr."
8. „Die Milch ist heute nicht geliefert worden."
9. „Es gibt nur am Donnerstag Schwarzbrot."
10. „Es gibt seit Wochen keinen frischen Fisch."

D Nach Ihrem Stellungsinterview möchte Ihr(e) Freund(in) wissen, was für Fragen gestellt wurden. Erzählen Sie in indirekter Rede.

> **Beispiel:** „Sind Sie immer pünktlich?"
>
> ▶ Man fragte mich, ob ich immer pünktlich sei.

1. „Wie schnell können Sie arbeiten?"
2. „Haben Sie ein Diplom?"
3. „Was verdienen Sie in der Stunde?"
4. „Können Sie morgen um acht Uhr anfangen?"
5. „Wo ist Ihr Lebenslauf?"
6. „Wo haben Sie studiert?"

E Chain gossip. The facts one student hears must be reported in indirect discourse. Begin with „Ich habe gehört, . . ."

> **Beispiel:** „Ich habe gehört, Peter sei krank."

F Angelika erzählt ihrer Familie über Ingrids Brief. Setzen Sie den Brief in die indirekte Rede! Beginnen sie mit: Ingrid schrieb, sie . . .

„Ich bin nicht früher zum Schreiben gekommen. Ich habe heute etwas Besonderes. Wir könnten für die Sommerferien Wohnungen tauschen. Ich bin

Wer möchte mitspielen?

dankbar, wenn ich die Stadtwohnung benutzen kann. Ich habe genug vom Leben auf dem Lande. Die Leute hier stören mich. Ich will häufiger in die Bibliothek gehen. Ich will Menschen sehen. Ich muß etwas erleben. Die Kleinstadt ist dafür zu weit weg. Hoffentlich ist Euch der Plan recht!"

III Idiomatic "Flavoring"

Like every language, German contains words that, although you hear them often, you are not quite sure how to use them. These are often "flavoring" words that affect the tone or implications of a sentence, rather than directly affecting its meaning. If you use them correctly, your German will sound more idiomatic and natural. Some common ones are explained below.

▶ *zwar*

Zwar has two dictionary meanings.

1. *indeed, certainly, it is true*
2. *namely, that is, in fact*

241

When used in the first way, **zwar** must be followed by a clause with **aber.**
Using **zwar** this way clearly indicates that you are going to correct, add to, or
modify the statement.

Ich bin **zwar** müde, **aber** ich falle noch nicht um.	*I am **indeed** tired, **but** I'm not about to collapse.*

Zwar in its second meaning is generally used in conjunction with **und** when
you want to add more detail or emphasis.

Ich werde ihm Bescheid sagen, **und zwar** sofort!	*I'm going to let him know, **in fact** right now!*
Er schuldet mir Geld, **und zwar** fast hundert Mark.	*He owes me money, **namely,** almost a hundred marks.*

▸ *allerdings*

Allerdings has three meanings, all of which limit the scope of a statement.

1. *though*

Ich muß **allerdings** zugeben, daß er recht hat.	*I have to admit, **though,** that he's right.*

2. *however*

Ich habe ihn **allerdings** nie kennengelernt.	*I have never met him, **however.***

3. *of course*

Das kann sie **allerdings** noch nicht wissen.	***Of course** she can't know that yet.*

In colloquial German, **allerdings** is used alone as an interjection, meaning
"sure," "certainly," or "that's true" but with an ironic, slightly negative
overtone.

Du mußt mit ihm vorsichtig sein. — **Allerdings!**	*You have to be careful with him. — **You bet I will!***

▸ *mal*

The literal meaning of **mal** is *time.*

Das erste **Mal** zählt nicht.	*The first **time** doesn't count.*

Mal is also used colloquially as a short form of **einmal.** In these usages, **mal**
is an adverb and so is written lowercase.

1. *not even*

   Der hat mich **nicht mal** gegrüßt.   *He did**n't even** say hello to me.*

2. *for a change, this time*

   Gehen wir doch **mal** ins Kino.   *Let's go to a movie **this time.***

3. *sometime*

   Ich rufe dich **mal** an.   *I'll call you **sometime.***

Mal is also used to "soften" the imperative, often in combination with **schon** and **doch.**

Geh in die Bibliothek!   *Go to the library!*

Geh **doch mal** in die Bibliothek.   ***Why don't you** go to the library.*

▸ *eben, bloß, halt*

Eben, bloß, and **halt** are often "tossed in" to sentences to add the idea of "just."

Das ist es **eben.**	*That's **just** it.*
Leute sind **eben** manchmal unfreundlich.	*People are **just** unfriendly sometimes.*
Mach mir **bloß** keinen Ärger.	***Just** don't cause me any trouble!*
Hör **bloß** auf!	***Just** quit it!*
Es ist **halt** heute zu spät.	*It's **just** too late today.*
Laß ihn **halt** reden.	***Just** let him talk.*

▸ *aber, eben, auch, ja, doch, wohl, noch*

These short words are also flavoring particles. They intensify a statement and let the speaker add emphasis without changing meaning.

Du bist verrückt.	*You are crazy.*
Du bist **aber** verrückt.	*You are **just** crazy.*
Du bist **ja** verrückt.	*You are **really** crazy.*
Du bist **wohl** verrückt!	*You **must be** crazy!*
Darf ich fragen?	*May I ask?*
Ich darf **ja wohl noch** fragen?	*I **suppose** I may **still** ask?*

Wohl implies not only *probably,* but also, if it is stressed, *indeed, definitely,* or *certainly.*

Das habe ich **wohl** irgendwann gelesen.

*I'm **certain** I've read that somewhere.*

Ich habe es **wohl** gelesen!

*I **definitely** have read it!*

▶ **Übungen**

A Someone remarks on your appearance or state-of-being. You accept the statement, but want to contradict it partially. Use **zwar** to defend yourself.

Beispiel: Du siehst aber müde aus!

▶ Ich bin zwar müde, aber ich kann immer noch arbeiten.

1. Deine Kleidung sieht heute lustig aus.
2. Du hast nie Geld bei dir!
3. Sie behandeln Dieter aber schlecht!
4. Du bist so unfreundlich!
5. Du hast nie an mich geschrieben!
6. Angelika ist immer nett zu dir.
7. Du siehst gesund aus!
8. Peter ist reich.
9. Angelika klingt so unglücklich.
10. Ingrid schreibt selten.

B Betonen Sie die folgenden Sätze, indem Sie *ja, doch, wohl, eben, mal, auch* usw. hinzufügen.

Beispiel: Ich bin hier. (ja)

▶ Ich bin ja hier.

1. Ich bin nicht krank. (doch)
2. Ich will auch dabei sein. (aber)
3. Das ist so. (eben)
4. Du kannst es machen. (schon)
5. Gib es zu. (mal)
6. Das ist nicht möglich! (ja)
7. Das kann sein. (wohl)
8. Du siehst es selber ein. (auch)
9. Komm mit! (mal)
10. Sei vernünftig! (bloß)

C Use the phrases below to write sentences using **mal, eben, bloß, wohl,** and **ja** expressing (a) requests and (b) responses.

Beispiel: to stop by

▶ Komm doch mal vorbei! —Wenn ich bloß Zeit hätte!

1. to come to dinner
2. to write you a letter
3. to come along shopping
4. to go to the movies
5. to help with your work
6. to drive you home
7. to try a piece of this cake
8. to have a glass of milk
9. to lend you some money

◀ ▥▥▥▥▥▥ ▶

Jetzt sind Sie an der Reihe!

A Prejudice has a lot to do with our opinions of places to live. Do you consider the following statements prejudice or fact?

1. Leute auf dem Dorf haben keine Bildung.
2. Menschen in der Großstadt sind unfreundlich.
3. Menschen in der Großstadt haben es immer eilig.
4. Wenn ein Mensch aus dem Dorf in die Stadt kommt, benimmt er sich ungeschickt.
5. Menschen in der Großstadt verlieren meistens den Bezug zur Natur.
6. Im Dorf können Kinder gesünder aufwachsen.

B If you could create your ideal, utopian society, what would it be? Describe it in German. Try to answer the following questions.

1. Wie groß soll die Bevölkerung sein?
2. Wie sollten die Menschen leben? In welchen Häusern?
3. Wie soll man Gebäude (Beton, Asphalt) mit Bäumen und Tieren integrieren?
4. Wie steht es mit Parks, Brunnen, Denkmälern, Schulen?

C Zeichnen Sie an der Tafel eine Innenstadt nach einem der beiden Pläne. Setzen Sie das Rathaus, die Bibliothek, der Park, die Wohngegenden und das Kulturzentrum in das Bild ein.

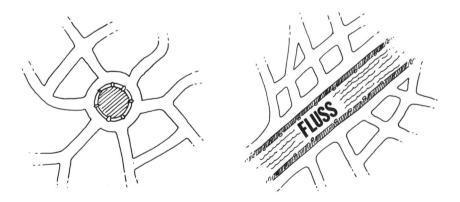

D Schreiben Sie auf deutsch einen Brief, der (a) Ihre jetzige Wohnlage beschreibt und (b) die Umgebung beschreibt, in der Sie am allerliebsten wohnen möchten.

10
Der Mensch und die Medien
...
Segen oder Plage?

◄ ▐▌▟▐▌▟▐▌▟▐▌▟▐▌▟▐▌▟▐▌ ►

Jetzt fangen wir an!

▶ Einführungsübungen

A   Sehen Sie gern fern? Was sehen Sie am liebsten?

—Filme?
—Quiz-Sendungen?
—Zeichentrickfilme?
—Interviews und Nachrichten?
—Serien?
—Kultursendungen?

Haben Sie ein Videospiel-Gerät? Was nehmen Sie oft auf? Welche Video-Kassetten würden Sie sich gern kaufen?

Haben Sie ein Tonband- oder Kassettengerät? Nehmen Sie Musik usw. vom Radio auf? Welche Kassetten würden Sie sich gern kaufen? Haben Sie eine Stereoanlage?

Welche Sender haben Sie am liebsten?

B   Was hören Sie am liebsten im Radio?

—Nachrichten?
—Musik?
—Talk-shows?

C   Lesen Sie täglich die Zeitung? Welche Zeitung lesen Sie? Was lesen Sie zuerst?

—die Schlagzeilen?
—die Leitartikel?
—die Sportseite?
—die Annoncen?

Lesen Sie oft Illustrierte oder Zeitschriften? Welche lesen Sie gern?

D   What is your favorite fairy tale? Why? What are some characteristics of a fairy tale?

E   Bilden Sie korrekte Sätze mit den angegebenen Satzteilen.

1. heute / ich / wollen / erzählen / Sie / ein Märchen.
2. vielleicht / Sie / schon / kennen / dieses Märchen.

3. es / sein / von / die Brüder Grimm.

4. Sie / schon / hören (*pres. perf.*) / von / die Brüder Grimm?

5. bevor / ich / erzählen / das Märchen, / ich / müssen / sich überlegen, / wie / ich / die Geschichte / sollen / anfangen.

6. alle / Märchen / beginnen / mit / die Worte: / „es / sein (*simple
past*) / einmal . . .“ / und / enden / mit / „und / wenn / sie / nicht /
sterben (*pres. perf.*), / so / sie / noch / leben / heute.“

7. jetzt / ich / müssen / anfangen, / damit / Sie / nicht / verlieren / die Lust.

8. hoffentlich / Sie / finden / Gefallen / an / das Märchen.

F Complete the sentences with the phrases indicated:

1. Der König _____ sein Gold und Silber _____ . (besorgt sein um)

2. Die jungen Leute _____ Videospielen. (Gefallen finden an)

3. Der König _____ dem Zauberer. (abhängig sein von)

4. Der Zauberer _____ die Werbungen. (angewiesen sein auf)

5. _____ die Untertanen des Königs _____ Reichtümer? (bestehen auf)

6. Sie haben _____ Gold _____ . (verzichten auf)

7. Der König hat _____ viel Gold _____ . (verfügen über)

8. Die Leute _____ nicht mehr _____ das Lesen. (sich kümmern um)

9. Sie _____ dem Zauberkasten _____ . (abhängig sein von)

10. Die Zuschauer _____ nicht _____ den König, sondern _____ den Zauberer. (glauben an)

11. In einem Königreich _____ es _____ den König _____ . (ankommen auf)

12. Aber am Ende _____ er _____ nicht mehr _____ den anderen. (sich
unterscheiden von)

◀ ▦▦▦▦▦ ▶

Kapitelwortschatz

Nomen

der Apparat, -e appliance, machine, apparatus
das Bewußtsein consciousness
der Bildschirm, -e movie screen
das Gerät, -e equipment, set (*for example, TV*)
das Gerücht, -e rumor
die Lösung, -en solution
das Medium, die Medien medium (*communications*)
der Reichtum, ¨er riches, wealth
die Schatzkammer, -n treasure vault
das Silber silver
die Truhe, -n chest (*for storage*)
der Untertan, -en subject (*of a ruler*)
die Werbung, -en commercial, advertisement (*also collective noun*)
der Zauberkasten, ¨ magic box
der Zuschauer, - viewer

Verben

auf•füllen to fill up
aus•verkaufen to sell out
beherrschen to rule over, to command
erklären explain
▸ **gelingen (+ *Dat.*)** to succeed
glücken to be successful (*a project*)
her•stellen to produce, manufacture
krönen to crown

▸ **lassen** to let, leave
  aus•lassen to leave out, omit; to let out
  entlassen to release, dismiss
  hinterlassen to leave behind (*intentionally*)
  verlassen to leave
  weg•lassen to omit, drop
  zu•lassen to permit, allow
  zurück•lassen to leave behind (*unintentionally*)
merken to notice
überlegen to consider, think over
verlangen to demand
▸ **vor•singen** to sing out
wählen to vote, elect

Verben mit Präpositionen

▸ **ab•hängen von (+ *Dat.*)** to be dependent on
angewiesen sein auf (+ *Akk.*) to be dependent on
▸ **an•kommen auf (+ *Akk.*)** to depend on (*circumstances*)
sich auf•regen über (+ *Akk.*) to get excited about
sich beschweren bei (+ *Dat.*) to complain to someone
besorgt sein um (+ *Akk.*) to be concerned about
▸ **bestehen auf (+ *Akk.*)** to insist on
▸ **bestehen aus (+ *Dat.*)** to consist of
beteiligt sein an (+ *Dat.*) to be involved with, be a part of

▶ **sich beziehen auf (+ *Akk.*)** to refer to

▶ **denken an (+ *Akk.*)** to think of or about

glauben an (+ *Akk.*) to believe in

▶ **halten für (+ *Akk.*)** to believe someone or something to be

sich kümmern um (+ *Akk.*) to take care of (*for example, a problem*)

▶ **nach•denken über (+ *Akk.*)** to reflect on, think about

▶ **sich unterscheiden von (+ *Dat.*)** to differ from

verfügen über (+ *Akk.*) to have at one's disposal

verlangen nach (+ *Dat.*) to long for, desire

verzichten auf (+ *Akk.*) to do without, forgo

Adjektive, Adverbien usw.

da- (+ *Präp.*) *stands for "it"*
 damit with it
 daneben beside it, next to it
eben merely, simply
echt genuine
erfolgreich successful
erschrocken shocked, startled
faul lazy
fleißig industrious
gleich same
mächtig powerful
magisch magic
ratlos helpless, at a loss
schlau cunning, wily, clever
unbedingt absolutely, unconditionally
verwöhnt spoiled (*for example, a child*)
vorwurfsvoll reproachful
zufrieden satisfied, content

Ausdrücke und Redewendungen

nach wie vor the same as before, always
ein Gerücht verbreiten to spread a rumor
etwas verkauft sich wie warme Semmeln something sells like hotcakes (*literally, "warm rolls"*)
jemand (*Dat.*) Gesellschaft leisten to keep someone company
Lust haben auf etwas (*Akk.*) to desire something
die Lust verlieren to lose desire for something
ganz und gar totally
von Grund auf from the very outset
Anteil nehmen an (+ *Dat.*) to be involved with
Gefallen finden an (+ *Dat.*) to be enthused about
einen Eindruck machen auf (+ *Akk.*) to make an impression on
es kommt darauf an it depends
es kommt nicht mehr darauf an that doesn't matter anymore

{ **Das Märchen° vom Zauberkasten** }

fairy tale

Es war einmal ein König,[1] der ein großes und mächtiges Land beherrschte. Seine Untertanen waren alle sehr fleißig. Je schwerer sie arbeiteten, desto berühmter wurde das Land wegen seines Reichtums. Dann geschah es aber, wie so oft in reichen Ländern, daß die Leute faul und verwöhnt wurden. Sie wollten nicht mehr arbeiten und fleißig sein. Reich sein wollten sie aber alle nach wie vor. Jeden Tag schaute der König in seine Schatzkammer. Er war sehr besorgt um das dort gelagerte Gold und Silber. Jeden Tag war etwas weniger da als am Tag davor. Damit es niemand merkte, füllte er heimlich die Truhen mit Steinen auf. Das ging eine Weile gut. Aber eines Tages hatte er nur noch Steine und kein Gold mehr. Er war ratlos. Schließlich dachte er an seinen Zauberer und rief ihn heran. „Was soll ich machen?" fragte der König. „Unser Land ist ärmer denn je. Gold habe ich keins mehr, die Leute verlangen aber noch immer nach Reichtum. Die Schatzkammer besteht jetzt nur noch aus Steinen. Ich bin ganz auf deine Zauberei° angewiesen."

magic

Der Zauberer verschwand drei Wochen lang und überlegte, was da zu machen wäre. Eines Tages erschien er wieder beim König und sprach: „Majestät, ich habe eine Lösung gefunden. Schauen Sie her: das hier ist ein Zauberkasten. Hierin erscheint das Bild von einem Ihrer Steine; daneben steht eine schöne Frau und erklärt jedem, der in den Kasten schaut, daß er diesen Stein unbedingt haben muß. Sie singt eine Melodie vor, die sich auf den Stein bezieht — das alles heißt Werbung.[2] Wenn die Leute das sehen, dann verzichten sie schon auf das Gold und verlangen stattdessen Steine. Es müßte gelingen."

Der König fragte, was die Untertanen dazu zwänge, hineinzuschauen. „Ja," antwortete der Zauberer auf die Frage, „das ist einfach. Man verbreitet eben das Gerücht, der Zauberkasten sei das Allerneueste. Da die Bewohner in Ihrem Reich immer am Allerneuesten beteiligt sein wollen, kaufen sie die Kästen von selbst."

Das Gerücht wurde in den Zeitungen verbreitet. Das magische Gerät war in allen Kaufhäusern zu haben und war so schnell ausverkauft, wie es hergestellt werden konnte. Das Bild vom Stein wurde von einer Grenze des Landes zur anderen in allen Wohnzimmern betrachtet. Kaum waren die ersten Zauberkästen verkauft, bestanden schon alle Kunden in den Läden darauf, den wundervollen Stein auch kaufen zu können.

„Es ist geglückt!" schrie der König. „Die Steine verkaufen sich wie warme

Semmeln." Er konnte in der Schatzkammer wieder über viel Gold verfügen. Dort dachte er über den Kasten nach.

„Warum eigentlich nur Steine?" fragte ihn eines Tages der Zauberer.

promoted

„Du hast recht", sagte der König. „Wir könnten eigentlich *alles* verkaufen." Und das Volk kaufte froh und glücklich alles, was von den Geräten angepriesen° wurde. Sie wurden fleißiger und arbeiteten schwerer, um die immer schöneren und teureren Sachen im Zauberkasten zu kaufen. Sie hielten die Menschen, die sie im Gerät sahen, für ihre persönlichen Freunde und nahmen Anteil an ihrem Leben, und wenn sie sich einsam fühlten, leisteten ihnen ihre Zauberkastenfreunde Gesellschaft. Als der König wieder gewählt werden wollte, machte er Werbung für sich selber. Und das gelang auch.

movies
war games
space battles

Alle Untertanen waren glücklicher denn je. „Mehr!" schrieen sie. „Größer!" Der Zauberer erfand andere Medien. Seine erfolgreichste Erfindung bestand aus einem Apparat, durch den man Kinofilme° im eigenen Wohnzimmer auf den Bildschirm bringen konnte. Dazu erfand er Kriegsspiele° und Weltraumschlachten,° damit es den Leuten nicht zu langweilig wurde. Diese Apparate hießen Videospiele. Vor allem die jungen Leute fanden viel Gefallen an diesen Videospielen — so viel Gefallen, daß sie jede Lust verloren, in die Schule zu gehen. Auch um das Lesen kümmerten sie sich nicht mehr. Einige der älteren Leute beschwerten sich beim Zauberer, konnten aber keinen Eindruck auf ihn machen.

quoted
advertising slogans / needs
fed

Eines Tages merkte der König, daß die Menschen in seinem Königreich alle gleich waren. Sie sangen die gleichen Lieder, zitierten° die gleichen Werbesprüche,° dachten die gleichen Gedanken, hatten die gleichen Bedürfnisse° und fanden die gleichen Dinge gut und schlecht. Der König regte sich nun über den Zauberkasten sehr auf, der jedem das Gleiche fütterte,° und rief den Zauberer zu sich. Vorwurfsvoll fragte er: „Was hast du nun gemacht! Alle meine Untertanen sind plötzlich so gleich wie die Kästen im Wohnzimmer." Der Zauberer antwortete: „Ich habe eine Industrie gegründet, und sie heißt *Bewußtseinsindustrie*. Sie heißt so, weil sie über das Bewußtsein von Menschen verfügt. Die Leute Ihres Landes hängen ganz und gar von ihr ab. Man kann sogar ihr Bewußtsein von Grund auf herstellen, wenn man früh genug damit anfängt. Alle Kinder und Erwachsenen im Reich sitzen den halben Tag vor meinem Apparat. Sie können nichts mehr denken, was sie nicht dort gesehen haben. Und ich kann mit ihnen machen, was ich will."

Der König schaute ihn immer erschrockener an.

cunning

„Und auch mit Ihnen," sagte der listige° Zauberer, den König böse anblitzend. Der schlaue Zauberer ließ sich selber im Zauberkasten zum König krönen. Die Zuschauer glaubten natürlich an ihn — sie hielten alles im Kasten für wahr und gut. Der echte König, auf den es nun im Reich nicht mehr ankam,

released

wurde ins Gefängnis gesperrt. Dort mußte er Tag und Nacht in das Zaubergerät schauen. Nach einem halben Jahr wurde er entlassen.° Er unterschied sich nicht mehr von den anderen. Er war auch glücklich. Die Untertanen kauften immer mehr, wurden immer gleicher und immer zufriedener. Und wenn sie nicht gestorben sind, so leben sie noch heute.[3]

Übrigens . . .

1. This fairy tale was written to show the hypothetical power of the mass media. In Germany radio and television are run like a public utility, overseen by boards on which the political parties, the unions, the churches and other bodies are represented. They are relatively independent of commercial support. Every owner of a TV set pays a monthly fee that is used to pay for programming. Cultural, political, and news programs are more predominant than entertainment programs. Cable TV, which was strongly opposed by some people, was introduced in Germany in 1984.

2. In Germany, TV and radio programming are not interrupted by commercials as frequently as in the United States. **Werbefernsehen** or **Werbefunk** are separate programs, consisting only of commercials. They are usually scheduled for thirty minutes and run just prior to prime time.

3. The phrases **Es war einmal** (*Once upon a time*) and **Und wenn sie nicht gestorben sind, so leben sie noch heute** (*They lived happily ever after*) are the classic opening and closing lines of fairy tales.

SAT 1 BRD

6.00 Guten Morgen
8.35 Nachbarn
9.05 Love Boat
10.05 Shop
10.30 Ich möchte mit Dir leben. Dt.-argent. Spielfilm
12.15 Glücksrad
13.00 Börse
14.05 Alf. Erinnerungen an Melmac
14.40 Love Boat
15.30 Verliebt in eine Hexe
15.55 Shop
16.05 Verrückter Wilder Westen
17.10 Nachbarn
17.50 Raumschiff Enterprise
18.45 Blick
19.05 Glücksrad
19.50 Wetter, Blick

RTL plus

6.00 Hallo Europa
6.05 Lieber Onkel Bill
8.35 Tele-Boutique
9.10 Springfield-Story
10.05 Transformers
10.35 Tele-Boutique
11.00 Gauner gegen Gauner
11.45 Quincy
12.30 Klassik
13.00 Netto
13.05 Reich und schön
13.30 Du schon wieder
14.00 Wimbledon '90. Liveberichterstattung aus London
18.45 Aktuell, Wetter
19.10 Der Schutzengel von New York. Das Tribunal
20.00 Die fidelen Detektive. Deutsche Gaunerkomödie, 1957
21.30 Aktuell

◄ ▌▌▌▌▌▌▌▌▌▌▌▌ ►

Wortschatz im Kontext

▶ Übungen

A Richtig oder falsch? Wenn falsch, warum?

1. Die Untertanen wollten alle mehr arbeiten und fleißiger sein.
2. Der König sagte: „Ich habe zwar kein Gold mehr, aber die Leute verlangen nur noch nach Steinen."
3. Der König war nicht auf die Zauberei des Zauberers angewiesen.
4. Das, was die schöne Frau in dem Kasten tat, war Werbung.
5. Das Gold verkaufte sich wie warme Semmeln.
6. Der König wollte wieder gewählt werden, aber seine Werbung war erfolglos.

B Wer in dem Märchen ist . . . faul?   reich?
erfolgreich? echt?
ratlos?   unecht?
magisch?   fleißig?
verwöhnt?   erschrocken?
mächtig?
schlau?

C Beantworten Sie die Fragen.

1. Was geschah, als das Land wegen seines Reichtums immer berühmter wurde?
2. Warum schaute der König täglich in seine Schatzkammer?
3. Warum füllte der König heimlich die Truhen mit Steinen auf?
4. Wie hat der Zauberer das Problem des Königs gelöst?
5. Was tat die schöne Frau, die neben dem Stein stand?
6. Was wollten jetzt alle Untertanen?
7. Was hielten die Zuschauer von dem Zauberer und den Steinen?
8. Was ist der Sinn dieses Märchens? Hat es eine Moral?

D Schreiben Sie ein neues Ende für das moderne Märchen—etwa zehn Sätze in Ihren eigenen Worten. Wie hätte es anders ausgehen können?

Was kann man dazu sagen?

Wie beginnt ein typisches Märchen?
   Es war einmal . . .

Wie endet ein typisches Märchen?
   Und wenn sie nicht gestorben sind, so leben sie noch heute.

Was findet man in einem typischen Märchen?
   Phantastische oder wunderbare Begebenheiten, Könige, eine böse Stiefmutter, arme Kinder, Zauberer, Drachen, Hexen, Prinzessinnen und Prinzen usw.

Kennen Sie einige Märchenautoren?
   Ja, ich kenne die Brüder Grimm und Hans Christian Andersen.

Was ist der Sinn eines Märchens?

Es hat eine Moral oder einen didaktischen Zweck.

Gibt es Märchen nur für Kinder?

Nein, es gibt auch Märchen für Erwachsene. Ein typisches Märchen für Erwachsene ist *Der kleine Prinz* von dem französischen Schriftsteller Saint-Exupéry (1900–1944).

Wer erzählt den Kindern häufig Märchen?

Der Vater, der Großvater, die Mutter, die Großmutter, der Onkel, die Tante, die Geschwister, die Lehrer / -innen

▶ Übungen

A Können Sie die englischen mit den deutschen Titeln verbinden?

1. „Rotkäppchen"
2. „Hänsel und Gretel"
3. „Schneewittchen"
4. „Das tapfere Schneiderlein"
5. „Der gestiefelte Kater"
6. „Dornröschen"
7. „Die Bremer Stadtmusikanten"
8. „Der Froschkönig"
9. „Rumpelstilzchen"

a. "Rumpelstiltskin"
b. "Snow White and the Seven Dwarfs"
c. "The Valiant Little Tailor"
d. "Puss 'n Boots"
e. "Sleeping Beauty"
f. "Little Red Riding Hood"
g. "The Bremen Town Musicians"
h. "The Frog Prince"
i. "Hansel and Gretel"

B List the characteristics of the reading selection that are typical of fairy tales. How many of the characteristics that you guessed in the very beginning of the chapter did you actually find in „Das Märchen vom Zauberkasten"?

Grammatik

I Comparison of Adjectives and Adverbs

German uses three degrees of comparison for adjectives and adverbs: *positive, comparative,* and *superlative*. The positive was discussed in Chapter 8.

1. As a general rule, the comparative is formed by adding **-er** to the positive form of the adjective. If the positive form ends in **-el** or **-er** (**dunkel, teuer**), the **-e-** of the stem is dropped (**dunkler, teurer**).

2. The superlative is formed by adding **-(e)st** to the positive form of the adjective. The **-e** is added if the positive form ends in **-d** or **-t,** a vowel (or diphthong), or a sibilant (**-s, -ß, -sch, -x, or -z**).

mildest-　　　　　　　　　neuest-
ältest-　　　　　　　　　　kürzest-

3. The stem vowel of most monosyllabic adjectives takes an umlaut (**alt, älter, ältest-**); exceptions are **klar** (*clear*), **schlank** (*slender*), **schlau** (*clever*), and **laut** (*loud*).

▸ Regular Forms of Comparative and Superlative

A great many adjectives follow the regular pattern—for example:

Positive	Comparative	Superlative
langsam	langsam**er**	langsam**st-**
lang	läng**er**	läng**st-**
berühmt	berühmt**er**	berühmt**est-**
alt	**ä**lt**er**	**ä**lt**est-**
neu	neu**er**	neu**est-**
dunkel	dunkl**er**	dunkel**st-**

▸ Irregular Forms of Comparative and Superlative

Note, however, the following irregular forms, which need to be learned.

Positive	Comparative	Superlative
groß	**größer**	**größt-**
gut	**besser**	**best-**
hoch	**höher**	**höchst-**
nah	**näher**	**nächst-**
viel	**mehr**	**meist-**

▸ Attributive Adjectives: Comparative and Superlative

If used as *attributive adjectives,* the comparative and superlative endings are the same as those for other adjectives (see Chapter 8).

höher**e** Gebäude　　　　　　*higher buildings*
ein mächtiger**es** Land　　　*a more powerful country*
der schönst**e** Stein　　　　*the most beautiful stone*

| **die** schönst**en** Bücher | *the most beautiful books* |
| **unser** best**es** Märchen | *our best fairy tale* |

As an attributive adjective, **meist-** is always preceded by a definite article and takes a weak ending. **Mehr** never takes endings.

| **Die meisten** Menschen haben **mehr** Geld als ich. | ***Most people*** *have* **more** *money than I do.* |

▶ Comparative Used as Predicate Adjective or Adverb

If used as a predicate adjective or as an adverb, the comparative does not take endings.

| Das Land ist **mächtiger,** und seine Menschen arbeiten **schwerer.** | *The country is* **more powerful,** *and its people work* **harder.** |
| Eine Reise nach Spanien wäre bestimmt viel **schöner** als eine Reise nach Dittersdorf, aber sie würde **mehr** kosten. | *A trip to Spain would definitely be much* **nicer** *than a trip to Dittersdorf, but it would cost* **more.** |

▶ Superlative Used as Predicate Adjective or Adverb

The superlative of a predicate adjective or an adverb is formed with **am** and the ending **-en.**

| Das Land ist **am mächtigsten,** und seine Menschen arbeiten **am schwersten.** | *The country is* **the most powerful,** *and its people work* **the hardest.** |

gern

The adverb **gern(e)** has irregular forms: **gern, lieber, am liebsten.**

Wir haben Videospiele **gern.**	*We* **like** *video games.*
Sie haben Fernsehen **lieber.**	*They like TV* **better.**
Er hat Bücher **am liebsten.**	*He likes books* **best.**

▶ Other Ways to Express Comparisons

Expressing Equality

So + *positive* + **wie** is used to compare equal terms.

| Die Menschen hier sind **so intelligent wie** überall auf der Welt. | *People here are* **as intelligent as** *anywhere in the world.* |

Expressing Inequality

The *comparative* + **als** is used to compare unequal terms.

Dieses Land ist **größer als** die Schweiz.	*This country is **larger than** Switzerland.*

Progressive Increase

To indicate a progressive increase, **immer** + *comparative* is used.

Die Menschen in dem Märchen wurden **immer gleicher**.	*The people in the fairy tale became **more and more alike**.*

Comparison, with Time Factor

To indicate a progressive increase over time, the *comparative* + **denn je** is used.

Unser Land ist **ärmer denn je**.	*Our country is **poorer than ever**.*

je . . . desto . . .

To compare two comparatives, **je** + *comparative* + **desto** + *comparative* is used.

Je schwerer sie arbeiten, **desto reicher** werden sie.	*The harder they work the richer they get.*

Note the dependent word order in the first clause and the inverted word order in the second.

"of all"

Note: The prefix **aller-** before an attributive adjective equals English *of all.*

Dies ist das **allerneueste** Videospiel.	*This is **the most recent** video game **of all**.*

höchst and *äußerst*

Äußerst or **höchst** can precede a positive adjectival form to give it a superlative meaning.

Haben Sie dieses **höchst** interessante Märchen gelesen?	*Did you read that **extremely** interesting fairy tale already?*
Das Buch ist **äußerst** interessant.	*The book is **most** interesting.*

Adverbs Ending in *-ens*

The suffix **-ens** is added to numerous superlative stems to create adverbs with specialized meanings: **höchstens** (*at most, at best*), **meistens** (*mostly*), **spätestens** (*at the latest, no later than*), **wenigstens** (*at least*). Also, remember **erstens,** and so on (Chapter 8).

Sie können **höchstens** zwanzig Mark ausgeben.	*At most,* they can spend twenty marks.
Ich esse **meistens** nur Gemüse.	I eat **mostly** (only) vegetables.
Wir kommen **spätestens** um zwei Uhr an.	We'll arrive at two **at the latest.**
Kannst du mir **wenigstens** den Gefallen tun, pünktlich zu kommen?	Can't you **at least** do me the favor of coming on time?

▸ **Übungen**

A Fügen Sie die richtige Form des Komparativs der angegebenen Adjektive ein.

1. Diese Land ist _____ (klein) als jenes.
2. Die Untertanen waren _____ (fleißig) als der König.
3. Je _____ (schwer) sie arbeiteten, desto _____ (berühmt) wurde das Land.
4. Jeden Tag fand der König _____ (wenig) Gold als am Tag zuvor.
5. Jetzt ist das Land _____ (arm) denn je.
6. Der Zauberer war _____ (schlau) als der König.
7. Die Steine wurden immer _____ (teuer).
8. Die Menschen schrieen „_____" (viel) und „_____" (groß).

B Fügen Sie die richtige Form des Superlativs der angegebenen Adjektive ein.

1. Der _____ (zufrieden) Untertan ist auch der _____ (faul).
2. Die Menschen taten _____ (gern) nichts.
3. Die Leute hielten alles im Kasten für das _____ (gut).
4. Der Zauberer hat die _____ (neu) Industrie gegründet.
5. Die jungen Leute finden _____ (viel) Gefallen an ihren Videospielen.
6. Einige der _____ (alt) Leute beschwerten sich beim Zauberer.
7. Diese Menschen sind _____ (glücklich).
8. Die Leute können sich die _____ (schön) und _____ (elegant) Sachen kaufen.
9. Das war ein höchst _____ (interessant) Märchen.
10. Alle wollten das aller _____ (teuer) Videospiel.
11. Wir sehen _____ (hoch) dreimal pro Woche fern.
12. Meine _____ (interessant) Schallplatte ist schon sehr alt.

3SAT Österreich, BRD, Schweiz
14.30 Volksmusik
17.20 Mini-ZiB
17.30 Alice im Wunderland

TV 5 Worldnet
13.00 Vorschau, First Business
13.30 Newsfile. Aus USA
14.00 Worldnet dialogue
16.05 Nachrichten und Wetter
16.15 Au nom de la loi
17.15 Des chiffres et des lettres

261

C Form groups of three. Compare your cars, radios, clothing, and so on using comparative and superlative forms of adjectives. Use the nouns and adjectives from the list below, or add your own. Write your comparisons in three complete sentences.

Beispiel: 1. Du hast eine bessere Stereoanlage als ich.
2. Nein, deine Stereoanlage ist nicht die allerneueste und teuerste, die es gibt.
3. Ich finde die Stereoanlage von Fritz so gut wie deine.

das Zimmer	groß
die Wohnung	klein
das Auto	teuer
der Hund	praktisch
der Mantel	freundlich
der Pulli	leise
das Radio	warm
der Fernseher	laut

D Was essen, trinken oder lesen Sie lieber als etwas anderes? Was essen, trinken oder lesen Sie am liebsten?

E Write a commercial or a slogan for the products shown by using comparatives and superlatives.

II Impersonal Verbs and Other Special Constructions

▸ The *es*-Construction

Impersonal constructions are used when there is no particular subject. They are expressed through the pronoun **es** with verbs designating natural phenomena and events whose agents are unknown and with constructions of **es gibt** (*there is, there are*).

Es regnet oft in dieser Gegend.	*It rains* often in this area.
Es klingelt an der Tür.	*The doorbell is ringing.*
Es geschah jedes Jahr.	*It happened* every year.
Wie **geht es** Ihnen?	*How are you?*
Es gibt nichts Neues.	*There is* nothing new.

▸ Verbs That Take Dative

A few German verbs take as an indirect object what in English would be the subject of the verb. The most important of these are listed below.

gefallen	*to like; to please*
gelingen	*to succeed*
sein (+ *feeling*)	*to feel*

Der Film **hat mir gefallen.**	***I liked** the film. (lit.: The film **pleased me.**)*
Die Arbeit **ist mir gelungen.**	***I succeeded** in my work.*
Mir ist kalt. **Es ist mir** kalt.	***I am** cold.*

Some verbs take personal objects in the dative case and impersonal objects in the accusative case—for example, **befehlen, glauben.**

Sie hat es **mir** befohlen.	*She ordered **me** to do it.*
Glaub es **mir!**	*Believe **me!***

▶ **Übungen**

A Beantworten Sie die Fragen in vollständigen Sätzen. Benutzen Sie das Wort oder den Ausdruck in Klammern.

> **Beispiel:** Wie geht es deiner Mutter? (gehen + *Dat.*)
>
> > ▶ Es geht ihr gut, danke.

1. Was gibt es Neues? (nichts)
2. Wie geht es Ihnen? (gut)
3. Wie oft geschieht es? (jedes Jahr)
4. Wie ist das Wetter in dieser Gegend? (regnet oft)
5. Ist Ihnen warm? (nein, kalt)
6. Ist Ihnen kalt? (ja)
7. Wie geht es deinen Eltern? (nicht schlecht)
8. Hast du die Arbeit fertig? (gelingen + *Dat.*)
9. Warum hast du es gemacht? (es befehlen + *Dat.*)
10. Kann ich es dir glauben? (glauben + *Dat.*)

B Erzählen Sie oder schreiben Sie das Märchen vom „Rotkäppchen". Benutzen Sie das angegebene Vokabular.

Rotkäppchen / Mutter / gehorchen
Mutter / Tochter / danken
beide / wollen / Großmutter / helfen
das Mädchen / im Wald / Wolf / begegnen
der Wolf / folgen / Mädchen
Wolf / Großmutter / auffressen
Rotkäppchen / hereinkommen
das Mädchen / glauben / Wolf / sein / die Großmutter
es / sein / Rotkäppchen / nicht zu helfen
aber der Jäger / helfen / sie

C Erzählen Sie Ihrem Partner eine Geschichte. Benutzen Sie die folgenden Wörter und Ausdrücke.

gestern	auspacken
geschehen	essen
Werbung ansehen	es schmeckt
hinauslaufen in den Laden	es sieht . . . aus
das Produkt kaufen	es ärgert mich
nach Hause eilen	ich werde

Dann lassen Sie Ihren Partner eine Geschichte mit denselben Wörtern und Ausdrücken erzählen.

◄ ▐▌▞▌▞▐▌▞▐▌▞▐▌▞▐▌▞▐▌ ►

Jetzt sind Sie an der Reihe!

▶ Übungen

A Erzählen Sie eine Episode von einer Fernsehserie, die Sie besonders mögen (z.B. „Dallas" oder „Dynasty"). Lassen Sie die anderen raten, welche Fernsehserie es ist.

B Erzählen Sie den anderen ein Märchen, und lassen Sie die anderen raten, wie das Märchen heißt.

C Schriftlich: Erfinden Sie Ihr eigenes Märchen.

D Select one person to play the quizmaster of a television show. Everybody else tries to answer his / her questions. One point for each correct answer. First person to accumulate three points takes over as quizmaster.

1. Wer sind die zwei berühmten Brüder, die viele Märchen geschrieben haben?
2. Wer hat „Die Dreigroschenoper" geschrieben?
3. Wer war der „Märchenprinz von Bayern"?
4. Wie heißen die drei größten Fernsehgesellschaften in den USA?
5. Was war der Vorgänger vom Fernsehen?
6. Wer hat „Mein Kampf" geschrieben?
7. Was war die Hauptstadt von Deutschland vor dem Zweiten Weltkrieg?
8. Was sieht man im amerikanischen Fernsehen zwischen den Programmen?
9. Wie heißt der Apparat, mit dem man Kinofilme auf dem Fernsehgerät im eigenen Wohnzimmer zeigen kann?
10. Wie kann man Kriegsspiele und Weltraumschlachten ins eigene Haus bringen?
11. Wie nennt man eine Industrie, die über das Bewußtsein der Menschen verfügt?
12. Womit fängt ein klassisches Märchen an?

1. die Brüder Grimm 2. Bertolt Brecht 3. König Ludwig II. 4. ABC, NBC, CBS 5. Radio 6. Adolf Hitler 7. Berlin 8. Werbungen 9. Videospielgerät 10. mit Videospielen 11. Bewußtseinsindustrie 12. Es war einmal . . .

E You and a friend are talking about Germany and the United States. Compare and contrast lifestyles, leisure activities, products, work, and so on.

So ein blödes Programm.

Important Strong and Irregular Weak Verbs and Modal Auxiliaries

Infinitive	Present	Past	Past Participle
backen *(to bake)*	bäckt	backte (buk)	gebacken
befehlen *(to command)*	befiehlt	befahl	befohlen
beginnen *(to begin)*		begann	begonnen
beißen *(to bite)*		biß	gebissen
betrügen *(to deceive)*		betrog	betrogen
beweisen *(to prove)*		bewies	bewiesen
bewerben *(to apply)*	bewirbt	bewarb	beworben
biegen *(to bend)*		bog	gebogen
bieten *(to offer)*		bot	geboten
binden *(to bind)*		band	gebunden
bitten *(to request)*		bat	gebeten
blasen *(to blow)*	bläst	blies	geblasen
bleiben *(to remain)*		blieb	ist geblieben
braten *(to fry)*	brät	briet	gebraten
brechen *(to break)*	bricht	brach	gebrochen
brennen *(to burn)*		brannte	gebrannt
bringen *(to bring)*		brachte	gebracht
denken *(to think)*		dachte	gedacht
dürfen *(to be allowed)*	darf	durfte	gedurft
eindringen *(to penetrate)*		drang ein	ist eingedrungen
empfehlen *(to recommend)*	empfiehlt	empfahl	empfohlen
entscheiden *(to decide)*		entschied	entschieden
entweichen *(to escape)*		entwich	ist entwichen
erschrecken *(to frighten)*	erschrickt	erschrak	ist erschrocken
essen *(to eat)*	ißt	aß	gegessen
fahren *(to drive)*	fährt	fuhr	ist gefahren
fallen *(to fall)*	fällt	fiel	ist gefallen
fangen *(to catch)*	fängt	fing	gefangen
finden *(to find)*		fand	gefunden
fliegen *(to fly)*		flog	ist geflogen
fliehen *(to flee)*		floh	ist geflohen
fließen *(to flow)*		floß	ist geflossen
fressen *(to eat)*	frißt	fraß	gefressen
frieren *(to freeze)*		fror	gefroren

Infinitive	Present	Past	Past Participle
gebären (*to give birth*)	gebärt	gebar	geboren
geben (*to give*)	gibt	gab	gegeben
gedeihen (*to thrive*)		gedieh	ist gediehen
gehen (*to walk*)		ging	ist gegangen
gelingen (*to succeed*)		gelang	ist gelungen
gelten (*to be worth*)	gilt	galt	gegolten
genießen (*to enjoy*)		genoß	genossen
geschehen (*to occur*)	geschieht	geschah	ist geschehen
gewinnen (*to win, gain*)		gewann	gewonnen
gießen (*to pour*)		goß	gegossen
gleichen (*to resemble*)		glich	geglichen
gleiten (*to glide*)		glitt	ist geglitten
graben (*to dig*)	gräbt	grub	gegraben
greifen (*to seize*)		griff	gegriffen
haben (*to have*)	hat	hatte	gehabt
halten (*to hold*)	hält	hielt	gehalten
hängen (*to hang*)		hing	gehangen
hauen (*to spank*)		haute (hieb)	gehauen
heben (*to lift*)		hob	gehoben
heißen (*to be called*)		hieß	geheißen
helfen (*to help*)	hilft	half	geholfen
kennen (*to know*)		kannte	gekannt
klingen (*to sound*)		klang	geklungen
kommen (*to come*)		kam	ist gekommen
können (*to be able*)	kann	konnte	gekonnt
kriechen (*to crawl*)		kroch	ist gekrochen
laden (*to load*)	lädt	lud	geladen
lassen (*to let*)	läßt	ließ	gelassen
laufen (*to run*)	läuft	lief	ist gelaufen
leiden (*to suffer*)		litt	gelitten
leihen (*to lend*)		lieh	geliehen
lesen (*to read*)	liest	las	gelesen
liegen (*to lie*)		lag	gelegen
lügen (*to tell a lie*)		log	gelogen
messen (*to measure*)	mißt	maß	gemessen
mißlingen (*to fail*)		mißlang	ist mißlungen
mögen (*to like, like to*)	mag/möchte	mochte	gemocht
müssen (*to have to*)	muß	mußte	gemußt
nehmen (*to take*)	nimmt	nahm	genommen
nennen (*to name*)		nannte	genannt
pfeifen (*to whistle*)		pfiff	gepfiffen
preisen (*to praise*)		pries	gepriesen
raten (*to advise; guess*)	rät	riet	geraten
reiben (*to rub*)		rieb	gerieben

Infinitive	Present	Past	Past Participle
reißen (*to tear*)		riß	ist gerissen
reiten (*to ride*)		ritt	ist geritten
rennen (*to run*)		rannte	ist gerannt
riechen (*to smell*)		roch	gerochen
ringen (*to wrestle*)		rang	gerungen
rufen (*to call*)		rief	gerufen
saufen (*to drink*)	säuft	soff	gesoffen
saugen (*to suck*)		sog	gesogen
schaffen (*to create*)		schuf	geschaffen
scheinen (*to seem; shine*)		schien	geschienen
schieben (*to push*)		schob	geschoben
schießen (*to shoot*)		schoß	geschossen
schlafen (*to sleep*)	schläft	schlief	geschlafen
schlagen (*to beat*)	schlägt	schlug	geschlagen
schleichen (*to sneak*)		schlich	ist geschlichen
schließen (*to close*)		schloß	geschlossen
schmeißen (*to fling*)		schmiß	geschmissen
schmelzen (*to melt*)	schmilzt	schmolz	ist geschmolzen
schneiden (*to cut*)		schnitt	geschnitten
schreiben (*to write*)		schrieb	geschrieben
schreien (*to cry*)		schrie	geschrien
schweigen (*to be silent*)		schwieg	geschwiegen
schwimmen (*to swim*)		schwamm	ist geschwommen
schwören (*to swear an oath*)		schwor	geschworen
sehen (*to see*)	sieht	sah	gesehen
sein (*to be*)	ist	war	ist gewesen
singen (*to sing*)		sang	gesungen
sinken (*to sink*)		sank	ist gesunken
sitzen (*to sit*)		saß	gesessen
sollen (*to ought to*)	soll	sollte	gesollt
spinnen (*to spin*)		spann	gesponnen
sprechen (*to speak*)	spricht	sprach	gesprochen
sprießen (*to sprout*)		sproß	ist gesprossen
springen (*to jump*)		sprang	ist gesprungen
stechen (*to sting*)	sticht	stach	gestochen
stehen (*to stand*)		stand	gestanden
stehlen (*to steal*)	stiehlt	stahl	gestohlen
steigen (*to climb*)		stieg	ist gestiegen
sterben (*to die*)	stirbt	starb	ist gestorben
stinken (*to stink*)		stank	gestunken
stoßen (*to push*)	stößt	stieß	gestoßen
streichen (*to stroke; spread*)		strich	gestrichen
streiten (*to quarrel*)		stritt	gestritten
tragen (*to carry*)	trägt	trug	getragen
treffen (*to hit; meet*)	trifft	traf	getroffen
treiben (*to drive*)		trieb	getrieben
treten (*to step; kick*)	tritt	trat	getreten
trinken (*to drink*)		trank	getrunken
tun (*to do*)		tat	getan

Infinitive	Present	Past	Past Participle
verbergen (*to hide*)	verbirgt	verbarg	verborgen
verderben (*to spoil*)	verdirbt	verdarb	verdorben
vergessen (*to forget*)	vergißt	vergaß	vergessen
verlieren (*to lose*)		verlor	verloren
vermeiden (*to avoid*)		vermied	vermieden
verschwinden (*to disappear*)		verschwand	ist verschwunden
verzeihen (*to forgive*)		verzieh	verziehen
wachsen (*to grow*)	wächst	wuchs	ist gewachsen
waschen (*to wash*)	wäscht	wusch	gewaschen
wenden (*to turn*)		wandte/wendete	gewandt
werben (*to advertise*)	wirbt	warb	geworben
werden (*to become*)	wird	wurde	ist geworden
werfen (*to throw*)	wirft	warf	geworfen
wiegen (*to weigh*)		wog	gewogen
winden (*to wind*)		wand	gewunden
wissen (*to know*)	weiß	wußte	gewußt
wollen (*to want*)	will	wollte	gewollt
ziehen (*to pull*)		zog	gezogen
zwingen (*to compel*)		zwang	gezwungen

Wörterverzeichnis

...

In the following vocabulary list, a ▶ indicates a strong verb. (For a complete set of tenses see the chart of strong and irregular weak verbs on pp. 268–271.) Verbs with separable prefixes are identified as follows: **ab•geben.**

German nouns that exist in both masculine and feminine forms are listed in the masculine form, followed by a slash and the female form: **der Arzt, ⸚e / die Ärztin, -nen.**

Numbers after entries indicate the chapter in which a word first occurs.

A

das Abendgymnasium, -sien evening high school 3

abends in the evening 1

das Abenteuer, - adventure 6

der Abfalleimer, - garbage can 9

der Abfallmann, ⸚er garbage man 9

▶ **ab•geben** to hand in 9

abgebildet illustrated 3

▶ **ab•hängen von (+ Dat.)** to be dependent on 10

das Abitur high school finishing exam, diploma 3

das Abkommen, - agreement 4

ab•legen to lay down, put away 4

▶ **ab•nehmen** to lose weight 9

ab•schalten to turn off one's mind, relax 8

ab•schirmen to shield 4

absolvieren to pass, complete a course of study 3

die Abteilung, -en section, department 3

abwechselnd alternately 9

die Abwechslung, -en change, variety 8

abwesend absent 7

achten auf to pay attention to 2

die Aktivität, -en activity 7

allein alone 1

allerdings however, of course 1

der Alltag everyday life 1

alt old 1

das Alter, - age 8

die Alternative, -n alternative 6

altmodisch old-fashioned 6

die Altstadt, -ë old part of town 5

ambitiös ambitious 7

amerikanisch American 4

▶ **an•bieten** to offer 3

andauernd continuous, ceaseless 6

andererseits on the other hand 7

sich ändern to change 1

an•deuten to indicate 9

▶ **an•fangen** to begin 1

das Angebot, -e offer 9

angenehm pleasant, comfortable 1

angewiesen sein auf (+ Akk.) to be dependent on 10

die Angst, -ë fear 2

▶ **an•kommen auf (+ Akk.)** to depend on 10

die Anlage, -n installation 6

an•machen turn on (e.g., light) 6

die Annäherung, -en approach, convergence 4

die Annonce, -n advertisement 10

anonym anonymous 9

▶ **an•preisen** to promote, talk up 10

an•rempeln to bump into 2

das Anschlagbrett, -er bulletin board 1

anständig decent 3

▶ **an•steigen** to increase 2

▶ **an•streichen** to paint (a building, room) 5

der Anstreicher, - house painter 5

anstrengend strenuous 2

▶ **Anteil nehmen an (+ *Dat.*)** to be involved with 10

die Antwort, -en answer 1

antworten answer 1

der Apfel, ⸚ apple 2

die Apfelsine, -n orange 5

der Apparat, -e machine, appliance 8

das Äquivalent, -e equivalent 6

die Arbeit work, employment 1

arbeiten to work 1

der Arbeitgeber, - / die Arbeitgeberin, -nen employer 7

der Arbeitnehmer, - / die Arbeitnehmerin, -nen employee 7

das Arbeitsamt, ⸚er employment office 3

arbeitsintensiv labor intensive 7

arbeitslos unemployed 3

der / die Arbeitslose, -n unemployed person 7

die Arbeitslosenunterstützung unemployment compensation 3

die Arbeitslosigkeit unemployment 3

arbeitsreich busy 8

der Ärger hassle, annoyance, irritation 1

die Armlänge, -n arm's length 2

die Armlehne, -n armrest 2

die Armut poverty 5

armselig pitiful 3

der Arzt, ⸚e / die Ärztin, -nen doctor, physician 1

der Atemstoß, ⸚e breath (*out*) 2

der Atemzug, ⸚e breath (*in*) 2

atmen to breathe 1

die Atmung breathing 2

die Atomenergie atomic or nuclear energy 6

der Atommüll nuclear waste 6

▶ **auf·fallen** to be conspicuous 9

▶ **auf·fressen** to devour 10

auf·füllen to fill up 10

die Aufgabe, -n task, assignment 6, 8

▶ **auf·geben** to quit 3

auf·machen to open 1

▶ **auf·nehmen** to record 10

sich auf·opfern to sacrifice oneself 3

auf·räumen to clean, neaten up 9

sich auf·regen über (+*Akk.*) to get excited about 10

auf·stellen to set up 1

▶ **auf·wachsen** to grow up 9

der Aufzug, ⸚e elevator 9

das Auge, -n eye 2

die Ausbildung, -en training, education 1

die Ausdauer stamina 2

▶ **aus·halten** to bear, stand 3

aushilfsweise temporarily (*of work*) 3

die Auskunft, ⸚e information 5

das Ausland foreign country, abroad 1

▶ **aus·lassen** to delete, omit 10

▶ **sich aus·laufen** to have a good run 9

aus·machen (*impersonal* +*Dat.*) to matter 1

  Es macht mir nichts aus. It doesn't matter to me.

aus·machen to turn off (*e.g., light*) 6

aus·nutzen to exploit, take advantage of 3

der Auspuff exhaust 9

die Ausrede, -n excuse 9

▶ **aus·sehen** to look like 4

außerhalb outside of 5

sich etwas (*Dat.*) aus·setzen to expose oneself to something 2

die Aussicht, -en prospect 7

aus·üben practice 3

aus·verkaufen sell out 10

die Auswahl choice, selection 8

aus·wandern to emigrate 3

die Autobahn, -en freeway, expressway 1

B

die Bahn, -en railway 1

die Bäckerei, -en bakery 2

bald soon 1

der Bauch, ⸚e stomach 2

bauen to build 1

die Bausparkasse, -n building and loan association 1

der Beamte, -n / die Beamtin, -nen civil servant 3

beantworten to answer 4

die Bedeutung, -en meaning 1

bedeutungslos meaningless 2

▶ **befehlen** to command 1

die Begebenheit, -en event, occurrence 10

▶ **beginnen** to begin 1

der Begriff, -e term, notion 3

begründen to found 5

der Begründer, - founder 5

▶ **behalten** to keep, retain 3

beherrschen to rule over, command 10

behilflich sein (+*Dat.*) to be of assistance (*to someone*) 5

▶ **bei·bringen** to teach 3

beide both 1

das Bein, -e leg 2

das Beispiel, -e example 5

bekämpfen to oppose 6

bekannt known 5

▶ **bekommen** to receive, get 1

der Beleg, -e receipt 5

belegen to register, enroll (*for a course*) 3

die Belästigung, -en nuisance, irritation 9

▶ **sich benehmen** to behave 9

beneiden to envy 3

das Benzin gasoline 6

der Benzinersatz gasoline substitute 6

beobachten to observe 5

berechnen to calculate 6

bereden to discuss 3

der Berggipfel, - the mountain top 6

der Beruf, -e profession 3

die Berufsschule, -n vocational school 3

berufstätig employed 1

das Berufsziel, -e professional goal 3

berühmt famous 5

berühren to touch 2

die Besatzungszone, -n occupied zone 4

beschädigen to damage 6

beschäftigt busy 9

▸ **beschließen** to decide 4

▸ **beschreiben** to describe 1

sich beschweren bei (+Dat.) to complain to someone 9

beseitigen to remove, dispose of 6

die Beseitigung, -en removal, disposal 6

besetzen to fill, occupy 3

▸ **besitzen** own 1

besonders especially 4

besorgt sein um (+Akk.) to be concerned about 10

sich bessern to improve (oneself) 9

der Bestandteil, -e component 4

▸ **bestehen** to pass (a test) 3

▸ **bestehen auf (+Akk.)** to insist on 10

▸ **bestehen aus (+Dat.)** to consist of 10

bestellen to order 2

bestimmt certain, certainly 8

besuchen to visit; to attend (a school) 3

beteiligt sein an (+Dat.) to be involved with; to participate in 10

der Beton concrete 9

betrachten to view, examine 4

sich betrachten to see oneself 4

Sie betrachtet sich als Künstlerin. She sees herself as an artist.

der Bettler, - / die Bettlerin, -nen beggar 9

beugen to bend; to bow 2

die Bevölkerung, -en population 4

sich bewegen to move (oneself) 2

die Bewegung, -en movement 5

die Bewerbung, -en application 3

das Bewerbungsformular, -e application form 3

bewohnen to inhabit, live in 9

der Bewohner, - / die Bewohnerin, -nen occupant 1

das Bewußtsein consciousness 10

bezahlt paid 2

bezeichnen to designate 5

die Bezeichnung, -en designation, term 5

▸ **sich beziehen auf (+Akk.)** to refer to 10

beziehungsweise (bzw.) or rather 5

der Bezug, ⸚e relationship, connection 9

Er hat keinen Bezug zur Natur. He has no connection to nature.

die Bibliothek, -en library 1

bilden to form, construct 1

der Bildschirm, -e movie screen 10

die Bildung education, learning 3

der Bildungsgang, ⸚e educational route 3

der Bildungsweg, -e educational route 3

bisherig previous, up to now 3

▸ **blasen** to blow 2

bläulich bluish 6

▸ **bleiben** to stay 1

der Blickwinkel, - angle of vision 2

blöd(e) dumb 1

der Blumenkohl cauliflower 2

der Boden, ⸚ ground 4

das Brathuhn, ⸚er fried chicken 2

brauchen to need 1

▸ **brennen** to burn 2

das Brot, -e bread 4

das Brötchen, - roll 4

der Bruchteil, -e fraction 6

der Brunnen, - fountain 9

der Buchladen, ⸚ bookstore 9

der Buchstabe, -n letter 1

der Bund, ⸚e federation 4

der Bundesbürger, - / die Bundesbürgerin, -nen West German citizen 4

der Bundesgrenzschutz West German border police 4

die Bundesrepublik Deutsch-

land the Federal Republic of Germany 1

der Bürger, - / die Bürgerin, -nen citizen 1

die Bürgerinitiative, -n citizens' petition 9

das Büro, -s office 3

der Bürogehilfe, -n / die Bürogehilfin, -nen clerk 3

C

das Chorwerk, -e choral work 5

der Computertechniker, - / die Computertechnikerin, -nen computer technician 3

D

da- + Präp. stands for "it"

dafür for it 6

dagegen by contrast; against it 1

damit with it 10

daneben in addition to, beside, next to it 3

dar·stellen to represent 1

dasselbe same 2

dauern to last 1

daurend continuously 1

▸ **denken an (+Akk.)** to think of, about 10

das Denkmal, ⸚er monument 4

dennoch nevertheless 9

deshalb therefore, for that reason 8

deswegen because of this 1

deuten auf (+Akk.) to point to 5

der Dichter, - / die Dichterin, -nen poet 5

dick fat 2

dieser . . . jener this one . . . that one 4

diesmal this time 1

diesseits (+Gen.) on this side of 5

der Dirigent, -en / die Dirigentin, -nen conductor 5

die Diskussion, -en discussion 8

der Dom, -e cathedral 4

das **Dorf, -̈er** village 9
dort there 1
draußen outside 8
die **Dreckarbeit, -en** dirty work 3
die **Dreizimmerwohnung, -en** three-room apartment 1
dringend urgently 1
das **Drittel, -** third 2
der **Drogenhändler, -** drug dealer 9
der **Drückeberger, -** shirker, dodger 3
dünn thin, slender 2
durch•führen to carry out, enact 5
durch•machen to experience; to complete 1
die **Durchschnittsfamilie, -n** average family 1
▸ **dürfen** to be permitted, may 1
dynamisch dynamic 7

E
eben merely, simply 10
echt genuine 10
die **Ecke, -n** corner 2
ehemalig former 4
das **Ehepaar, -e** married couple 1
das **Ehrenmal, -̈er** memorial 4
eigen own 1
   meine eigene Wohnung my own apartment
das **Eigenheim, -e** single-family house 1
eilig quickly, hurriedly 8
einen Eindruck machen auf (+Akk.) to make an impression on 10
einerseits on the one hand 7
einfach simple 3
das **Einfamilienhaus, -̈er** single-family dwelling 1
der **Einfluß, -̈sse** influence 5
die **Einführung, -en** introduction 1
eingeklammert in parentheses 1
ein•kaufen to shop, go shopping 2
▸ **ein•laden** invite 1
einmalig unprecedented 6

das **Einparteisystem, -e** one-party system 4
ein•schalten to turn on (*electric appliance*) 8
die **Einschulung, -en** enrollment in elementary school 3
▸ **ein•sehen** to realize 3
ein•setzen to fill in 1
ein•stellen to adjust, tune; to employ (*workers*) 2
ein•teilen to divide, arrange 7
die **Eintrittskarte, -n** admission ticket 5
▸ **ein•ziehen** to pull in 2
die **Elektrizität** electricity 6
das **Elend** misery 5
die **Eltern (Pl.)** parents 1
emigrieren to emigrate 5
die **Emotion, -en** emotion 2
▸ **empfehlen** to recommend 1
die **Energie, -n** energy 6
   die **Energieerzeugung** energy generation 6
   die **Energiegewinnung** energy production 6
   die **Energiekrise, -n** energy crisis 6
   die **Energiequelle, -n** source of energy 6
   der **Energieschlucker, -** energy guzzler 6
   der **Energieverbrauch** energy consumption 6
   der **Energieverbraucher, -** energy consumer 6
   die **Energieversorgung** energy supply 6
die **Entdeckung, -en** discovery 5
▸ **enthalten** to contain 1
▸ **entlassen** to release, lay off, fire 3
entlegen remote, distant 4
▸ **entnehmen (+Dat.)** to infer, gather 9
entscheidend decisive 6
die **Entscheidung, -en** decision 8
sich entspannen to relax 8
die **Entspannung** relaxation 8
enttäuscht disappointed 8
die **Enttäuschung, -en** disappointment 8

entweder . . . oder either . . . or 3
die **Entwicklung, -en** development 4
entzückt delighted 9
der **Erbe, -n / die Erbin, -nen** heir 5
erblicken to see, catch a glimpse of 5
das **Erdgas, -e** natural gas 6
das **Erdgeschoß, -sse** ground floor 9
▸ **erfinden** to invent 6
der **Erfinder, -** inventor 5
der **Erfolg, -e** success 5
erfolglos without success 10
erfolgreich successful 3
erforschen to research 6
erfüllen to fulfill 8
ergänzen to complete 1
die **Ergänzungsprüfung, -en** supplementary exam (*for a degree*) 3
das **Ergebnis, -se** result 2
die **Erhaltung** preservation 4
erheblich considerable 3
sich erhöhen to increase, rise 2
erhöhen to raise, increase 7
sich erholen to recover, recuperate 9
erinnern an (+Akk.) to remind 4
sich erinnern an (+Akk.) to remember 4
▸ **erkennen** to recognize 4
erklären to explain 1
erlangen to attain 5
erleben to experience 5
das **Erlebnis, -se** experience 8
erledigen to accomplish, take care of 3
erreichen to reach, attain 2
▸ **erscheinen** to seem, appear 3
erschrocken shocked, startled 10
erschwinglich affordable 4
ersetzen to substitute, replace 7
der / die **Erwachsene, -n** adult 2
erzeugen to generate, produce 6
der **Erzherzog, -̈e / die Erzherzogin, -nen** archduke, archduchess 5

▸ **erziehen** to educate, raise children 5
die Erziehung education, upbringing 5
▸ **essen** to eat 1
das Essen, - meal, food 1
der Eßlöffel, - tablespoon 2

F
die Fachhochschule, -n vocational college 3
die Fahne, -n flag 4
▸ **fahren** to drive 1
das Fahrrad, ⸚er bicycle 2
die Fakultät, -en university department 3
▸ **fallen** to fall 1
der Familienkreis, -e family circle 8
das Familienleben family life 8
das Familienmitglied, -er family member 8
▸ **fangen** to catch 1
fast almost 2
faul lazy 1
faulenzen to be lazy; to loaf 8
der Faulenzer, - lazybones 3
die Feder, -n feather 2
der Fehler, - mistake 5
der Feierabend, -e leisure time after work 3
feiern to celebrate 8
das Feld, -er field 9
die Ferien (Pl.) vacation 4
der Fernsehapparat, -e TV set 10
▸ **fern·sehen** to watch TV 8
der Fernseher, - TV set 8
fertig finished, ready 1
das Fertighaus, ⸚er prefab house 1
das Fest, -e celebration 6
fest·legen to establish 4
fest·machen to fasten 1
fest·stellen to ascertain, find out 2
finanziell financial 7
das Finanzwesen finance 5
▸ **finden** to find 6
die Fingerspitze, -n fingertip 2
fit in good physical condition 2
flach flat 2
die Fläche, -n area, surface 4

die Flasche, -n bottle 2
das Fleisch meat; flesh 2
fleißig industrious, diligent 1
das Fließband, ⸚er assembly line 2
flexibel flexible 7
die Fließbandarbeit assembly-line work 1
der Flugzeugpilot, -en / die Flugzeugpilotin, -nen airplane pilot 3
flüchten to flee 4
die Fluktuation, -en fluctuation 7
der Fluß, ⸚sse river 6
die Folge, -n result, consequence 4
folgend following 1
folgendermaßen as follows 3
formulieren to formulate 1
▸ **fort·gehen** to go away 3
die Frage, -n question 1
fraglos unquestioning 1
der Franken, - franc 5
Frankreich France 1
französisch French 1
die Freizeit leisure time 8
die Freizeitbeschäftigung, -en leisure-time activity 8
fremd strange, foreign 1
die Fremdsprache, -n foreign language 4
fressen eat (*said of an animal*) 1
die Freude, -n joy, pleasure 2
der Frieden peace 4
friedlich peaceful 7
frühmorgens early in the morning 2
die Frustration, -en frustration 8
sich fühlen to feel 3
führen zu (+Dat.) to lead to 4

G
der Ganove, -n crook 9
gar even 3
der Gast, ⸚e guest 1
der Gastarbeiter, - / die Gastarbeiterin, -nen guest worker 1
▸ **geben** to give 1
das Gebiet, -e field, area 4

geboren born 5
die Geborgenheit safety, security 8
die Geburt, -en birth 5
die Geburtsstadt, ⸚e city of birth 5
die Gedächtniskirche, -n memorial church 4
das Gedicht, -e poem 5
die Geduld patience 1
die Gefahr, -en danger 8
gefährlich dangerous 6
▸ **gefallen (+Dat.)** to please 1
gefallen killed in action 1
▸ **Gefallen finden an (+Dat.)** to like, be pleased with 10
das Gefängnis, -se prison 3
das Gefühl, -e feeling 2
die Gegend, -en region, area 10
der Gegenstand, ⸚e object 2
das Gehalt, ⸚er salary 3
das Gehör hearing 2
gehorchen (+Dat.) to obey 1
gehören (+Dat.) to belong 1
das Geld, -er money 1
die Gelegenheit, -en opportunity 3
gelegen sein an (+Dat.) to matter, make a difference 4
▸ **gelingen (+Dat.)** to succeed 2
▸ **gelten** to be valid 3
gelten als to pass for, be considered as 5
die Gemeinde, -n community 6
gemeinsam jointly, together 8
das Gemüse, - vegetable 1
gemütlich comfortable, cozy 1
▸ **genießen** to enjoy 1
genug enough 2
gerade straight 2
das Gerät, -e appliance, apparatus, TV set 6
das Geräusch, -e noise 9
gering small, trivial 4
gern(e) gladly 1
das Gerücht, -e rumor 10
der Geschäftsmann, -leute businessman 3
gesamt total, entire 3
▸ **geschehen** to happen 1
die Geschichte, -n history, story 5
geschieden divorced 3

die Geschwindigkeit, -en
speed 5

die Geschwister (*Pl.*) brothers
and sisters, siblings 1

das Gesetz, -e law 5

gesetzlich legal 4

das Gesicht, -er face 2

das Gespräch, -e talk, conversation 8

der Gestank smell, stench 9

gestern yesterday 2

gestorben dead, deceased 5

gesund healthy 2

die Gesundheit health 2

geteilt divided 4

das Getränk, -e drink 2

das Getreide grain 6

die Gewerkschaft, -en union 7

das Gewicht, -e weight 2

sich gewöhnen an (+*Akk.*) to
get used to 1

der Glaube faith, belief 5

glauben to believe 1

glauben an (+*Akk.*) to believe
in 10

gleich same 10

das Gleichgewicht balance 2

gleichnaming of the same
name 5

glücken to be successful (*e.g.,
a project*) 10

gratis gratis, free of charge 6

die Grenze, -n border 4

die Grenzlinie, -n borderline 4

die Großmacht, -̈e superpower 4

die Großstadt, -̈e large city 9

großzügig generous 4

die Grube, -n pit, mine 6

der Grund reason 1

der Grundbesitz real estate 1

gründen to found 4

die Grundfläche, -n surface
area 4

das Grundgesetz the German
constitution, literally the
"basic law" 4

die Grundschule, -n first four
school classes 3

die Gruppenarbeit, -en group
work 1

der Gruß, -̈e greeting 2

grüßen to greet 1

gucken to look 1

die Gurke, -n cucumber 4

das Gymnasium, die Gymnasien university preparatory
high school 1

die Gymnastik gymnastics,
physical exercise 2

H

der Hahn, -̈e rooster 9

der Hals, -̈e neck, throat 1

▸ **halten** to stop; to hold, keep 1

▸ **halten für (+*Akk.*)** to hold an
opinion 10

  **Ich halte das für äußerst
  dumm.** I consider that extremely stupid.

die Handfläche, -n palm, flat of
the hand 2

der Händler, - dealer 9

hart difficult, hard 1

häßlich ugly 4

häufig frequent 3

das Haupt, -̈er head 4

die Hauptsache main thing 7

hauptsächlich chiefly, mainly 8

die Hauptschule, -n elementary school 3

die Hauptstadt, -̈e capital 4

die Hauptstraße, -n main
street 5

die Hausaufgabe, -n homework 1

hecheln to pant, be short of
breath 2

das Heim, -e home 1

die Heimat homeland 1

die Heizung, -en heating 6

▸ **helfen (+*Dat.*)** to help 1

▸ **sich heraus·halten** to remain
uninvolved, to stay out of
something 3

herrlich lovely, marvelous 9

her·stellen to produce, manufacture 3

▸ **herum·schieben** to push,
shove around 2

das Herz, -en heart 2

heutig of today, current 4

heutzutage nowadays 6

hier here 1

hilfsbereit helpful 3

himmlisch heavenly 9

hingegen on the other hand 9

hin·kommen to get, arrive
(there) 2

▸ **hinterlassen** leave behind
(*intentionally*) 5

der Hinweis, -e advice, instruction 2

das Hochhaus, -̈er high-rise
building 1

die Hochschule, -n college,
university 3

die Hochzeit, -en wedding,
marriage 5

der Hof, -̈e royal court 5

hoffen to hope 1

die Hoffnung, -en hope 6

die Hühnersuppe, -n chicken
soup 2

der Hunger hunger 1

die Hupe, -n horn 9

I

ideal ideal 7

idyllisch idyllic 9

die Illustrierte, -n magazine 10

immer always 2

inaktiv inactive 8

industrialisiert industrialized 6

die Industrie, -n industry 6

das Industriezeitalter, - industrial age 2

**der Inhaber, - / die Inhaberin,
-nen** owner 3

die Innenstadt, -̈e downtown 9

innerhalb (+*Gen.*) inside of,
within 5

insgesamt altogether 3

das Institut, -e institute, institution 6

intensiv intensive 2

interessant interesting 7

sich interessieren für to be interested in 3

J

der Jäger, - hunter 10

das Jahr, -e year 1

das Jahrhundert, -e century 5

jährlich yearly 6

jemand someone 1

jenseits (+*Gen.*) on the other
side of 5

jetzig of now, current 3

jeweilig respective 4
jeweils respectively 1
die Jobsuche job search 7
joggen to jog 2
der Jogger, - jogger 2
der Journalist, -en / die Journalistin, -nen journalist 3
die Jugend youth 5
juristisch legal 7

K
der Kaiser, - / die Kaiserin, -nen emperor, empress 5
die Kalorie, -n calory 2
kalorienarm low in calories 2
die Kammer, -n room, vault 10
die Kammermusik chamber music 5
kapitulieren to capitulate 4
die Kartoffel, -n potato 2
der Kasten, ¨ box 10
katastrophal catastrophic 4
die Katze, -n cat 9
kauen to chew 2
das Kaufhaus, ¨er department store 3
der Kaufmann, Kaufleute salesperson 3
kennen to know, be acquainted with 2
die Kenntnis, -se knowledge 3
die Kernenergie nuclear energy 6
die Kerze, -n candle 2
der Kinderarzt, ¨e / die Kinderärztin, -nen pediatrician 3
das Kino, -s movie theater 5
die Klammer, -n parenthesis 1
klar sure, clear 1
die Klasse, -n grade-school class 3
klatschen to gossip 9
das Klavier, -e piano 5
die Kleidung garments 9
klein small 1
das Kleingewerbe, - small business 9
die Kleinstadt, ¨e small city 9
der Klempner, - plumber 3
die Klimaanlage, -n air conditioning 6

klopfen to knock 1
das Kniegelenk, -e knee joint 2
die Kohle coal 6
der Kollege, -n / die Kollegin, -nen colleague 7
kombinieren to combine 2
▸ **kommen** to come 1
der Komponist, -en / die Komponistin, -nen composer 5
der König, -e king 10
die Königin, -nen queen 10
kontrollieren to check 7
kontrovers controversial 6
die Konzertreise, -n concert tour 5
korrigieren correct 2
die Körperhaltung posture 2
körperlich physical 2
die Kosten (*Pl.*) expenses 6
der Krach noise, a fight 9
krähen to crow 9
das Krankenhaus, ¨er hospital 1
kratzen to scratch 1
der Kreis, -e circle, county 3
die Kreislaufstörung, -en poor circulation 2
der Krieg, -e war 1
das Kriegsjahr, -e war year 1
kriegen (*Umg.*) to get, receive 1
die Krise, -n crisis 4
krönen to crown 10
krümmen to twist, bend 2
der Kuchen, - cake 2
die Küche, -n kitchen 5
die Küchenbenutzung kitchen privileges 1
die Kuh, ¨ cow 9
der Kuhmist cow manure 9
der Kühlschrank, ¨e refrigerator 5
sich kümmern um (+*Akk.*) to take care of 10
kündigen to give notice, quit 3
der Künstler, - / die Künstlerin, -nen artist 5
der Künstlerkreis, -e artistic circle 5
der Kurs, -e course, class (in higher education) 3, exchange rate 5
kursiv gedruckt in italics 1

kurzlebig short-lived 5
kürzlich recently 3
küssen to kiss 1

L
lagern to store 10
das Land (*Sing.*) countryside 9
das Land, ¨er country 10
ländlich rural 9
das Landstreicher, - hobo 5
der Landvogt, ¨e governor of a royal province 5
die Landwirtschaft agriculture 9
lang long 2
langlebig long-lived 5
langsam slow 1
langweilig boring 1
der Lärm noise 1
die Lärmschutzmauer, -n noise barrier 9
▸ **lassen** to let 1
▸ **laufen** to run, 1
laut loud 9
leben to live 5
das Leben life 2
die Lebenshaltungskosten (*Pl.*) cost of living 4
der Lebenslauf, ¨e résumé, biography 3
die Lebensmittel (*Pl.*) groceries 9
der Lebensmittelladen, ¨ grocery store 2
die Lebensnotwendigkeit, -en necessity of life 4
die Lebensqualität quality of life 6
der Lebensstandard standard of living 4
das Lebenswerk, -e life's work 5
lebhaft lively 8
ledig single 3
leeren to empty 9
legen to lay, put, place 4
die Lehre, -n lesson, teachings 5
lehren to teach 2
der Lehrer, - / die Lehrerin, -nen teacher 3
das Lehrgeld, -er apprentice's wages 3

der **Lehrling, -e** apprentice 3
die **Lehrstelle, -n** apprenticeship 3
leichter easier 1
▶ **leiden** to suffer 1
leise low, softly 2
leisten to perform, achieve 7
    Er leistet immer weniger.
    He gets less and less done.
die **Leistung, -en** performance,
achievement 2
der **Leitartikel, -** editorial 10
lernen to learn 1
▶ **lesen** to read 1
die **Leute (Pl.)** people 1
das **Licht, -er** light 6
lieben to love 1
lieber rather 1
Lieblings-, -(als Vor-
silbe) favorite 3
liefern to deliver 6
die **Linie, -n** line 4
listig crafty, sneaky 10
lösen to solve 7
die **Lösung, -en** solution 5
die **Luft, ̈-e** air 2
der **Luftballon, -s** balloon 2
die **Luftqualität** air quality 2
die **Luftverschmutzung** air pollution 9
die **Lunge, -n** lung 2
der **Lyriker, -** lyric poet 5

M
machen to make, do 1
mächtig powerful 10
der **Mädchenname, -n** maiden
name 5
magisch magic 10
die **Mahlzeit, -en** meal 9
das **Mahnmal, -e** memorial 4
die **Majestät, -en** majesty 10
der **Maler, - / die Malerin, -nen**
painter 5
die **Malerei, -en** painting 5
der **Manager, -** administrator 3
manche some 1
manchmal sometimes 1
das **Märchen, -** fairytale 10
das **Maschinenschreiben**
typing 3

das **Material, -ien** material 6
die **Mauer, -n** wall 4
die **Maus, ̈-e** mouse 9
der **Mechaniker, - / die Mecha-**
nikerin, -nen mechanic 3
das **Medium, -ien** medium 10
das **Meer, -e** sea, ocean 2
mehr more 2
mehrmalig repeated 2
meinen to have an opinion 1
die **Meinung, -en** opinion 1
die **Meinungsumfrage, -n**
opinion poll 1
die **Meldung, -en** registration 3
die **Menge, -n** amount 3
    eine Menge a lot
die **Mensa** university cafeteria 1
der **Mensch, -en** human being 2
die **Menschheit** humanity 5
merken to notice 10
das **Methangas, -e** methane
gas 6
die **Metropole, -n** metropolis 9
die **Metzgerei, -en** butcher
shop 2
die **Miete, -n** rent 4
mieten to rent (as a tenant) 1
    vermieten to rent out
der **Mieter, -** tenant 1
die **Mikrobe, -n** microbe 6
der **Mist** manure, dung 6
miteinander with each other 2
das **Mitglied, -er** member 1
mit·machen to join in, participate 1
möbliert furnished 1
das **Modell, -e** model 6
möglich possible 6
die **Möglichkeit, -en** possibility 8
möglichst as much as possible 2
    Komm bitte möglichst
    schnell. Please come as
    fast as possible.
der **Moment, -e** moment 6
monatelang for months 3
monoton monotonous 8
müde tired 8
muhen to moo 9
mühsam difficult, trying 9
der **Müll** garbage 6

der **Mund, ̈-er** mouth 2
der **Muskel, -n** muscle 2

N
der **Nachbar, -n / die Nach-**
barin, -nen neighbor 8
die **Nachbarschaft** neighborhood 1
die **Nachfrage** demand 7
die **Nachrichten**
(Pl.) news(cast) 10
der **Nachteil, -e** disadvantage,
shortcoming 4
der **Nachweis, -e** proof 3
▶ **nach·denken über (+ Akk.)** to
reflect on, think about 10
die **Nachmittagsstunde, -n** afternoon hour 1
nach·schauen to look up (in
dictionary) 5
die **Nähe** proximity 6
der **Nationalheld, -en / -heldin,**
-nen national hero 5
natürlich naturally, of course 6
der **Naturwissenschaftler, - /**
die Naturwissenschaft-
lerin, -nen natural scien-
tist 3
▶ **nehmen** to take 1
neidisch envious 7
die **Neigung, -en** inclination 8
▶ **nennen** name, call 1
nervös nervous 7
nett nice 1
das **Nichtstun** idleness, inactivity 8
nie never 1
▶ **nieder·schreiben** to write
down 1
niedrig low 6
das **Nomen, -** noun 1
der **Norden** north 4
normal normal 2
normalerweise normally 2
die **Not** emergency, need 1
notwendig necessary 3
die **Notwendigkeit, -en** necessity 4

O
der **/ die Obdachlose, -n**
homeless person 9

oberhalb (+ *Gen.*) above 5
der Oberkörper, - upper body 2
offiziell officially 4
öffnen to open 1
das Ohr, -en ear 2
die Ökologie ecology 6
ökonomisch economic 4
das Öl oil 6
der Onkel, - uncle 1
die Oper, -n opera 5
das Opfer, - victim 4
der Optimist, -en optimist 6
die Option, -en option 7
die Orientierung, -en orientation 4
der Ort, -e place, site 6
der Osten east 4
östlich eastern 4

P
das Päckchen, - small package 2
pädagogisch pedagogical 3
parallel parallel 2
das Parterre ground floor 9
passend fitting 1
passieren (+ sein) to happen 1
passiv passive 8
Pech haben to have bad luck 5
peinlich embarrassing 3
persönlich personal 8
die Persönlichkeit, -en personality 5
der Pfad, -e path 2
der Pionier, -e pioneer 7
der Plage, -n bother, nuisance 10
der Plan, ⁻e plan 8
die Planetenbewegung, -en planetary movement 5
der Platz, ⁻e place 1
pleite (*Umg.*) broke 3
der Politiker, - / die Politikerin, -nen politician 4
prächtig magnificent 9
praktisch practical 6
der Präsident, -en / die Präsidentin, -nen president 3
der Prediger, - / die Predigerin, -nen preacher 5
preiswert economical 1
prima great, fabulous 1
das Privatleben, - private life 7

probieren to try 2
das Problem, -e problem 8
das Produkt, -e product 6
die Produktivität productivity 7
profitieren to profit 8
das Programm, -e program 8
prophezeien to prophesy, predict 6
der Propeller, - propeller 6
der Protest, - protest 4
prüfen to test 2
die Prüfung, -en test 2
der Psychiater, - / die Psychiaterin, -nen psychiatrist 3
der Puls, -e pulse 2

Q
die Quadratmeile, -n square mile 4
die Qualität, -en quality 2
die Quelle, -n source 6

R
der Radfahrer, - / die Radfahrerin, -nen bicyclist 2
radioaktiv radioactive 6
der Rat advice 2
ratlos helpless, at a loss 10
ratsam advisable 2
rauchen to smoke 2
die Reaktion, -en reaction 2
die Realschule, -n high school 3
die Rechnung, -en bill 6
das Rechtswesen system of justice 5
rechtzeitig in time 8
reden to talk 1
die Redewendung, -en expression 1
reduzieren to reduce 7
die Reform, -en reform 4
das Regal, -e shelf 5
reglementieren to regulate 4
regnen to rain 2
das Reich, -e kingdom 5
reichen to suffice 3
der Reichtum, ⁻er riches, wealth 10
das Reifezeugnis, -se diploma 3
die Reihe, -n series 3

an der Reihe sein to be next in line 1
das Reisegeld, -er travel money 3
▶ **reiten** to ride 2
die Rente, -n pension 1
der Rentner, - / die Rentnerin, -nen retiree 1
richtig correct 1
das Rindfleisch beef 2
die „Röhre", -n the "tube" 8
der Roman, -e novel 5
der Rotwein, -e red wine 2
der Rücken, - back 2
der Rückenmuskel, -n back muscle 2
der Ruf reputation 5

S
der Saft, ⁻e juice 2
salzfrei unsalted 2
sanft soft, gentle 6
der Sänger, - / die Sängerin, -nen singer 4
der Satz, ⁻e sentence 1
der Satzteil, -e part of a sentence 1
der Sauerstoff oxygen 2
▶ **schaffen** to create 7
schaffen to accomplish 1
die Schatzkammer, -n treasure vault 10
der Schauspieler, - / die Schauspielerin, -nen actor 4
die Scheibe, -n disk 6
▶ **scheinen** to appear 4
scheitern to fail, go awry 4
das Schiff, -e ship 5
der Schilling, -e Austrian shilling 5
schimpfen to scold 5
der Schinken, - ham 2
▶ **schlafen** to sleep 2
▶ **schlagen** to beat 1
die Schlagzeile, -n headline 10
schlammig muddy 9
schlank slender 2
schlau cunning, sly, clever 10
▶ **schließen** to close 4
schlimm bad 1
der Schlüssel, - key 1

das Schlüsselkind, -er latch-key child 1

der Schmerz, -en pain 2

schnell fast, quick 1

das Schnellgericht, -e fast food 2

der Schrank, ̈e closet 5

▸ **schreiben** to write 1

der Schriftsteller, - / die Schriftstellerin, -nen writer 3

der Schritt, -e step 2

der Schuh, -e shoe 2

die Schulbank, ̈e desk, school bench 3

die Schuld fault 5

die Schule, -n school 3

der Schulkamerad, -en / die Schulkameradin, -nen classmate (*in grade school*) 3

die Schulpflicht compulsory school attendance 3

die Schulreform, -en school reform 3

die Schulter, -n shoulder 2

schwach weak 8

schwänzen to cut class 3

schwarz black 2

das Schweinefleisch pork 2

Schweizerdeutsch Swiss German 5

die Schwester, -n sister 1

die Schwierigkeit, -en difficulty 5

das Schwimmbad, ̈er swimming pool 2

schwindelig (*auch* schwindlig) dizzy 2

der Segen blessing 10

segeln to sail 2

seitwärts sideways 2

selber self 1

der Selbstmord, -e suicide 5

selbstverständlich of course, obviously 9

der Sender, - radio or TV station 10

die Sendung, -en (TV) program 8

separat separate 6

der Sessel, - chair 2

die Sicherheit, -en security 6

die soziale Sicherung, -en social insurance 7

die Siegermacht, ̈e victorious power 4

die Silbe, -n syllable 1

das Silber silver 10

das Silizium silicon 6

sinnvoll meaningful 5

sogenannt so-called 1

der Sohn, ̈e son 1

die Solarzelle, -n solar cell 6

▸ **sollen** ought, should 1

die Sonnenenergie, -n solar energie 6

der Sonnenkollektor, -en solar collector 6

die Sorge, -n worry 6

sorgen für (+ *Akk.*) to provide for 4

sorgfältig carefully 3

die Sorte, -n brand 2

so was, so etwas such a thing 1

sowjetisch Soviet 4

sozial social 7

das Sozialprestige status 7

die Spannung, -en tension 4

sparen to save, conserve 3

der Spargel asparagus 2

der Spaß, ̈e fun 2

später later 1

spätestens at the latest 6

▸ **spazieren·gehen** to take a walk 1

der Spazierweg, -e walking path 2

spektakulär spectacular 6

spielen to play 2

die Spitze, -n top; point 8

die Sprachprüfung, -en language test 3

▸ **sprechen** to speak 1

der Spruch, ̈e slogan 10

spüren to feel 2

der Staat, -en state, government 1

die Staatsangehörigkeit citizenship 3

das Staatsexamen, - final exam for graduate degree 3

das Staatssystem, -e governmental system 4

stabil stable 4

stammeln to stammer 3

stammen to come from 3

der Standort, -e location 6

stark strong 8

stattdessen instead of that 2

▸ **stehlen** to steal 1

der Stein, -e stone 10

die Stelle, -n (*auch* die Stellung, -en) job, professional position 1

stempeln gehen (*Umg.*) to collect unemployment insurance 2

die Stenographie stenography 3

die Stiefmutter, ̈ step-mother 10

der Stiefvater, ̈ stepfather 3

das Stipendium, die Stipendien scholarship grant 1

der Stock (*auch* das Stockwerk, -e) story of a building 9

stolz proud 1

stören to disturb, annoy 1

der Strand, ̈e beach 6

die Strecke, -n stretch of road 1

der Streit, - quarrel, conflict 1

streng strict 1

der Streß stress 7

der Strom electricity 6

das Stück, -e piece 2

das Studentenheim, -e dormitory 1

das Studentenleben student, college life 1

das Studienbuch, ̈er transcript 3

das Studiengeld tuition money 1

studieren to study (*i.e., at university*) 1

das Studium, die Studien course of study 1

der Stuhl, ̈e chair 5

der Sturm, ̈e storm 6

suchen to search, look for 2

der Süden south 4

T

die Tabelle, -en chart, table 2

die Tafel, -n blackboard 9
täglich daily 4
die Tante, -n aunt 1
die Tasche, -n bag, pocket-
book 5
das Taschenmesser, - pocket
knife 5
die Tätigkeit, -en activity,
work 3
tauschen to exchange 9
die Technik technology 6
**der Techniker, - / die Tech-
nikerin, -nen** technician,
engineer 6
teilen to divide; to share 4
die Teilung, -en division 4
**der Teilzeitarbeiter, - / die Teil-
zeitarbeiterin, -nen** part-
time employee 7
der Teilzeitarbeitplatz, ̈e part-
time job 7
teilzeitlich part time 7
der Telefonanruf, -e phone
call 2
die Teppichkante, -n edge of
the carpet 2
teuer expensive 1
das Thema, die Themen
theme, topic 1
ticken to tick 2
tief deep 2
**der Tierarzt, ̈e / die Tierärztin,
-nen** veterinarian 3
der Tip, -s hint 2
der Tisch, -e table 2
die Tochter, ̈ daughter 1
der Tod death
das Tonband, ̈er tape re-
corder 10
töten to kill 5
das Training, -s training 2
träumen to dream 1
▸ **sich treffen** meet 1
die Treppe, -en staircase 2
▸ **trinken** to drink 2
trotz (*Gen.*) in spite of 2
die Truhe, -n storage chest 10
tun to do 1
die Türglocke, -n doorbell 2
typisch typical 2
tyrannisch tyrannical 3

U
**die U-Bahn (Untergrundbahn),
-en** subway 1
übel: mir wird übel I'm feeling
sick 2
üben to practice 1
der Überfluß abundance 6
überleben (+*Akk.*) to survive,
outlive 5
sich (*Dat.*) überlegen to consider, think over 10
▸ **übernehmen** to take on, take
over 8
übersetzen to translate 1
▸ **übertragen** to transfer 3
über•wechseln to transfer 3
überzeugen to convince 8
üblich common 9
die Übung, -en exercise 2
der Uhrmacher, - watch-
maker 5
die Umgangssprache, -n colloquial speech 9
die Umgebung, -en environment 9
▸ **um•schreiben** rewrite, tran-
scribe 5
die Umschulung changing
schools 3
die Umwelt natural environment 6
umweltfreundlich environment-friendly 6
die Umweltverschmutzung
environmental pollution 6
der Umzug, ̈e move, reloca-
tion 3
unbedingt unconditionally 1
unerschöpflich inexhaustible 6
unerträglich unbearable 3
der Unfall, ̈e accident 6
ungefähr approximately 2
ungelernt unskilled 3
die Uni, -s (*Umg.*) university 1
uninformiert uninformed 8
uninteressant uninteresting 8
die Universität, -en university 1
unklar not clear 2
die Unkosten (*Pl.*) expenses 3
unnötig unnecessary 6
unsicher uncertain 2

die Unsicherheit uncertainty,
insecurity 2
unterhalb (+*Gen.*) below 5
▸ **unterhalten (+*Akk.*)** to entertain 8
die Unterhaltung, -en entertainment; conversation 8
**der Untermieter, - / die Unter-
mieterin, -nen** subtenant 1
▸ **unternehmen** to undertake,
do 8
die Unternehmung, -en undertaking, enterprise 8
▸ **sich unterscheiden von (+*Dat.*)**
differ from 10
die Untersuchung, -en inves-
tigation, study 7
der Untertan, -en subject (*of a
ruler or land*) 10
unumgänglich unavoidable 9
unvollendet unfinished 5
unvorstellbar unimaginable 5
die Unzufriedenheit dissatis-
faction 3
die Urkunde, -n document,
record 3
der Urlaub vacation 5

V
verändern to alter, change 6
die Veranstaltung, -en event 4
die Verantwortung responsibility 7
(sich) verbessern to improve
(oneself) 4
▸ **verbieten** to prohibit, forbid 3
▸ **verbinden** to connect 1
die Verbindung, -en connection 4
verbrauchen to use up, consume 2
der Verbraucher, - consumer 6
▸ **verbringen** to spend time 1
verdienen to earn 3
vereinigen to unite 4
die Vereinigung, -en unification 4
verfassen to write, compose 5
**der Verfasser, - / die Ver-
fasserin, -nen** author 5

die **Verfassung, -en** constitution 4
verfügbar available 6
verfügen über (+Akk.) to have at one's disposal 10
▸ **vergessen** to forget 1
▸ **sich verhalten** to act, behave 3
das **Verhältnis, -se** relationship 1
verhindern to prevent 4
der **Verkäufer, - / die Verkäuferin, -nen** salesperson 3
der **Verkehr** traffic 1
der **Verkehrslärm** traffic noise 9
der **Verlag, -e** publishing house 7
verlangen nach (+Dat.) to demand, long for 7
▸ **verlassen** to leave a person or place 3
verlegen to misplace, remove 4
verlegen (Adj.) embarrassed 4
▸ **verlieren** to lose 4
verlockend tempting 9
verloren lost 4
▸ **vermeiden** to avoid 8
vermieten to rent out 1
vermitteln to arrange 3
das **Vermögen, -** fortune 5
vernachlässigen to neglect 7
▸ **vernehmen** to perceive a sound 9
vernichten to destroy 7
▸ **verschlafen** to oversleep, sleep through something 8
verschieden different 1
verschwenden to waste 6
der **Verschwender, -** squanderer 6
die **Versicherungsgesellschaft, -en** insurance company 1
versorgen to provide, supply 6
versperren to lock, latch 9
sich verständigen to make oneself understood 4
verständlich understandable 8
der **Versuch, -e** attempt, experiment 4
versuchen to try 1

verursachen to cause 2
verwahren to keep 3
verwalten to administer 4
der **Verwalter, - / die Verwalterin, -nen** manager 3
verwandeln to convert, transform 6
verwandt related 7
die **Verweigerung, -en** refusal 3
verwenden to use 1
verwertbar usable 6
verwöhnt spoiled 10
verzichten auf (+Akk.) to do without, forgo 10
die **Vitalität** vitality 2
der **Vogel, ⸚** bird 2
die **Vokabel, -n** word 1
das **Volk, ⸚er** people; nation 4
die **Volkshochschule, -n** evening extension courses 3
vollzeitlich full time 7
▸ **sich vollziehen** to take place 4
voraussehbar foreseeable 6
sich vor·bereiten to prepare 1
▸ **vor·enthalten** to keep secret 3
▸ **vor·finden** to find, come upon 7
die **Vorführung, -en** presentation 8
▸ **vor·lesen** to read out loud 1
vor·machen to pretend 1
der **Vorname, -n** first name 3
▸ **sich (Dat.) etwas (Akk.) vor·nehmen** to plan to do something 9
der **Vorort, -e** suburb 1
der **Vorschlag, ⸚e** proposal 1
die **Vorsicht** caution, care 6
vorsichtig careful 6
▸ **vor·singen** to sing out 10
sich (Dat.) vor·stellen to imagine 6
der **Vorteil, -e** advantage 4
vorüber over, finished 6
vorwärts forward 2
vorwiegend primarily 9
vorwurfsvoll reproachful 10
der **Vorzug, ⸚e** advantage 4

W
▸ **wachsen** to grow 1

die **Wahl, -en** choice; election 9
wählen to choose; to vote, elect 1
währenddessen during which 9
wahrhaft truly 9
wahrscheinlich probably 6
die **Waise, -n** orphan 5
der **Wald, ⸚er** forest 2
die **Warteliste, -n** waiting list 3
der **Wäschetrockner, -** clothes dryer 6
der **Wasserheizer, -** water heater 6
die **Wasserkraft** water power 6
▸ **waschen** to wash 1
die **Wasserqualität** water quality 2
wechseln to exchange (money) 1
die **Wechselstube, -n** exchange office 5
wecken to wake 6
weder . . . noch neither . . . nor 3
▸ **weg·lassen** delete 10
sich weigern to refuse 1
weinen to cry 1
sich weiter·bilden to continue one's studies 8
▸ **weiter·kommen** to get ahead 3
▸ **weiter·leben** to live on 5
▸ **weiter·schreiben** to continue waiting 9
die **Welt, -en** world 4
der **Weltfrieden** world peace 4
die **Weltgeschichte** world history 5
der **Weltkrieg, -e** world war 4
der **Weltraum** outer space 10
weltweit worldwide 6
wenig few 1
die **Werbung, -en** advertisement 10
das **Werk, -e** artist's work 5
der **Wert, -e** value, rate 2
der **Westen** west 4
westlich western 4
die **Westmacht, ⸚e** Western power 4
wichtig important 2

die **Wichtigkeit, -en** importance 2

der **Widerspruch, ̈e** contradiction 1

wieder again 5

die **Wiederentdeckung, -en** rediscovery 5

wiederholen to repeat 2

die **Wiederentdeckung, -en** rediscovery 5

die **Wiedervereinigung** reunification 4

▶ **(sich) wiegen** to weigh (oneself) 2

der **Windgenerator, -en** wind generator 6

die **Windmühle, -n** windmill 6

winzig tiny, minute 6

die **Wirklichkeit** reality 8

die **Wirtschaft, -en** economy 3

wirtschaftlich economic 4

das **Wirtschaftswunder** economic miracle 4

woanders elsewhere 1

das **Wochenende, -n** weekend 1

das **Wohl** well-being 5

wohnen to live (*in a place*) 1

die **Wohnfabrik, -en** (*ironisch*) apartment complex 1

die **Wohngemeinschaft, -en** shared housing, commune 1

das **Wohnhaus, ̈er** residential building 1

der **Wohnort, -e** place of residence 1

die **Wohnstraße, -n** residential street 1

die **Wohnung, -en** apartment 5

der **Wohnungsmangel** housing shortage 1

das **Wohnviertel, -** residential quarter 1

das **Wohnzimmer, -** living-room 5

der **Wortschatz** vocabulary 1

der **Wunsch, ̈e** wish 8

sich **wünschen** (+ *Dat.*) to wish 2

das **Wunder, -** miracle 5

das **Wunderkind, -er** child prodigy 5

Z

die **Zahl, -en** number 2

zählen to count 2

zahlreich numerous 3

die **Zauberei, -en** magic 10

der **Zauberer, -** magician 10

der **Zauberkasten, ̈** magic box 10

der **Zeh, -en** toe 2

das **Zeichen, -** sign 4

der **Zeichentrickfilm, -e** animated film 10

die **Zeit, -en** time 2

der **Zeitaufwand** time spent 3

die **Zeitschrift, -en** magazine 10

▶ **zerbrechen** to break into bits, shatter 3

zerlegen to take apart, dismantle 4

der **Zettel, -** note 1

das **Ziel, -e** goal 1

ziemlich quite 3

das **Zimmer, -** room 1

der **Zimmergenosse, -n** / die **Zimmergenossin, -nen** roommate 1

zitieren to cite, quote 10

zu·drücken to close 2

zufrieden satisfied 3

der **Zug, ̈e** train 9

zugleich at the same time 4

die **Zukunft** future 1

▶ **zu·lassen** to admit, permit 10

die **Zulassung, -en** permission 3

zu·machen to close 1

zumindest at least 3

zunächst at first, to begin with 3

der **Zuname, -n** family name 3

▶ **zu·nehmen** to gain weight 2

zurück·kehren to return, go back 1

zurückliegend past 3

▶ **zurück·nehmen** to take back 9

zusammen together 2

die **Zusammensetzung, -en** composition; compound 2

zusammen·zählen to add up 7

der **Zuschauer, -** / die **Zuschauerin, -nen** viewer 10

zuviel too much 2

zuwenig too little, not enough 2

der **Zwang, ̈e** pressure 3

der **Zweifel, -** doubt 5

die **Zweitschrift, -en** second copy 3

die **Zwiebel, -n** onion 4

die **Zwischenzeit** interim (period) 3

z. Zt. (zur Zeit) currently 3

Index

Index

man, 56, 184–185
Modals
    forms of, 24–25, 77,. 79
    meanings of, 24
    passive voice with, 181–182
mögen, 26
Moods. *See* Imperative, Indicative,
    Unreal subjunctive, and Indi-
    rect subjunctive

Negation. *See* **kein, nicht**
nicht, position of, 109
Nominative case, 41–42
Nouns
    compound, 51
    declensions of, 53
    derived from adjectives, 203–
       204
    gender, 50–52
    infinitives used as, 51
    plurals of, 52–53
Numbers, 207–209
Numerical adjectives, 47

Ordinal numbers, 207–209

Participles
    past, used as adjectives, 202
       of irregular weak verbs, 79
       of strong verbs, 79–80
       of verbs with prefixes, 80
       of weak verbs, 79
       position of, 81
    present, used as adjectives, 202
Passive voice, 179–182, 231
    alternatives to, 184–185
    with modal auxiliaries, 181–182
    usage of, 179
Past participles. *See* Participles
Past perfect tense, 82
Personal pronouns, 55–56
Possessive adjectives, 46–47
Predicate adjectives, 199
Prefixes
    inseparable, 73–74, 80
    separable, 72–73, 80
Prepositions
    contractions of, with articles,
       129, 133, 137
    with accusative, 127–129
    with dative, 130–133
    with dative or accusative, 134–
       137
    with genitive, 138–139

Present participles. *See* Participles
Present perfect tense, 81–82
    use of, 81
Present tense, 11
Principal parts of verbs, 81
Probability, 142
Pronouns
    demonstrative, 106
    ein-words functioning as, 46–47
    indefinite, 56–57
    personal, 55–56
    reflexive, 159–160
    relative, 102–104

Question words. *See* Interrogatives

Reflexive pronouns, 159–160
Reflexive verbs, 159–161
Relative clauses, 102–104
Relative pronouns, 102–103

sein, 27, 82
Separable prefixes, 72–73
Simple past tense, 76–77
    of strong verbs, 77
    of weak verbs, 76–77
    use of, 76
sondern, aber, 17
Specific time expressions, 162
ß, 12
Subjunctive, in indirect discourse,
    235–239
Subjunctive I. *See* Subjunctive in in-
    direct discourse
Subjunctive II. *See* Unreal subjunc-
    tive
Subordinating conjunctions, 98–99
Superlative, 257–261

Tenses. *See* Present, Present per-
    fect, Past, Past perfect, Fu-
    ture, Future perfect
Time
    adverbs of, 163–164
    expressions of, 162–164
    indefinite, 163
    recurring, 163
    specific, 162
    telling, 210–211

Unreal subjunctive, 228–233

Verbs
    ending in **-ieren,** 80

ending in **s**-sounds, 12
imperatives, 19–21
infinitives, 11
irregular weak, 79, 81
modals, 24, 230–231
passive voice, 179–182, 231
principal parts of, 81
reflexive, 159–161
requiring the dative, 264
strong, 79–80
subjunctive. *See* Indirect
    subjunctive, Unreal sub-
    junctive
tenses of. *See* Present, Present
    perfect, Simple past, Past
    perfect, Future, Future
    perfect
vowel change in present tense,
    12–14
weak, 79
with inseparable prefixes, 73–74
with separable prefixes, 72–73
was as a relative pronoun, 104
wenn, als, 99, 231–233
wer as a relative pronoun, 104
werden, 24, 82, 179, 230
    with future perfect tense, 143
    with future tense, 142
    with passive voice, 179, 231
wissen, 14, 236–237
wo-compounds, 107–108
Word order
    dependent, 98–101
    in commands, 19–21
    in conditional sentences, 231–
       233
    in indirect discourse, 237–238
    in infinitive phrases and clauses,
       167
    in questions, 17
    in relative clauses, 103–104
    inverted, 17
    normal, 16
    of direct and indirect objects, 56
    of past participles, 81
    position of **nicht,** 109
    with coordinating conjunc-
       tions, 17
    with modal auxiliaries with
       double infinitives, 167
    with subordinating conjunctions,
       98–99
    with verbs with separable pre-
       fixes, 73

Photo Credits

P. 1 © J. Douglas Guy; p. 6 © Petra Hausberger; p. 6 © Beryl Goldberg; p. 8; German Information Center, p. 22 © Beryl Goldberg; p. 25 © Mike Mazzaschi/ Stock Boston; p. 29 © Petra Hausberger; p. 35 © J. Douglas Guy; p. 38 © Petra Hausberger; p. 41 © Petra Hausberger; p. 45 © Petra Hausberger; p. 54 © Petra Hausberger; p. 58 © Petra Hausberger; p. 59 © Mike Mazzaschi/Stock Boston; p. 60 (left) © Petra Hausberger; p. 60 (right) German Information Center; p. 61 (left) © Internationes; p. 61 (right) © Petra Hausberger; p. 62 (left) © Uta Hoffman; p. 62 (right) © Ulrike Welsch; p. 75 © J. Douglas Guy; p. 83 German Information Center; p. 87 © J. Douglas Guy; p. 93 © Stock Boston; p. 100 A/P Wide World Photos; p. 105 A/P Wide World Photos; p. 113; © Petra Hausberger; p. 114 (a, e) © Austrian Institute; p. 114 (b) German Information Center; p. 114 (c, d) © Bildarchiv Preussischer Kulturbesitz; p. 115 (f, g, k, n) German Information Center; p. 115 (h, i, j, l, m) © Bildarchiv Preussischer Kulturbesitz; p. 116 (o, p) © The Bettman Archive; p. 131 © Petra Hausberger; p. 140 © Petra Hausberger; p. 145 © The Image Works; p. 147 © J. Douglas Guy; p. 164 © Petra Hausberger; p. 171 © J. Douglas Guy; p. 180 © Petra Hausberger; p. 183 © German Information Center; p. 186 © German Information Center; p. 188 © J. Douglas Guy; p. 189 © J. Douglas Guy; p. 193 © Petra Hausberger; p. 194 © Petra Hausberger; p. 202 © Ulrike Welsch; p. 208 © Petra Hausberger; p. 213 © J. Douglas Guy; p. 217 © J. Douglas Guy; p. 223 © Mary Beechy-Pfeiffer; p. 225 © Petra Hausberger; p. 232 © Petra Hausberger; p. 236 © Petra Hausberger; p. 241 © J. Douglas Guy; p. 247 © Ulrike Welsch; p. 267 © Peter Menzel/Stock Boston.

Literary Credits

Pp. 34–36 „Checke dich selbst". In: *Zeit für Dich*. Gesundheitsmagazin der IKK. Bundesverband der Innungskrankenkassen. Redaktion: Informationspresse GmbH. D-5000 Köln 1, Hansaring 82; pp. 153–155 „Abenteuer Energie". In: *Scala* 2/88, pp. 28–39. Redaktion: Gerhard Hofmann. Verlag Frankfurter Societätsdruckerei: GmbH. D-6000 Frankfurt 1, Postfach 100801; pp. 174–175 „Zwei Frauen—ein Job". In: *Scala* Juli/Aug. 89, pp. 16–19. Redaktion: Gerhard Hofmann. Verlag Frankfurter Societätsdruckerei: GmbH. D-6000 Frankfurt 1, Postfach 100801; p. 176 *Bonner Almanach* 1989/1990; pp. 195–196 „Freizeit—Ideal und Wirklichkeit". In: *Familienscenen* Nov. 84, pp. 20–33. Bundeszentrale für gesundheitliche Aufklärung. D-5000 Köln 91, Postfach 910152.

deutsch

mal anders

Victor Schenker
Denise Gury
Isidore Henrion

et avec la collaboration de

Albert Bodier
Denis Schenker

ALLEMAND
LYCÉES NIVEAU **3**

classiques hachette

Cet ensemble didactique
est une application
des recherches pédagogiques
conduites par le C.E.R.P.E.A.
(Centre d'Études et
de Recherches Pédagogiques
en allemand),
dans le cadre de l'U.E.R.
de Langues et Littératures étrangères,
et de l'U.E.R.
de Linguistique Appliquée,
de l'Université de Nancy II.

Nous remercions vivement
la RADIO-TÉLÉVISION de SARREBRÜCK

Saarländischer Rundfunk

qui nous a prêté son concours
pour la réalisation des documents sonores
des chapitres 1, 2, 3, 4, 5, 6, 10, 11, 12, 13 et 14.

ISBN 2.01.007864.0